Marianne Giesert/Cornelia Danigel/Tobias Reuter (Hrsg.)
Sucht im Betrieb
Von der Suchtprävention
zum Betrieblichen Eingliederungsmanagement

Marianne Giesert/Cornelia
Danigel/Tobias Reuter (Hrsg.)
Sucht im Betrieb
Von der Suchtprävention
zum Betrieblichen
Eingliederungsmanagement

VSA: Verlag Hamburg

Ansprechpartnerin:

DGB Bildungswerk Bund
Kompetenzzentrum Arbeit und Gesundheit
Marianne Giesert
Hans-Böckler-Straße 39
D-40476 Düsseldorf
Tel.: +49 (0) 211/4301-372
E-Mail: marianne.giesert@dgb-bildungswerk.de

www.dgb-bildungswerk.de

www.betriebsratqualifizierung.de

www.vsa-verlag.de

© VSA: Verlag 2012, St. Georgs Kirchhof 6, 20099 Hamburg
Alle Rechte vorbehalten
Druck und Buchbindearbeiten:
freiburger graphische betriebe GmbH & Co. KG
ISBN 978-3-89965-497-4

Inhalt

Marianne Giesert/Cornelia Danigel/Tobias Reuter
**Einführung: Sucht im Betrieb – von der Suchtprävention
zum Betrieblichen Eingliederungsmanagement** 9

Die Ausgangslage: Daten & Fakten

Heino Stöver
**Doping am Arbeitsplatz: Schneller, besser, effektiver
und immer fit!?** 15

Michael Musalek/Roland Mader
**Alkohol-Abhängigkeit: Aktuelle Entwicklungen
und Epidemiologie** 22
Befunde aus Österreich

Roland Mader/Michael Musalek
Kaufsucht und Spielsucht, die »neuen Süchte« 36

Martina Kuhnt
Glücksspiele: Faszination, Anreize und Risiko 49

Christian Heinzmann
**Kontrollverlust! Toleranzentwicklung! Entzugserscheinungen!
Rückfall!** 65
Aspekte der Internetsucht

Luise Klemens
Wie nötig ist die Suchtprävention in den Betrieben? 68

Sirko Schamel
Suchtprävention in der Ausbildung 72

Martin Siepmann
Medizinische und berufliche Rehabilitation
bei stoffgebundenen Suchterkrankungen 83

Helmut Bunde
Möglichkeiten und Grenzen –
Erfahrungen aus der ambulanten Suchtberatung 91

Maike Bellmann/Ursula Dietrich/Christiane Hillger
Die Arbeitsplatzsituation von Menschen mit leichten bis
mittelschweren psychischen Beeinträchtigungen 99

▍Betriebliche Strategien

Günter Schumann
Betriebliche Intervention bei Suchtproblemen 111

Wolfhard Kohte
Von der Suchtgefährdung über die Erkrankung
zur Eingliederung und Prävention im Betrieb 130
Rechtliche Handlungsmöglichkeiten

Elisabeth Wienemann
Verschiedene Eingliederungsverfahren
bei Suchtproblemen im Überblick 144

Tobias Reuter/Marianne Giesert/Cornelia Danigel
Von der Suchtgefährdung über die Erkrankung
zur Eingliederung und Prävention im Betrieb 151
Das Projekt »Neue Wege im BEM«

Andreas Eckwolf
»Fit2Work«– Ein Beratungsangebot für berufliche
Sekundärprävention in Österreich 166

Franz Pietsch
Strategien der betrieblichen (Sucht-)Prävention
in Österreich 175

Eva Zinke
Suchtprävention als Teil des Gesundheitsmanagements 184

Reinhard Hoch
Süchtige Helfer – helfende Süchtige 198
Das Dilemma betrieblicher Suchtvereinbarungen
in kranken Unternehmen

Jürgen Heckel
Der Mensch ist des Menschen Arznei 203
Oder: Wie und wodurch funktioniert eine Selbsthilfegruppe?

❙ Netzwerke

Eva Zinke
Netzwerke betrieblicher Gesundheitsförderung 225

Marianne Giesert/Cornelia Danigel/Tobias Reuter
**Die Ausbildung zur/zum Betrieblichen Suchtberater/in
im Netzwerk beim DGB Bildungswerk Bund** 230

Die Autorinnen und Autoren 236

Marianne Giesert/Cornelia Danigel/Tobias Reuter
Einführung: Sucht im Betrieb – von der Suchtprävention zum Betrieblichen Eingliederungsmanagement

Im Durchschnitt gelten 10% der Beschäftigten eines Betriebes heute als suchtabhängig. Es ist anerkannt, dass z.B. Unter- oder Überforderung, Stress, Konflikte, unklare soziale Beziehungen und schlechtes Führungsverhalten suchtförderliche Arbeitsbedingungen im Betrieb sind. Diese Gefährdungen müssen mit der Gefährdungsbeurteilung körperliche und psychische Belastungen nach dem Arbeitsschutzgesetz identifiziert sowie Maßnahmen zu ihrer Beseitigung bzw. Entlastung entwickelt und umgesetzt werden.

Die Autoren Heino Stöver, Michael Musalek, Roland Mader und Christian Heinzmann und die Autorin Martina Kuhnt zeigen im Folgenden Daten und Fakten über unterschiedliche Süchte in Deutschland und Österreich auf. Die Themen reichen von der Alkoholsucht über den Missbrauch von Medikamenten, Glückspiel- und Kaufsucht bis hin zur Internetsucht.

Luise Klemens beschreibt die Notwendigkeit der betrieblichen Suchtprävention im Rahmen der zunehmenden Belastungen und Beanspruchungen in den Unternehmen. Sirko Schamel beleuchtet in diesem Kontext den besonderen Aspekt der Prävention bei Jugendlichen in der Ausbildung.

Die stationäre und ambulante Rehabilitation sind Gegenstand der Beiträge von Martin Siepmann und Helmut Bunde. Es werden interessante Erfahrungen aus der praktischen Arbeit aus der Suchtfachklinik Heidehof und der ambulanten Suchtberatung in Dresden vorgestellt.

Die Autorinnen Maike Bellmann, Ursula Dietrich und Christiane Hillger berichten über ein europäisches Projekt, bei dem Menschen mit leichten bis mittelschweren psychischen Beeinträchtigungen, bedingt auch durch Suchterkrankungen, in ihrer Arbeitsplatzsituation befragt wurden. Ziel waren Handlungsempfehlungen für Betroffene, medizinisches Personal sowie Arbeitgeber, um einen Einklang zwischen Therapie und Erwerbsarbeit herzustellen.

Wenn eine Rehabilitationsmaßnahme durchgeführt wurde, stellt sich die schwierige Frage nach der betrieblichen Eingliederung. Günter Schumann gibt in seinem Beitrag einen sehr guten Überblick über die Suchtprävention und Intervention im Rahmen des Betrieblichen Eingliederungsmanagements nach § 84 Abs. 2 SGB IX.

Wolfhard Kothe beschreibt in seinem Artikel das in der betrieblichen Praxis freiwillige Angebot des Betrieblichen Eingliederungsmanagements nach § 84 Abs. 2 SGB IX als Verfahren der Gesundheitsprävention. Dieses steht jeder/m Beschäftigten zu, die/der länger als sechs Wochen wiederholt oder zusammenhängend in einem Zwölfmonatszeitraum arbeitsunfähig war, um die Arbeitsfähigkeit wiederherzustellen, zu erhalten und zu fördern. Dabei werden die rechtlichen Handlungsmöglichkeiten und Besonderheiten bei BEM-Berechtigten mit Suchterkrankungen aufgezeigt.

Elisabeth Wienemann beschreibt verschiedene Eingliederungsverfahren bei Suchtproblemen im Überblick. Tobias Reuter, Marianne Giesert und Cornelia Danigel erläutern im Weiteren zehn wichtige Schritte, die zur Ein- und Durchführung des Betrieblichen Eingliederungsmanagements gegangen werden müssen. Zudem diskutieren sie den im Rahmen des Projektes »Neue Wege im BEM« entwickelten Ansatz des Arbeitsfähigkeitscoachings und stellen die Besonderheiten bei der Eingliederung von Suchtkrankten heraus.

Andreas Eckwolf berichtet über einen neuen gesetzlichen Ansatz in Österreich: Das Arbeit-und-Gesundheit-Gesetz (AGG), bei dem »fit-2-work« als ein zentrales Element einer Gesamtstrategie zur Erhaltung der Arbeits- und Beschäftigungsfähigkeit etabliert wurde.

Franz Pietsch und Eva Zinke beschreiben die Strategien zur betrieblichen Suchtprävention in Österreich und Deutschland und stellen die Verbindung zum Betrieblichen Gesundheitsmanagement bzw. zur Betrieblichen Gesundheitsförderung her.

Reinhard Hoch weist auf die besondere Bedeutung von Unternehmen und Organisationen bei der betrieblichen Suchtprävention und Suchtkrankenhilfe hin.

Die Notwendigkeit von Selbsthilfegruppen für Suchterkrankte stellt Jürgen Heckel dar und beschreibt auf interessante Weise unterschiedliche Vorgehensweisen und Möglichkeiten.

Einführung: Von der Suchtprävention zum BEM

Am Ende dieses Buches werden Netzwerke zur betrieblichen Gesundheitsförderung und Sucht vorgestellt. Zum Abschluss wird auf die Notwendigkeit von betrieblichen Suchtberaterinnen und -beratern hingewiesen, um frühestmöglich Unterstützung im betrieblichen Alltag bei Suchtgefährdungen und -erkrankungen geben zu können. Die Ausbildung dazu bietet das DGB Bildungswerk in fortlaufenden Seminaren an.

Dieses Buch möchte einen Beitrag leisten, frühzeitig Suchtgefährdungen zu erkennen und zu beseitigen bzw. zu minimieren. Es sollen Anregungen gegeben werden, in einem frühen Stadium Interventionen bei Suchterkrankten im Betrieb zu starten. Außerdem möchten wir Sie gewinnen, die gesetzlichen Regelungen zur Eingliederung sowie einen Stufenplan durch eine Betriebs-/ Dienstvereinbarung im Unternehmen bzw. in der Organisation anzuwenden.

Wir würden uns freuen, diese wichtige Diskussion auch bei den nächsten Suchtgesprächen und Netzwerktagen des DGB Bildungswerks weiterführen zu können.

Die Ausgangslage:
Daten & Fakten

Heino Stöver
Doping am Arbeitsplatz: Schneller, besser, effektiver und immer fit!?

Der nicht-bestimmungsgemäße Gebrauch von Medikamenten mit dem hauptsächlichen Ziel der Konzentrationsförderung nimmt unter Beschäftigten seit einigen Jahren zu. Unter den Bedingungen verschärfter Konkurrenz in den Betrieben, hoher Forderung nach Flexibilität und Mobilität, Verdichtung und Fragmentierung der Arbeitsabläufe sowie einer Erosion von Normalarbeitszeiten nehmen viele Beschäftigte diese Mittel ein. Sie wollen den Anforderungen (noch) besser gerecht werden, wollen länger und effektiver arbeiten. Auf lange Sicht liegen darin erhebliche Gesundheitsrisiken und ein Suchtpotenzial.

Pillen für bessere Kognition, Emotion und Motivation

Bei der Einnahme von Psycho- und Neuro-Pharmaka spricht man von »Gehirndoping«, »Mind-Doping«, »Brain booster« oder Neuroenhancement. Gemeint ist immer die Einnahme von Drogen zu Zwecken der Verbesserung von Kognition, Emotion oder Motivation. Der Gesundheitsreport der DAK geht für Deutschland von bis zu zwei Millionen Dopern am Arbeitsplatz aus. Von den 3.000 befragten Arbeitnehmerinnen und Arbeitnehmern zwischen 20 und 50 Jahren gaben 5% an, sich selbst zu dopen. Sogar 20% sagten aus, dass ihnen »ohne Therapienotwendigkeit derartige Medikamente empfohlen wurden«. Neben Medikamenten gegen Angst oder Nervosität wurden von 13% der »dopenden« Beschäftigten auch Präparate wie Ritalin genannt, wobei letzteres eigentlich für Kinder mit der Aufmerksamkeitsstörung ADHS entwickelt wurde. Das Präparat soll Erwachsenen dabei helfen, effektiv zu arbeiten. Darüber hinaus wird zum Beispiel auch Modafinil genommen, das eine aufputschende Wirkung hat.

Rezeptfrei dopen – das Internet macht's möglich

Die Medikamente werden zu einem hohen Teil ohne Rezept aus der Standortapotheke bezogen (45%), ohne Rezept über Freunde, im Kollegenkreis oder aus der Familie beschafft (20%), ohne Rezept aus der Internetapotheke besorgt (12%), ohne Rezept über andere »Versandquellen« aufgetan (11%).

Nur 14% der Befragten gaben an, die Medikamente nach einem ärztlich verordneten Rezept erworben zu haben. Diese Daten und Angaben zeigen: Es gibt bereits ein weit verbreitetes Wissen um den Bezug und die Einnahme und Wirkung bestimmter psychoaktiver Substanzen.

Der Zweck – die Leistungssteigerung und Konzentrationsförderung – sind dabei »edle«, unproblematische Motive. Tabletten haben darüber hinaus – im Gegensatz zu Alkohol oder illegalen Drogen – das Image von gesundheitsförderlichen Konsumgütern. Es ist also gar nicht so leicht, dieses Vorgehen als möglichen Missbrauch von Medikamenten zu problematisieren, denn Beschäftigte halten ihr Verhalten für durchaus legitim.

Imageproblem: Pillen helfen der Gesundheit – oder?

Doppelt so viele Frauen wie Männer nehmen Medikamente ein, um ihre geistige Leistungsfähigkeit oder psychische Befindlichkeit zu steuern. Das kann damit zusammenhängen, dass Frauen allgemein eher und früher einen Arzt aufsuchen und mit Medikamenten behandelt werden als Männer. Tabletten sind stärker in das weibliche Befindlichkeitsmanagement eingebaut (siehe Abbildung 1).

Gleichzeitig erleben wir eine enorme Zunahme der psychischen Erkrankungen bei den Ursachen der Arbeitsunfähigkeit: Psychische Erkrankungen liegen mit ca. 10% bereits an vierter Stelle der Ursachen für Arbeitsunfähigkeit. Diese Fehlzeiten aufgrund psychischer Erkrankungen steigen rasant an: um rund 80% seit 1995. Im Vergleich zu anderen Erkrankungen sind psychische Erkrankungen mit langen Ausfallzeiten verbunden (im Durchschnitt 26,7 Tage laut AOK Rheinland, siehe Abbildung 2).

Auch von den psychischen Erkrankungen sind Frauen besonders stark betroffen (siehe Abbildung 3).

Doping am Arbeitsplatz: Schneller, besser, effektiver und immer fit!? 17

Abbildung 1: Wurden bereits Medikamente zur Verbesserung der geistigen Leistungsfähigkeit oder psychischen Befindlichkeit eingenommen?

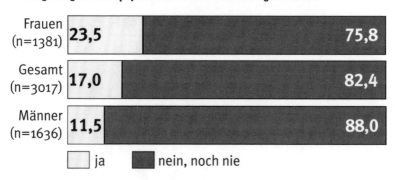

Quelle: DAK-Bevölkerungsbefragung 2008 /Grafik: Gute Arbeit

Abbildung 2: Entwicklung der Arbeitsunfähigkeitsfälle je 100 AOK Versichertenjahre Rheinland
Indexdarstellung: Jahr 2000 = 100%

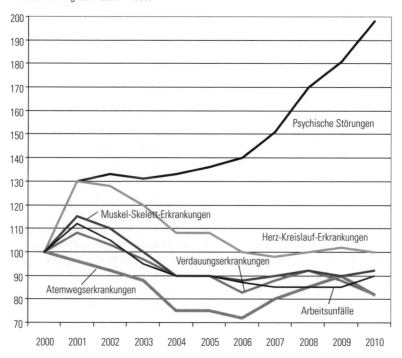

Abbildung 3: Arbeitsunfähigkeitstage aufgrund psychischer Erkrankungen
Männer und Frauen, AOK Rheinland

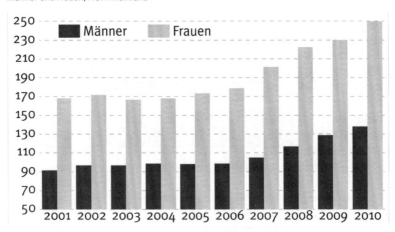

Grafik: Gute Arbeit

Was raten Gesundheitsexpertinnen und -experten, um der steigenden Zahl von »Dopern« am Arbeitsplatz zu begegnen? Die DAK-Expertenbefragung 2008/9 zeigt, dass die Fachleute vor allem vier Strategien vorschlagen:
- Mehr Informationen für einen verantwortungsbewussteren Umgang mit potenten Arzneimitteln,
- mehr Aufklärung und Informationen auch für verschreibende Ärzte,
- zurückhaltende Berichterstattung in Bezug auf den vermeintlichen pharmakologischen Fortschritt,
- stärkere Kontrolle des Arzneimittelverkehrs.

Die Expertinnen und Experten unterstreichen, dass mehr darüber zu reden wäre, dass erwünschte Arzneimittelwirkungen stets mit dem Auftreten von unerwünschten und nicht-beabsichtigten Nebenwirkungen »erkauft« werden. Medikamente sollen bestimmte Wirkungen erzeugen, aber jedes Medikament hat zugleich auch immer Nebenwirkungen und zum Teil unbekannte oder unkalkulierbare Risiken. Diese Zusammenhänge und Wirkungen spielen in der betrieblichen Suchtarbeit bisher kaum eine Rolle, sie müssen aber mehr Gewicht erhalten.

Medikamentenhandel kontrollieren, besser aufklären

Die Einnahme von Arzneimitteln ohne therapeutisch indizierte Notwendigkeit ist definiert als Medikamentenmissbrauch. Der Missbrauch von Medikamenten birgt zum Teil erhebliche gesundheitliche Risiken bis hin zur Abhängigkeit. Schätzungen zufolge leben etwa 1,4 bis 1,9 Millionen Medikamentenabhängige in Deutschland. Die größte Gruppe, mehr als eine Million Menschen, ist abhängig von Schlaf- und Beruhigungsmitteln aus der Wirkstoffgruppe der Benzodiazepine. Aber nicht jeder, der Medikamente zu Dopingzwecken einnimmt, das heißt sie missbräuchlich verwendet, wird abhängig. Es geht also auch um einen riesigen Graubereich der Medikamenteneinnahme bei weiblichen und männlichen Beschäftigten. Ein großes Problem dabei: Es geht um Selbstmedikation, also individuelle Strategien, um den oben genannten Belastungen am Arbeitsplatz besser oder überhaupt begegnen zu können. Die Diskussion über die Einnahme von leistungssteigernden und konzentrationsfördernden Medikamenten am Arbeitsplatz ist also dringend zu führen.

Hirndoping öffentlich machen, sensibilisieren

Dabei hat sich in der Drogenpolitik vor allem die Strategie der stärkeren Information und Transparenz als erfolgversprechend erwiesen. Eine Tabuisierung und Ausblendung des Themas wäre der denkbar schlechteste Weg, mit der Problematik umzugehen. Die Sorge, dass Medienberichte Interesse und Begehrlichkeiten für »Doping am Arbeitsplatz« initial auslösen, ist dabei gegen die verbreite Nutzung der Dopingmittel und die dringend erforderliche Aufklärung über Wirkungen und Nebenwirkungen abzuwägen.

Offenbar ist Doping bereits so weit verbreitet, dass es keine Randerscheinung mehr ist, sodass ein riesiger Informationsbedarf besteht. Der drohende Zeigefinger ist jedoch eine hilflose Strategie. Vielmehr muss an der positiven Wirkungserwartung oder schon -erfahrung der Beschäftigten angesetzt werden: dass sie wissen, dass spezifische Wirkstoffe die Gedächtnis-, Konzentrations- und Aufmerksamkeitsleistung sowie das Wohlbefinden nicht nur von erkrankten, sondern auch von gesunden Menschen steigern können. Allerdings muss dabei stets die Ambivalenz der Drogen mitgedacht werden: Denn die Hoffnungen, mit Medikamenten schneller, wacher, länger, froher den wachsenden Anforderungen in der Arbeitswelt und im Alltag allgemein gerecht werden zu können, werden auf mittlere und lange Sicht sicher enttäuscht werden.

Präventionsstrategien in der Arbeitswelt

Außerdem verlagert ein derartiges Verhalten die Probleme mit arbeitsweltbezogenen Stressoren wie z.B. (überzogener) Leistungsdruck nur auf die individuelle Ebene. Prävention und betriebliche Gesundheitsförderung zielen jedoch auf den strukturellen Abbau organisationsbedingter, betrieblicher psychischer Belastungen. Auf der individuellen Ebene ergeben sich folgende Strategien zur Kontrolle, Entschleunigung und Selbstsorge:
- Stressquellen identifizieren
- Entspannungs- und Aktivierungsverfahren einüben
- eine ausgewogene Lebensführung verfolgen
- Grenzen setzen und Nein sagen können
- mit Zeitmanagement realistische Ziele setzen
- soziale Unterstützung organisieren
- Freizeitgestaltung als wertvolle Stabilisierung pflegen
- die Einstellung zur eigenen Arbeit immer wieder reflektieren.

Auf der betrieblichen Ebene muss ein Gesundheitsmanagement entwickelt werden, das die persönlichen Gesundheitskompetenzen stärkt und »gesunde« Arbeitsverhältnisse schafft, in denen Menschen ausgeglichener tätig sein können. Dazu gehören mehrere Handlungsfelder und Unterpunkte:
- Achtsamkeitsradar (Balance im Arbeits-/Leistungs-/Sozialverhalten; Gefühlsäußerungen beachten; körperliche Veränderungen wahrnehmen; Alltagsleben »vorhanden«; »tüchtig« und »süchtig« unterscheiden)
- Kompetenzen im Umgang mit psychischen Belastungen/Störungen im Betrieb fördern
- zur Arbeit gehören gute Kommunikation und angemessene Gratifikation
- Betriebsärztliche Dienste ausbauen, Kompetenzen im Suchtgeschehen stärken
- psychosoziale Betreuungsangebote schaffen oder vermitteln

- Mobbing verhindern, Betriebsklima verbessern, Behandlungen vermitteln
- *HILFE:* Hinsehen, Initiative ergreifen, Leitungsfunktion wahrnehmen, Führungsverantwortung fördern und fordern, Experten hinzuziehen (nach Hommelsen 2006).

Die betriebliche Begleitung – Gesundheitsförderung und -prävention, Arbeits- und Gesundheitsschutz, Suchthilfe, Sozialberatung etc. – ist auf solide Beine zu stellen, sie braucht ein professionelles und stabiles Gerüst, damit die aufgezeigten Aufgaben ganzheitlich zum Wohle der Gesundheit der Beschäftigten und der Arbeitsqualität verfolgt werden können.

Literatur

Hommelsen, Marlies (2006): Psychisch krank im Job. Was tun? Herausgegeben vom BKK Bundesverband und Familien-Selbsthilfe Psychiatrie (BApK e.V.), Bonn

Michael Musalek/Roland Mader
Alkohol-Abhängigkeit: Aktuelle Entwicklungen und Epidemiologie Befunde aus Österreich

Übermäßiger Alkoholkonsum und Alkoholabhängigkeit gehören zu den größten Herausforderungen, mit denen Ärzte in der täglichen Praxis konfrontiert sind, und zwar nicht nur in der Psychiatrie, sondern auch in allen anderen Fachgebieten. Geschätzte 340.000 Österreicher sind alkoholkrank, nahezu jeder vierte Erwachsene konsumiert Alkohol in einem gesundheitsgefährdenden Ausmaß. Obwohl die Gesamtzahl der Alkoholkranken in den letzten Jahren nahezu gleich blieb, nimmt der relative Anteil der Frauen deutlich zu, während jener der Männer leicht sinkt. Rund zehn Prozent der Österreicher erkranken im Laufe ihres Lebens an chronischem Alkoholismus. Durchschnittlich tritt die Alkoholkrankheit bei Männern nach dem 26. Lebensjahr und bei Frauen nach dem 34. Lebensjahr auf. Die Lebenserwartung von alkoholabhängigen Frauen ist um durchschnittlich 20 Jahre, jene von alkoholabhängigen Männern um 17 Jahre reduziert.

Die österreichischen Jugendlichen stellen hinsichtlich des Alkoholkonsums nicht die Hauptproblemgruppe dar. Die meisten Problem-Konsumenten findet man derzeit bei den 30- bis 39-Jährigen; die meisten täglichen Alkohol-Konsumenten bei den über 70-Jährigen. Allerdings ist in den vergangenen zehn Jahren bei Jugendlichen doch eine deutliche Zunahme des täglichen Alkoholkonsums zu registrieren.

Aktuell wirken sich drei Faktoren maßgeblich auf die Entwicklung des Alkoholkonsums von Jugendlichen aus. An erster Stelle steht die Akzeleration, das bedeutet, dass Kinder immer früher in die Pubertät kommen, sich früher körperlich entwickeln und früher zu relativ selbstständigen Jugendlichen werden. Dadurch machen Jugendliche auch früher die ersten Erfahrungen mit Alkohol. Zweitens bedeutet die Emanzipation in diesem Zusammenhang, dass Frauen immer aktiver am öffentlichen Leben teilnehmen und sich die Konsumgewohnheiten von Männern und Frauen zunehmend angleichen. Da der Alkohol-Gesamt-

Alkohol-Abhängigkeit: Aktuelle Entwicklungen und Epidemiologie

konsum seit Jahrzehnten sinkt, bedeutet dies eine Zunahme des Alkoholkonsums bei Frauen bei gleichzeitiger Abnahme des Alkoholkonsums bei Männern. Als dritter Faktor ist die so genannte Globalisierung von Bedeutung. Das bedeutet, dass in Europa eine weitgehende Anpassung der Trinkgewohnheiten in Richtung europäischem Durchschnitt festzustellen ist. Es kommt zu einer Konsumsteigerung in den traditionellen Niedrig-Konsumländern und zu einem Konsumrückgang in den Hochkonsumländern.

Bei einer Befragung der österreichischen Jugendlichen nach Erfahrungen mit Alkoholrausch gaben zwei Drittel der unter 14-Jährigen an, bereits einen Vollrausch erlebt zu haben. Bei den unter 17-Jährigen liegt dieser Wert bei 87%. Das Phänomen des zunehmenden Rauschtrinkens bei Jugendlichen in Österreich ist derzeit mangels spezifischer Forschungsergebnisse nicht gut bestimmbar, dürfte aber weniger dramatisch ausfallen, als dies in diversen Medienberichten kolportiert wurde. Nichtsdestotrotz hat die Frequenz von Vollräuschen bei Jugendlichen über die letzte Dekade erheblich zugenommen. Ausschlaggebend dafür sind einerseits wiederum die Tendenz zur Akzeleration und andererseits der Umstand, dass sich in Europa die Konsumgewohnheiten kontinuierlich angleichen und damit naheliegt, dass nordeuropäische Trinkmuster auch in Österreich zunehmen.

Harmlosigkeit – Gefährdung – Abhängigkeit

Die Harmlosigkeitsgrenze bezieht sich auf die Alkoholmenge, bis zu der der Konsum als bedenkenlos eingestuft werden kann. Sie liegt beim Mann bei 24g und bei der Frau bei 16g reinem Alkohol pro Tag. 20g reiner Alkohol entspricht einem halben Liter Bier oder einem Viertelliter Wein. Mit der Gefährdungsgrenze wird die Grenze bezeichnet, ab der der Alkoholkonsum als gesundheitsgefährdend eingestuft wird. Sie liegt beim Mann bei 60g reinem Alkohol pro Tag und bei der Frau bei 20g reinem Alkohol pro Tag. Bei der Diagnose Abhängigkeit müssen nach ICD-10[1] während des letzten Jahres drei oder mehr der in Tabelle 1 genannten Kriterien zutreffen.

---

[1] Die Abkürzung ICD steht für die von der Weltgesundheitsorganisation (WHO) erstellte »International Statistical Classification of Diseases and Related Health Problems« (Internationale statistische Klassifikation der Krankheiten und ver-

Tabelle 1: Abhängigkeitskriterien nach ICD-10

- Ein starker Wunsch oder eine Art Zwang, Alkohol zu konsumieren;
- verminderte Kontrollfähigkeit bezüglich des Beginns, der Beendigung und der Menge des Konsums;
- Nachweis einer Toleranzentwicklung;
- körperliches Abstinenzsyndrom;
- fortschreitende Vernachlässigung anderer Interessen zugunsten des Alkoholkonsums;
- anhaltender Alkoholkonsum trotz Nachweis eindeutiger, schädlicher Folgen, was dem Konsumenten offensichtlich klar ist.

Wirkung des Alkohols

Schon bei einem Blutalkoholspiegel von 0,5 bis 1,2 Promille werden höhere, komplexe Hirnfunktionen beeinträchtigt. Es zeigt sich ein vermindertes Verantwortungsgefühl, Gefahren werden unter- und die eigenen Fähigkeiten überschätzt, der Gedankenablauf bleibt oberflächlich und ist verlangsamt. Trotzdem sind hier noch äußere Zeichen einer Berauschung diskret bis fehlend.

Bei einem Alkoholspiegel von 1,3 bis 3 Promille ist die Berauschung auch äußerlich deutlich sichtbar. Bewegungen werden unkoordiniert, die Sprache verwaschen und das Verhalten zunehmend enthemmt. Außerdem sind die Reaktionsfähigkeit und die Aufmerksamkeit herabgesetzt. Bei über 3 Promille Blutalkohol kommt es zur allmählichen Lähmung des Nervensystems, zum Erlöschen der geistigen Fähigkeiten und zu einem schweren tiefen Schlaf. Ab 4 Promille ist der Tod möglich, auch wenn dieser selten eintritt, meist nach mehrstündiger Bewusstlosigkeit und eher bei begleitenden Erkrankungen.

Hinweise auf ein Alkoholproblem

- *Kontrollverlust:* Man trinkt, obwohl man weiß, dass man eigentlich aufhören müsste, kann jedoch seinen eigenen Alkoholkonsum nicht mehr beherrschen.
- *Gewohnheit:* Man trinkt aus Gewohnheit, ohne sich großartig etwas dabei zu denken, und erreicht einen täglichen Alkoholkonsum von mehr als 60g.

---

wandter Gesundheitsprobleme), die Ziffer 10 bezeichnet die 10. Revision der Klassifikation.

Alkohol-Abhängigkeit: Aktuelle Entwicklungen und Epidemiologie

- *Psychische Abhängigkeit:* Man hat das Gefühl, mit unbedingter Notwendigkeit Alkohol zu sich nehmen zu müssen. Man will und kann auf Alkohol nicht mehr verzichten, und man ist nicht mehr in der Lage, einige Wochen ohne Alkohol auszukommen.
- *Dosissteigerung:* Die Menge des konsumierten Alkohols wird über die Jahre hinweg immer größer; man benötigt immer mehr Alkohol, um dieselbe Wirkung zu erzielen.
- *Entzugserscheinungen:* Bei fortgeschrittener Alkoholabhängigkeit kommt es dann auch zum Auftreten von Entzugserscheinungen, sobald Alkohol über einen längeren Zeitraum nicht mehr konsumiert wird. Dies reicht von morgendlichem Tremor, Unruhe, morgendlichem Brechreiz und Übelkeit über starkes Schwitzen bis zum deliranten Zustandsbild oder epileptischen Entzugsanfällen.

Früherkennung

Bei der Früherkennung der Alkoholabhängigkeit können indirekte und direkte Verfahren angewendet werden.

Indirekte Verfahren sollen eventuelle, krankheitsspezifische Dissimulations-[2] und Bagatellisierungs-Tendenzen von Seiten der Patienten umgehen und eine möglichst objektive Beurteilung ermöglichen. Neben einer klinisch-psychiatrischen Diagnostik haben hier typische Laborparameter große Aussagekraft. Von Bedeutung sind Leberparameter wie die Gammaglutamyltransferase (GGT), die Transaminasen (GOT, GPT), das mittlere Erythrozyten-Zellvolumen (MCV) und das Carbohydrate-deficienttransferrin (CDT). Diese Werte können durch übermäßigen Alkoholkonsum erhöht sein, wobei zur exakten Diagnostik das Gesamtbild der pathologischen Veränderungen betrachtet werden muss. Die CDT-Diagnostik wird häufig auch bei amtsärztlichen Untersuchungen eingesetzt, da dieser Wert auch bei mehrwöchiger Abstinenz einen exzessiven Alkoholkonsum nachweisen kann. Über eine eventuelle Alkoholabhängigkeit können Laborwerte jedoch keine Auskunft geben, da sie lediglich einen erhöhten, schädlichen Konsum bezeugen. Trotzdem hat die Erhebung der Laborparameter ihre Berechtigung, da sie zusammen mit der klinischen Diagnostik für den behandelnden Arzt

---

[2] Dissimulation bezeichnet das absichtliche Herunterspielen bzw. Verbergen von Krankheitszeichen (Symptomen), um für gesund gehalten zu werden.

der Anlass ist, auch direkte Verfahren einzusetzen, um den Patienten schließlich zu einer Verhaltensänderung motivieren zu können.

Direkte Verfahren fördern Selbstaussagen von Patienten und bieten einen sensitiveren Zugang als indirekte Verfahren. Wichtig ist hier eine empathische und wertschätzende Vorgangsweise, um die suchttypischen Abwehrmechanismen möglichst gering zu halten. Diagnostisch hilfreich und bewährt sind standardisierte direkte Verfahren wie der »alcohol use disorder identification test« (AUDIT). Der AUDIT-C ist eine Kurzversion, die ausschließlich die drei Konsumfragen des AUDIT beinhaltet.

Tabelle 2: AUDIT-C-Screening-Test

Wie oft trinken Sie Alkohol?	
Nie	0
Einmal im Monat oder seltener	1
Zwei- bis viermal im Monat	2
Zwei- bis dreimal die Woche	3
Viermal die Woche oder öfter	4
Wenn Sie Alkohol trinken, wie viele Gläser trinken Sie dann an einem Tag? (ein Glas entspricht 0,33 l Bier, 0.25 l Wein, 0,02 l Schnaps)	
1 bis 2 Gläser pro Tag	0
3 bis 4 Gläser pro Tag	1
5 bis 6 Gläser pro Tag	2
7 bis 9 Gläser pro Tag	3
10 oder mehr Gläser pro Tag	4
Wie oft trinken Sie an einem Tag sechs oder mehr alkoholische Getränke?	
Nie	0
Seltener als einmal im Monat	1
Jeden Monat	2
Jede Woche	3
Jeden oder fast jeden Tag	4

Bei einem Gesamtpunktwert von 4 oder mehr bei Männern und 3 oder mehr bei Frauen ist der Test positiv im Sinne eines erhöhten Risikos für alkoholbezogene Störungen und spricht für die Notwendigkeit weiteren Handelns

Klinische Hinweise

a) Somatische Zeichen
- Foetor alcoholicus (Alkoholfahne) (zum Zeitpunkt der Untersuchung)
- Leberhautzeichen (Spider naevi), Lebervergrößerung
- Gerötete Konjunktiven (Bindehaut der Augen)
- Unspezifische Oberbauchbeschwerden, Übelkeit am Morgen, morgendliches Erbrechen
- Aufgedunsenes Gesicht, Gesichtsröte
- Erhöhte Schweißneigung, Palmarerythem (Rötung der Handinnenfläche)
- Palpitationen (Herzstolpern), Hypertonie (erhöhter Blutdruck)
- Epileptische Anfälle in der Vorgeschichte, periphere Neuropathie (Nervenbedingte Störung des Temperatur- und Schmerzempfindens an den Extremitäten), feinschlägiger Tremor (Zittern), Gangunsicherheit
- Malnutrition (Unterernährung), Gewichtsverlust, Voralterung
- Typischer Habitus (Bierbauch, Kontrast zu Muskelatropie, d.h. Muskelschwund, in den Beinen)
- Gehäufte Bagatellunfälle

b) Psychiatrische Hinweise
- Schlafstörungen
- Erhöhte Reizbarkeit, verminderte Impulskontrolle
- Jovialität, Anpassungsfähigkeit bis zur Kritiklosigkeit, Distanzlosigkeit
- Depression
- Angst
- Suizidversuche in der Vorgeschichte
- Auffällige Bagatellisierungstendenz

c) Psychosoziale Hinweise
- Eheliche oder sexuelle Probleme
- Familiäre Probleme
- Probleme am Arbeitsplatz (häufige Arbeitsunfähigkeit)
- alkoholbedingte Probleme im Straßenverkehr (zum Beispiel Führerscheinverlust)
- Unpünktlichkeit und Unzuverlässigkeit

- Kurze, aber häufige Fehlzeiten vor/nach dem Wochenende; Entschuldigung häufig durch Dritte (zum Beispiel Ehepartner)
- Zunehmende Unfallhäufigkeit (Arbeits- und Wegeunfälle)
- Schwankendes Leistungs- und Durchhaltevermögen
- Vergesslichkeit (zum Beispiel von Arbeitsaufträgen, Verabredungen, Zwischenfällen)

Frühintervention

Der wichtigste Faktor bei der Behandlung eines Alkoholproblems ist der Zeitpunkt der Erstintervention. Je früher auf ein bestehendes Alkoholproblem reagiert wird, umso eher ist ein schwerer Krankheitsverlauf abzuwenden. In vielen Fällen geht ein chronischer Alkoholmissbrauch nach einiger Zeit in eine Alkoholabhängigkeit über, wobei meist eine intensive Entzugsbehandlung – oft auch in einem stationären Setting – notwendig wird. Hier ist dann auch in aller Regel die lebenslange Abstinenz das einzige Behandlungsziel. Dies ist allerdings für eine große Zahl der Patienten kein attraktives Ziel, da der Wunsch nach einem »kontrollierten« Konsum meist sehr ausgeprägt ist und einen Hauptgrund für wiederholte Rückfälle in alte Trinkmuster darstellt. Auch aus diesem Grund wäre es hilfreich, den Betroffenen möglichst frühzeitig zu einer Behandlung zu motivieren, da die Chance auf eine Reduktion der Trinkmenge zu einem kontrollierten, sozialen Konsum hier noch möglich sein kann. Außerdem verschlimmern sich aufgrund der Chronizität der Erkrankung körperliche und psychische alkoholbedingte Störungen und können bei früher Intervention abgefangen und gut behandelt werden, bevor eventuelle bleibende Schäden entstehen.

In der Arztpraxis sind oft Hausärzte diejenigen, die zuerst die Symptome eines Alkoholproblems entdecken. Hier können und müssen bereits erste wichtige Interventionen gesetzt werden.

Der erste Schritt zu einer erfolgreichen Intervention ist wohl der Beziehungsaufbau, das heißt: Beim Erstgespräch ist eine vertrauensvolle Atmosphäre zu schaffen, in der sich der Patient sicher und verstanden fühlt und möglichst frei und ohne Angst vor etwaigen Konsequenzen über seinen Alkoholkonsum reden kann. In diesem ersten Gespräch soll der Alkoholkonsum genau untersucht werden. Von Bedeutung sind hier der Konsumverlauf vom Beginn des sozialen Trinkens über einen eventuellen Übergang zu einem problematischen Konsum mit Toleranzentwicklung und Steigerung der Trinkmenge bis zu den Symptomen des pathologischen Trinkens mit Kontrollverlust und Entzugssymptomen. Wichtig sind zudem häufige Trinksituationen und auch das Trinkmuster, ob der Konsum täglich oder fallweise stattfindet, ob und wie häufig ein Rausch auftritt und ob über den Tag verteilt getrunken wird oder eher ausschließlich abends oder auch nur am Wochenende. In weiteren Gesprächen sollte die Funktionalität des Trinkens näher beleuchtet werden, um suchtauslösende und suchterhaltende Faktoren herausarbeiten zu können.

Bei Verdacht auf ein mögliches Alkoholproblem sollte diese Verdachtsdiagnose mittels Fragebögen wie AUDIT überprüft werden. Laborparameter (Leberwerte, CDT, MCV) tragen als Ausgangspunkt zu einer Verlaufskontrolle bei. Erhärtet sich der Verdacht auf einen Alkoholmissbrauch oder eine Alkoholabhängigkeit, ist dies dem Patienten auch klar und eindeutig mitzuteilen.

Ein direktes Ansprechen kann helfen, die für Suchtkranke typischen Verleugnungs- und Bagatellisierungs-Tendenzen zu durchbrechen, da der Betroffene merkt, dass sein übermäßiger Konsum für seine Umwelt doch sichtbarer ist, als er angenommen hatte. Der nächste Schritt ist die Motivation zu einer Reduktion der Trinkmenge oder auch zu einer Alkoholabstinenz, wie dies bei der Diagnose einer Abhängigkeit in aller Regel auch notwendig ist. Jedoch können sich speziell diesen Punkt – die vielleicht lebenslange Abstinenz – viele Betroffene nicht vorstellen und er stellt für sie kein attraktives Behandlungsziel dar. Dies gilt es am Anfang der Behandlung auch zu respektieren, um den Patienten nicht unter Druck zu setzen und damit einen guten ärztlichen oder therapeutischen Kontakt zu gefährden.

In den meisten Fällen empfiehlt sich, für die Abstinenz einen begrenzten Zeitraum von einigen Wochen als primäres Behandlungsziel zu definieren und erst nach diesem Zeitraum gemeinsam neue Ziele zu suchen.

Speziell Hausärzte können in der Praxis oft erste wichtige Interventionen setzen, um in weiterer Folge den Betroffenen in eine Spezialeinrichtung für Suchtkranke weiterzuvermitteln. Viele Patienten haben jedoch genau vor diesem Schritt große Angst, da sie sich dann stigmatisiert fühlen. Wichtig ist dabei, ihnen die Angst zu nehmen, um gleich gemeinsam mit dem Patienten ein erstes Beratungsgespräch in einer Spezialambulanz vereinbaren zu können. Dieses soll auch anonym und ohne weitere Verpflichtungen für den Patienten möglich sein.

Oft ist es nötig, den Patienten regelmäßig wieder zu bestellen, um an der Einsicht und an der Behandlungsmotivation weiterzuarbeiten. Wiedererhobene Laborwerte dienen dabei der Verlaufskontrolle.

In jedem Fall müssen Komorbiditäten, d.h. Begleiterkrankungen, die durch den Alkoholkonsum verschleiert wurden, diagnostiziert und therapiert werden. Es wird ein »Rückfallmanagement« besprochen: möglichst früher Arztkontakt, gegebenenfalls durch bestimmte Angehörige, vereinbarte stationäre Aufnahme, Arbeitsunfähigkeitsbescheinigung, eventuell erneuter ambulanter Entzug. Auch nach einer Entzugsbehandlung sind ein Rückfallmanagement, regelmäßige Arzttermine mit Laborkontrollen, Teilnahme an Selbsthilfegruppen und eine Therapie von eventuellen Komorbiditäten erforderlich.

Diagnose der Alkoholabhängigkeit

Das Abhängigkeitssyndrom nach ICD-10 beschreibt eine Gruppe von Verhaltensphänomenen sowie kognitiven und körperlichen Phänomenen, die sich nach wiederholtem Substanzgebrauch entwickeln. An erster Stelle steht hier ein starker Wunsch oder eine Art Zwang, Alkohol zu konsumieren. Dieser starke Wunsch – auch Craving genannt – ist nicht mit dem gut bekannten Gusto beziehungsweise der Vorfreude auf einen bestimmten Konsum gleichzusetzen, sondern äußert sich in einem nahezu unstillbaren Verlangen, das Suchtmittel zu sich zu nehmen. Typisch ist hier das so genannte Vernichtungsgefühl: Der Betroffene kann sich nicht vorstellen, dass der Tag oder das Leben weitergehen kann ohne Einnahme des Suchtmittels.

Als zweites Abhängigkeitskriterium wird die verminderte Kontrollfähigkeit bezüglich des Beginns, der Beendigung und der Menge des Alkoholkonsums angeführt. Das heißt: Alkoholkranke nehmen sich zwar oft vor, weniger und seltener zu trinken, jedoch gelingt ihnen dies dann in den meisten Fällen nicht mehr. Als weiteres Kriterium gilt das Auftreten von Entzugssymptomen. Ein körperliches Entzugssyndrom tritt meist bei einem regelmäßigen beziehungsweise täglichen Konsum auf und äußert sich vor allem durch Tremor, Hyperhidrosis (übermäßiges Schwitzen) und Insomnie (Schlafstörung) sowie auch durch innere Unruhe, morgendliche Übelkeit bis hin zum Erbrechen und findet rasch Linderung durch neuerlichen Alkoholkonsum. Wird ein solches Entzugssyndrom nicht rechtzeitig und ausreichend behandelt, kann es in ein

Alkohol-Abhängigkeit: Aktuelle Entwicklungen und Epidemiologie

Alkoholentzugsdelir übergehen, das durch das Auftreten von psychomotorischer Unruhe, Orientierungsstörungen und von optischen Halluzinationen gekennzeichnet ist und einen lebensbedrohenden Zustand darstellen kann. Psychische Entzugserscheinungen wie Schlafstörungen, Angstzustände, innere Unruhe und depressive Verstimmungen können zusätzlich zu den körperlichen Symptomen auftreten.

Ein weiteres wichtiges diagnostisches Kriterium ist die Toleranzentwicklung und die damit verbundene Dosissteigerung der alkoholischen Getränke. Dies bedeutet, dass immer größere Alkoholmengen konsumiert werden müssen, um denselben Effekt zu erzielen. In der ICD-10-Diagnostik finden sich dann noch zwei weitere Kriterien: Eine fortschreitende Vernachlässigung anderer Interessen zugunsten des Alkoholtrinkens und anhaltender Alkoholkonsum trotz Nachweises eindeutiger schädlicher Folgen.

Die Alkoholkrankheit ist als eine hochkomplexe psychische Störung anzusehen, denn viele Patienten zeigen Überschneidungen verschiedenster Suchtformen und auch oft ausgeprägte komorbide Störungen, die in bekannten kategorialen Klassifikationssystemen zu wenig berücksichtigt werden und somit dem Anspruch einer realitätsgerechten, umfassenden Diagnostik nicht gerecht werden. Somit erscheint ein Umdenken in Richtung mehrdimensionaler Suchtdiagnostik angemessen, welche symptom-, prozess- und pathogeneseorientiert ist. Diese beleuchtet suchtauslösende sowie suchterhaltende Faktoren ebenso wie den individuellen Krankheitsverlauf und rückt den Menschen mit seinen Leiden stärker in den Mittelpunkt der Diagnostik.

Jeder Mensch – sei er auch noch so krank – weist aber auch gesunde Anteile auf, die nicht nur einen wichtigen, zentralen Teil seiner Persönlichkeit darstellen, sondern auch für den Weg zurück zu einem insgesamt gesünderen und freudvollen Leben von immenser Bedeutung sind.

Aus diesem Grund ist es unerlässlich, den diagnostischen Blickwinkel zu erweitern und neben den Krankheitssymptomen auch die Ressourcen des Patienten zu berücksichtigen, um sie in den späteren therapeutischen Prozess auch gezielt einbauen zu können.

Komorbiditäten

Eine Alkoholabhängigkeit tritt praktisch nie allein in Erscheinung. So weisen bis zu 75% der Frauen und mehr als 50% der Männer, die sich in stationärer Behandlung befinden, zumindest eine komorbide Störung auf; viele von ihnen haben zwei oder auch mehrere zusätzliche psychische Erkrankungen. Bei rund einem Drittel der Alkoholkranken findet man im Laufe ihres Lebens die Kriterien einer Angststörung; noch höher ist der Prozentsatz bei depressiven Erkrankungen. Besonders zu betonen ist, dass Alkoholkranke eine überaus hohe Suizidalitätsrate (bis zu 35% der Alkoholkranken) aufweisen. Auch mit bestimmten Persönlichkeitsstörungen zeigt die Alkoholkrankheit enge Verbindungen. So finden sich bei ihnen bis zu 50% Merkmale einer Borderline-Persönlichkeitsstörung beziehungsweise antisoziale Persönlichkeitsstörungen. Besonders hoch ist die Komorbidität auch mit anderen Formen von Abhängigkeitserkrankungen wie Nikotinabhängigkeit (bis zu 85%) und Medikamentenmissbrauch (bis zu 40%). Die enge Verbindung der Alkoholabhängigkeit mit anderen psychischen Störungen erfordert eine genaue Differentialdiagnose, die weit über die eigentliche Sucht-Diagnostik hinausgeht. Dies umso mehr, als die genannten Störungen nicht nur die Suchtkrankheit begleiten, sondern sehr oft selbst als krankheitserhaltende Faktoren wirksam werden und dementsprechend auch bei einer pathogeneseorientierten Therapieplanung Berücksichtigung finden müssen.

Therapie der Alkoholabhängigkeit

Bei der Behandlung der Alkoholkrankheit muss der Komplexität dieser Erkrankung und ihrer mannigfachen Bedingungskonstellationen mit ebenso komplexen Behandlungsmaßnahmen begegnet werden. Vielerorts gilt die absolute Abstinenz immer noch als einziges Therapieziel. Ohne Zweifel ist bei einer diagnostizierten Alkoholkrankheit mit all ihren Abhängigkeitssymptomen der Versuch, kontrolliert zu trinken, nach allen bisherigen Erfahrungen nicht erfolgreich. Dennoch ist es nur schwer nachvollziehbar, warum bei Alkoholkranken ausschließlich Forderungen nach absolutem Behandlungserfolg gestellt werden, die wir als verantwortungsbewusste Ärzte an Patienten mit anderen chronischen Erkrankungen – sei es eine Hypertonie oder ein Diabetes –

in dieser Form nie stellen würden. Ebenso wie bei anderen schweren chronischen Erkrankungen stellt somit ein Krankheitsrezidiv, das heißt ein Rückfall, einen zwar ungewünschten, aber doch zu akzeptierenden Teil der Erkrankung dar.

Der erste Schritt zu einer erfolgreichen Behandlung ist, den Patienten in seinem Vertrauen zu sich und in die Therapie so weit zu stärken, dass er sich ein erfolgreiches Mitwirken zutrauen kann. Von besonderer Wichtigkeit ist hierbei eine umfassende Aufklärung über die Erkrankung in ihrer ganzen Komplexität und des Weiteren das genaue Informieren über alle Behandlungsmöglichkeiten. In einem Erstgespräch wird dann nach genauer psychiatrischer Exploration mit dem Patienten gemeinsam ein individueller Therapieplan erstellt. Prinzipiell kann die Behandlung ambulant oder stationär erfolgen. Eine stationäre Behandlung ist bei schwerer körperlicher Abhängigkeit, bei nur mäßig erfolgreichen ambulanten Therapieverläufen, bei schwerwiegenden komorbiden Störungen und/oder bei massiven psychosozialen Problemen als krankheitserhaltende Faktoren ratsam.

Die Vorteile der stationären Behandlung liegen in den meist intensiveren Möglichkeiten der medizinischen Behandlung, Diagnostik und auch der Therapie. Außerdem bietet eine stationäre Aufnahme einen geschützten Rahmen und einen vorübergehenden Abstand zu belastenden Lebenssituationen, die dann aus diesem Abstand heraus oft besser therapeutisch bearbeitet werden können. Bei der ambulanten Behandlung wiederum ist es von Vorteil, dass der Patient in seiner gewohnten Umgebung weiterlebt und das Umfeld auch aktiv besser in den therapeutischen Prozess eingebunden werden kann. Außerdem fließt das Wissen über suchtauslösende Faktoren direkt in die Behandlung ein, und die in der Therapie erlernten Strategien können sofort zielführend umgesetzt werden.

Bei einer körperlichen Abhängigkeit sollte so früh als möglich – vor dem Auftreten erster Entzugserscheinungen – mit einer Entzugsbehandlung begonnen werden. Auf diese Weise gelingt es in der Regel, ein Delirium tremens, die schwerste und gefährlichste Form des Entzugssyndroms, zu verhindern. Die medikamentöse Behandlung erfolgt mit Hilfe von Tranquilizern, die in ausreichender Dosierung und dann ausschleichend bis zum Sistieren, d.h. Nicht-Fortschreiten, der Entzugssymptomatik zu verabreichen sind. In Frage kommen hier alle Substanzen aus der Gruppe der Tranquillantien, die eine vegetative Hyper-Arousal (Übererregung) gut coupieren, d.h. schnell abmildern können, wobei sich Substanzen mit einer mittleren Halbwertszeit ohne aktive Metaboliten bewährt haben (zum Beispiel Oxazepam). Die Entzugs-Medikation muss rechtzeitig und in ausreichender Dosierung verordnet werden; sie muss jedoch – sobald das Entzugssyndrom abgeklungen ist (in der Regel nach sieben bis zehn Tagen) – wieder ausgeschlichen und abgesetzt werden, da diese selbst ein nicht unerhebliches Suchtpotenzial aufweist. Zusätzlich empfiehlt es sich, zur Prophylaxe eines eventuellen Entzugsanfalls – einer weiteren Komplikation des Entzugssyndroms – vorübergehend Antiepileptika einzusetzen. Wichtig ist es auch, möglichst bald nach dem Abklingen der schweren Entzugssymptome mit der Behandlung eventueller komorbider Störungen zu beginnen, da sonst die Gefahr eines Rückfalls deutlich höher ist. Als Rückfallprophylaxe haben sich Anticraving-Substanzen wie Naltrexon und Acamprosat bewährt und können jederzeit – am besten nach der Entzugsphase und über einen mindestens mehrmonatigen Zeitraum – verordnet werden.

Nach der Entzugsphase ist im Rahmen eines individuellen, modularen Behandlungsprogramms auch an der Ergründung von suchtauslösenden und suchterhaltenden Faktoren im Rahmen einer Gruppen- und Einzelpsychotherapie zu arbeiten. Um eventuelle soziale Problemfelder zu lösen, sollte eine psychosoziale Betreuung bereitgestellt werden.

Zudem ist es unerlässlich, auch die Ressourcen des Patienten aufzudecken und zu aktivieren, da diese die größte Unterstützung für ein künftig suchtfreies, freudvolles Leben darstellen. Im Rahmen einer ressourcenorientierten Behandlung wird es dem Kranken ermöglicht, neben einer medizinischen, psychosozialen und psychotherapeutischen Behandlung die nötige Atmosphäre und Spielräume zu schaffen, um sich dort nach eigenen Wünschen und Vorstellungen selbst zu entfalten und jene individuellen Stärken zu finden, die es braucht, um den Stellenwert des Suchtmittels zu minimieren. Es gilt dabei, vergessene Interessen wieder zu entdecken beziehungsweise neue Möglichkeiten freizulegen und auszubauen, um später den Verlockungen des Suchtmittels wirksam entgegentreten zu können.

Alkohol-Abhängigkeit: Aktuelle Entwicklungen und Epidemiologie

Zusammenfassung

Die Alkoholabhängigkeit als eine hochkomplexe Erkrankung bedarf einer exakten Frühdiagnostik, um sie möglichst frühzeitig zu erkennen und mit geeigneten Behandlungsmaßnahmen zu beginnen. Hier haben vor allem Hausärzte, die oft die erste Anlaufstelle der Betroffenen sind, eine besonders wichtige Aufgabe. Sie können in einer empathischen, verständnisvollen Atmosphäre aufklären und erste Schritte zu einer weiterführenden, spezifischen Behandlung setzen. Die Behandlung der Alkoholabhängigkeit muss komplexe, individuelle Therapieangebote umfassen, die den Patienten nicht nur bei der Behandlung seiner Krankheitssymptome und komorbider Störungen unterstützen, sondern ihm auch die Möglichkeit geben sollten, seine eigenen Fähigkeiten und Möglichkeiten (wieder) zu entdecken, um diese als fruchtbringende Basis für ein autonomes und freudvolles Leben einsetzen zu können.

Roland Mader/Michael Musalek
Kaufsucht und Spielsucht, die »neuen Süchte«

Obwohl die »neuen Süchte« Kaufsucht und Spielsucht immer häufiger auftreten, ist deren diagnostische Zuordnung nach wie vor nicht geklärt. Im Folgenden sollen diese beiden wichtigen Vertreter aus dem Bereich der stoffungebundenen Süchte näher vorgestellt werden.

Einleitung

Bei der Kaufsucht sowie der Spielsucht handelt es sich um Vertreter aus dem Bereich der stoffungebundenen Suchtformen, wobei die typischen suchtspezifischen Kriterien erfüllt sein müssen, nämlich Toleranzentwicklung, Kontrollverlust, Verschlechterung des psychophysischen Zustandes bei Verzicht (Entzugssymptomatik) und in weiterer Folge das Zentrieren des Lebens auf die jeweilige Verhaltensweise. Substanzunabhängige Suchtformen wurden bisher weder in den ICD-10[1] noch in das DSM-IV[2] aufgenommen, sondern sind dem Bereich der Restkategorie Impulskontrollstörungen diagnostisch zugeordnet. Diese Einordnung ist allerdings aus klinischer Sicht keineswegs ausreichend, da es sich in der Regel bei pathologischem Spielen und bei pathologischem Kaufen nicht um einfache Impulskontrollstörungen handelt, sondern um komplexe Abhängigkeitsstörungen, sodass die Mitberücksichtigung suchtspezifischer Kriterien als notwendig erscheint.

Da potenziell zu Sucht führende Angebote in vielen Bereichen dramatisch zunehmen, erleben wir auch eine deutliche Zunahme von Pati-

---

[1] »International Statistical Classification of Diseases and Related Health Problems« (Internationale statistische Klassifikation der Krankheiten und verwandter Gesundheitsprobleme), erstellt von der Weltgesundheitsorganisation (WHO), die Ziffer 10 bezeichnet die 10. Revision der Klassifikation.

[2] Diagnostic and Statistical Manual of Mental Disorders (Diagnostisches und Statistisches Handbuch Psychischer Störungen): Klassifikationssystem der American Psychiatric Association, die es erstmals 1952 in den USA herausgegeben hat, seither erscheinen auch Ausgaben in anderen Ländern.

enten mit nichtstofflichen Abhängigkeiten. In dem Beitrag sollen wichtige stoffungebundene Suchtformen, nämlich Glückspielsucht (»pathologisches Glücksspiel«) und Kaufsucht (»pathologisches Kaufen«) dargestellt werden; dabei soll auch auf aktuelle Entwicklungen hinsichtlich diagnostischer Vorgehensweisen und Therapiemöglichkeiten eingegangen werden.

Kaufsucht (»pathologisches Kaufen«)

Die Kaufsucht (Oniomanie, von griech. Onios = »zu verkaufen«) wurde als eigenständige psychische Störung bereits 1909 in der ersten Auflage des Lehrbuches von Emil Kraepelin beschrieben. Einige Jahre später berichtet Eugen Bleuler über die Oniomanie: »Es gibt Triebe, Impulse und Gelüste, die sich sowohl in ihrer Art wie in ihrer Unwiderstehbarkeit nach als krankhaft auszeichnen... Die Versuche, diesen Trieben nachzugeben, selbst wenn sie sich damit schädigen, wird ähnlich empfunden wie die Sucht nach einem Suchtmittel. Manchmal geht dem Antrieb zu einem bestimmten Tun ein dumpfer unerträglicher Spannungs- und Drangzustand voraus, worauf erst ein bestimmter Impuls einschießt... Man beschreibt diese Triebe ... auch als ›reaktive Triebe‹ oder als ›Suchten‹ besonderer Art. Früher fasste man sie als ›impulsives Irresein‹ oder als ›Monomanien‹ zusammen.« (Bleuler 1924)

Das pathologische Kaufen den Suchtkrankheiten zuzuordnen, ist demnach keineswegs eine Erfindung des letzten Jahrzehntes, schon E. Bleuler weist darauf hin, dass es sich bei der Oniomanie um eine viel weitreichendere Störung handelt und daher eine Zuordnung zur Gruppe der Impulskontrollstörungen als nicht ausreichend erscheint.

Epidemiologie
Die ersten Untersuchungen zur Prävalenz der Kaufsucht (compulsive buying) wurden Ende der 1980er Jahre von amerikanischen und kanadischen Forschern (Faber et al. 1992 und Valence et al. 1988) durchgeführt. Sie berechneten eine Prävalenz zwischen 1,8% und 8%.

Wie Scherhorn et al. 1991 bzw. 2001 feststellten, nahm die Tendenz zum süchtigen Kaufen in Deutschland in den letzten zehn Jahren deutlich zu. Während der Anteil der Kaufsuchtgefährdeten in den so genannten alten Bundesländern von 5% auf 7% stieg, hat er sich in den so genannten neuen Bundesländern sogar versechsfacht und liegt nunmehr mit 6% mehr oder weniger gleichauf mit den alten Bundesländern. Daraus ist, wie auch bei anderen Suchtformen, ein direkter Zusammenhang zwischen Angebot des Suchtmittels bzw. bestimmten Verhaltensweisen und Suchtentwicklungen ersichtlich. In einer neueren österreichischen Studie, die im Auftrag der Arbeiterkammer Wien durchgeführt wurde, waren im Jahr 2004 5,6% als stark kaufsuchtgefährdet einzustufen; 19,4% der Bevölkerung zeigten Zeichen einer deutlichen Kaufsuchtgefährdung. 2005 waren es bereits 7,7%, die als stark kaufsuchtgefährdet und 24,8%, die als deutlich kaufsuchtgefährdet zu bezeichnen waren. Im Jahr 2006 zeigte sich ein weiterer Zuwachs an Kaufsuchtgefährdung auf 25,6%, wobei besonders Jugendliche und junge Erwachsene besonders zur Kaufsucht neigen (Kollmann et al. 2006).

Merkmale der Kaufsucht
Ähnlich wie bei der Alkoholkrankheit kann sich die Kaufsucht für den Betroffenen chronisch manifestieren (tägliches Kaufen unnötiger Waren) bzw. phasenhaft in Erscheinung treten (anfallsweise Kaufattacken). Bei den meisten Patienten findet sich eine Mischung dieser beiden Extremvarianten. Typisch sind multiple Einkäufe der gleichen Ware bzw. sinnloser Dinge sowie auch der Kauf von Geschenken für andere Personen. Das Gekaufte wird in der Regel gehortet, oft gar nicht ausgepackt, in nur seltenen Fällen auch wirklich verwendet. Die Patienten berichten, dass die Ware selbst nicht das Entscheidende ist, sondern das Einkaufen und manchmal auch der entstandene soziale Kontakt mit dem Verkaufspersonal. Nach dem übermäßigen Einkauf werden dann Schuld- und Schamgefühle beschrieben, die Einkäufe werden verheimlicht, die Waren versteckt, gehortet, verschenkt bzw. vergessen. Eingekauft wird in Kaufhäusern, Fachgeschäften, Supermärkten, zunehmend auch per Katalog, Internet bzw. TV.

Jede Ware kann exzessiv gekauft werden, wobei Frauen Einkäufe, die das äußere Erscheinungsbild betreffen, wie Kleidungsstücke, Schuhe, Kosmetik und Schmuck bevorzugen, während Männer sich hauptsächlich auf technische Artikel bzw. Sportartikel konzentrieren. Dittmar et al. (1995) konnten zeigen, dass Männer vor allem Waren kaufen, die ihre persönliche Identität betreffen, also Waren, die Werte, Ansichten und persönliche Geschichte widerspiegeln. Frauen hingegen kaufen bevorzugt Dinge, die ihre soziale Identität betreffen, also ihren sozialen Standard bzw. die Gruppenzugehörigkeit betonen. Sehr weit verbreitet ist das Vorurteil, dass von Kaufsucht wesentlich mehr Frauen als Männer betroffen sind, die ersten Studien auf diesem Gebiet wiesen auch in diese Richtung. In weiteren Studien konnte dies allerdings nicht mehr verifiziert werden. Nur bei jungen Menschen scheinen Frauen deutlich mehrals Männer betroffen zu sein (Kollmann 2004). Kaufsucht kann in jedemLebensalter auftreten, wenngleich in manchen Studien eine leichte Tendenz zu einem negativen Zusammenhang zwischen Alter und Kaufsucht zu beobachten war. Je höher das Alter, desto geringer die Chance auf Entstehung einer Kaufsucht. Inwieweit das Einkommen ein erhöhtes Risiko zur Kaufsucht darstellt, muss derzeit noch offengelassen werden. Einige Studien zeigten eine Tendenz zu erhöhter Kaufsucht bei Personen mit niedrigerem Einkommen, wobei erwähnt werden muss, dass Personen mit höherem Einkommen in ihrem Einkaufsverhalten längere Zeit unbemerkt bleiben und dementsprechend eine etwaige Kaufsucht auch erst viel später registriert wird bzw. lange Zeit unentdeckt bleibt. Negative Folgen wie Verschuldung bis hin zu Konkursen hindern Betroffene mit ausgeprägter Kaufsucht meist nicht an weiteren Einkäufen. In Extremfällen sind auch Gefängnisstrafen leidvolle Konsequenzen. Fast immer ist die Kaufsucht eng mit familiären bzw. sozialen Konflikten vergesellschaftet.

Pathogenese: Wie entsteht Kaufsucht?
Es wurde bisher noch kein allgemeines störungsspezifisches Ätiologie- bzw. Pathogenesemuster für pathologisches Kaufen gefunden, sodass heute davon auszugehen ist, dass – ganz ähnlich den so genannten stoffgebundenen Suchtformen – verschiedene körperliche, psychische bzw. soziale Gegebenheiten als prädisponierende, krankheitsauslösende und krankheitserhaltende Faktoren wirksam werden können. Besondere Bedeutung kommt hier depressiven Störungen, Angststörungen und vermindertem Selbstwertgefühl zu. Als wesentliche krankheitserhaltende Faktoren sind die Eigendynamik der Erkrankung sowie die Bedeutung der Erkrankung und sekundäre Leiden, also Leidenszustände, die aufgrund der Kaufsucht entstehen, zu nennen. Von manchen wird berichtet, dass das Kaufen auch für ein aus der Welt Aussteigen steht, von der man überfordert wird bzw. die so unattraktiv geworden ist, dass man in ihr nicht länger verharren möchte. Auch hier zeigen sich deutliche Parallelen zur Alkohol- bzw. Drogenabhängigkeit. Betrachtet man die Kaufsucht aus neurobiologischer Perspektive, dann scheint ebenso wie bei anderen Suchtformen das Belohnungssystem mit dem Neurotransmitter Dopamin eine besondere Rolle zu spielen. Aus psy-

chologischer Sicht beschreiben Kyrios et al. (2004) fünf Faktoren, von denen pathologisches Kaufen beeinflusst bzw. katalysiert wird: die Depressivität, die Diskrepanz zwischen Selbstbild und perfektionistischen Erwartungen, irrationale Überzeugungen bezogen auf Kaufobjekte, potenziellen Erwerb und prinzipielle Kaufgelegenheiten, aber auch irrationale Überzeugungen bezogen auf den psychologischen Benefit (Nutzen) durch Kaufen sowie die Unentschlossenheit bzw. Schwierigkeiten mit der Entscheidungsfindung. Andere Autoren hoben besonders soziale Faktoren, wie gesellschaftliche Wertvorstellungen, Sozialisationsbedingungen, Geschlechtsrollen und Kompensationsmöglichkeiten bzw. -unmöglichkeiten als wichtige Faktoren im Rahmen der Entstehung von pathologischem Kaufen hervor (Faber/O'Guinn 1992, Neuner et al. 2005 und Reisch et al. 2004).

Diagnose der Kaufsucht
Verbindliche internationale Kriterien für pathologisches Kaufen bzw. Kaufsucht sind derzeit nicht verfügbar. Wo nun das pathologische Kaufen klassifikatorisch einzuordnen ist, ist derzeit hoch umstritten. Sowohl im ICD-10 als auch im DSM-IV wird das pathologische Kaufen (compulsive buying) derzeit der Restkategorie »nicht näher bezeichnete abnorme Gewohnheit und Störung der Impulskontrolle« (ICD-10, F 63.9) zugeordnet. Aufgrund klinischer Beobachtungen sowie psychopathologischer Analysen erscheint es aber wegen der Komplexität des Krankheitsgeschehens zielführender, die Kriterien des Abhängigkeitssyndroms in modifizierter Form zur Anwendung zu bringen (siehe auch: Musalek 2006).

Die Kaufsucht zeigt sich dann durch folgende Merkmale charakterisiert: Erstens durch einen starken Wunsch oder eine Art Zwang zu kaufen bzw. Gekauftes zu horten; zweitens durch eine verminderte Kontrollfähigkeit bezüglich des Beginns, der Beendigung und der Dauer des Kaufens; drittens durch das Auftreten eines Entzugssyndroms bei Beendigung oder Reduktion des Kaufens, wobei dieses abgeschwächt wird durch neuerliches Kaufen; viertens Toleranzentwicklung: Es werden immer höhere Dosen des Kaufens (mehr Ware bzw. höhere Geldeinsätze) nötig, um die gleichen Wirkungen des Kaufens hervorzurufen; fünftens zeigt sich eine fortschreitende Vernachlässigung anderer Vergnügen bzw. Interessen zugunsten des Kaufens. Das Kaufen rückt immer mehr ins Zentrum des Lebens und Erlebens, diese Zentrierung ist in der Regel mit einem deutlich erhöhten Zeitaufwand zum Kaufen bzw. zum Horten bzw. zur Beschaffung von entsprechenden finanziellen Mitteln verbunden; sechstens wird vom Kaufen nicht abgelassen, trotz des Wissens um eindeutige schädliche Folgen wie z.B. finanzielle Schädigung durch exzessives Kaufen, depressive Verstimmung infolge starker Verluste bzw. Verschlechterungen im Beziehungsbereich.

Eine sichere Diagnose »Kaufsucht« sollte nur dann gestellt werden, wenn während des letzten Jahres zumindest drei der genannten Kriterien vorhanden waren. Je mehr Kriterien zutreffen, desto sicherer die Diagnose »Kaufsucht«. Vor allem dem fünften Kriterium, der zunehmenden Zentrierung des Lebens auf das Kaufen, kommt im forensisch gutachterlichen Bereich eine besondere Bedeutung zu, da diese retrospektiv nicht simuliert werden kann und damit als ein untrügliches Merkmal in Gutachtensfragen angesehen werden kann.

Komorbidität von Kaufsucht

Kaufsucht ist ebenso wie andere Suchterkrankungen sehr häufig mit anderen psychischen Störungen bzw. Erkrankungen vergesellschaftet. In einer Studie von Christenson et al. (1994) konnte nachgewiesen werden, dass Kaufsüchtige eine erhöhte Lebenszeitprävalenz für Impulskontrollstörungen, Essstörungen, Substanzmissbrauch und Angststörungen aufweisen. Black et al. (1998) beschrieben ein erhöhtes Auftreten von affektiven Störungen und anderen psychiatrischen Erkrankungen. Bei Jugendlichen im Alter von zwölf bis 19 Jahren mit pathologischem Kaufverhalten zeigten sich enge Zusammenhänge zu erhöhtem Risikoverhalten, insbesondere Nikotin-, Alkohol- und Drogenkonsum (Roberts/Tenner 2000. Schlosser et al. (1994) beschreiben, dass 60% der von ihnen untersuchten Stichprobe die Kriterien mindestens einer Persönlichkeitsstörung erfüllen. Als häufigste Störung fanden sich neben zwanghaften auch eine Borderline- bzw. vermeidende Persönlichkeitsstörungen. Die meisten Studien zur Komorbidität wurden allerdings an relativ kleinen klinischen Stichproben durchgeführt, sodass betont werden muss, dass es an repräsentativen Studien zur Komorbidität bei Kaufsucht weitgehend noch mangelt.

Therapie

Verlässliche Studienergebnisse zu einer spezifischen psychopharmakologischen Therapie bei Kaufsucht liegen nicht vor. Die wenigen Studien, die mit SSRIs[3] (Fluvoxamin, Citalopram) durchgeführt wurden, konnten keinen Nachweis einer unmittelbaren Effektivität dieser Substanzen auf die Kaufsucht erbringen, obgleich Begleiterkrankungen wie depressive Störungen bzw. Angststörungen damit verbessert werden konnten.

Ergebnisorientierte Psychotherapie und hier vor allem Gruppentherapien zeigten sich als zielführende psychotherapeutische Methoden. Erstmaßnahmen zum Aufbau eines kontrollierten Kaufverhaltens bzw. die Rückgabe von Kunden- und Kreditkarten, die Meidung von saisonalem Hochkonsum wie z.B. Einkaufen in der Vorweihnachtszeit, im Ausverkauf etc. erwiesen sich ebenfalls als zumindest begleitend wirkungsvoll. Therapeutisches Hauptaugenmerk sollte aber auch auf die individuelle Analyse des Kaufverhaltens sowie auf Interaktionsstrategien mit der Umwelt gelegt werden.

Für eine zielführende Therapieplanung ist es unabdingbar, den Betroffen nicht nur auf der Symptomebene zu behandeln, sondern auch seine gesunden Anteile in die Behandlung mit einzubeziehen. In ressourcenorientierten Behandlungsmodellen sollen all jene Kräfte mobilisiert und Möglichkeiten ausgeschöpft werden, die es dem Betroffenen zukünftig ermöglichen, wieder ein autonomes und möglichst freudvolles Leben zu führen, ohne dass dem Kaufen dabei ein zentraler Stellenwert zuteil wird.

Als Voraussetzung für auf Ressourcen fokussierte Behandlungsformen müssen aber auch jene Konstellationen miteinbezogen werden, die den Krankheitsprozess verursachten bzw. diesen dann aufrechterhielten. Eine umfassende Behandlung muss daher immer sowohl pathogenese- als auch ressourcenorientiert sein und psychopharmakologische, therapeutische und soziotherapeutische Maßnahmen umfassen (Musalek 2007).

---

[3] Als selektive Serotonin-Wiederaufnahmehemmer (SSRI) wird eine Gruppe von Substanzen bezeichnet, die antidepressiv und aktivitätsfördernd wirken.

Glücksspielsucht (»pathologisches Glücksspiel«)

Das kommerzielle Glücksspiel zählt zu den größten Wirtschaftszweigen in Europa. Die jährlichen Wachstumsraten liegen zwischen 5 und 10%. Diese dynamische Entwicklung hat auch eine Zunahme der Spielkonsumenten und der Spielsuchterkrankten zur Folge.

Epidemiologie
Zur Epidemiologie der Spielsucht liegen in Österreich derzeit keine repräsentativen Daten vor, wir verfügen nur über regionale Untersuchungen bzw. grobe Schätzungen, z.B. für das Land Kärnten bzw. für Wien. Analog zu internationalen Zahlen ist jedoch auch in Österreich beim pathologischen Spielen mit Prävalenzen zwischen 0,5 und 2% zu rechnen.

Merkmale der Spielsucht
Die Glücksspielsucht tritt typischerweise bei Männern schon in der Adoleszenz, bei Frauen in der Regel erst im mittleren Lebensabschnitt auf. 90% aller pathologischen Spieler sind Männer, der Anteil der Frauen hat jedoch zuletzt stetig zugenommen. Nahezu die Hälfte aller pathologischen Spieler ist jünger als 18 Jahre. Bei 70% der Spieler sind gewerbliche Geldspielautomaten das alleinige Glücksspielmedium. Casinospiele und hier vor allem Roulette sind die am zweithäufigsten ausgeübten Glücksspiele. Je schneller ein Spiel abläuft, desto suchtgefährdender ist es. Es sind also vor allem die Ereignisfrequenz und das Auszahlungsintervall, die die Suchtpotenz des jeweiligen Spiels bestimmen. Entscheidend sind zudem gewisse Kompetenzanteile des Spielers. Wird er aktiv (Drücken der Start-/Stopptaste oder Risikotaste) in das Spiel miteinbezogen, wird ihm das Gefühl vermittelt, das Glücksspiel in besonderer Weise beeinflussen zu können, und so wird die Spielmotivation gesteigert. Spielautomaten haben einen überdurchschnittlich hohen Anteil an so genannten Fast-Gewinnen, die den Spieler dann zum Weiterspielen animieren, da er jeweils nur knapp den Gewinn verpasst hat. Auch besondere optische und akustische Signaleffekte, durch die der Spieler Zuwendung, Entspannung und auch Geborgenheit erlebt, wirken glücksspielstimulierend.

Ein typisches Merkmal von pathologischen Spielern ist das so genannte Magische Denken. Dabei handelt es sich um eine fast unkorrigierbare Überzeugung, im nächsten Spiel zu gewinnen bzw. die

Gewinnzahlen »spüren zu können«. Gerade dieses »Magische Denken« stellt oftmals eine große Hürde in der Behandlung von Spielsuchterkrankten dar.

Der Entstehungsverlauf zu einer Spielsucht kann aufgrund entsprechender klinischer Erfahrungen in drei Phasen eingeteilt werden:

A. *Gewinnphase*: In der Regel steht am Beginn einer Spielsuchtentwicklung eine erhebliche Gewinnerfahrung. Diese kann dann zum Auslöser einer steigenden Glücksspielaktivität werden. Mit anderen Worten: Die meisten Spielsuchtkranken hatten das »Pech, am Anfang zu gewinnen«. In der Regel folgen nach anfänglichen Gewinnen jedoch zunehmende Verluste.

B. *Verlustphase*: Es wird im Weiteren versucht, die bestehenden Verluste durch erhöhte Wetteinsätze auszugleichen, wobei die realen Konsequenzen des Glücksspielverhaltens ausgeblendet werden. Das Spielen rückt immer mehr in den Lebensmittelpunkt, und die belastenden Folgen des Spielens nehmen rasch und deutlich zu.

C. *Verzweiflungsphase*: Die Fähigkeit zur Selbstkontrolle geht zunehmend verloren, der Zwang zum Spiel wird zur Last. Depressionen und soziale Isolation sind die Folge und werden dann zu krankheitserhaltenden Faktoren.

Pathogenese

Der Entstehung und Aufrechterhaltung der Spielsucht liegen vielfältige Ursachen zugrunde. Biologische, psychologische und soziale Faktoren bedingen eine individuelle Vulnerabilität (Anfälligkeit), die als Prädisposition bezeichnet werden kann. Als häufige Prädispositionsfaktoren gelten vermindertes Selbstwertgefühl, Beziehungsstörung und Erregungsdysregulation (Petry 1996). Das Glücksspiel bietet dem Spieler die Möglichkeit, negative Gefühle zu vermeiden, Spannungen abzubauen oder auch einen besonders intensiven Erregungszustand erleben zu können. Komorbide Störungen (siehe dort), die nicht selten erst im Verlauf der Spielsucht in Erscheinung treten, können dann als krankheitserhaltende Faktoren wirksam werden.

Diagnose der Spielsucht

Nach ICD-10-Definition (Dilling et al. 1991) besteht die Störung in häufig wiederholtem episodenhaftem Glücksspiel, das die Lebensführung der betroffenen Person beherrscht und zum Verfall der sozialen, beruflichen, materiellen und familiären Werte und Verpflichtungen führt. Im DSM-IV müssen bei der Diagnose eines pathologischen Spielens mindestens fünf von folgenden zehn Kriterien erfüllt sein: Starkes kognitives Eingenommensein vom Glücksspielen, Einsatzsteigerung zur Erlangung der gewünschten Erregung, gescheiterte Versuche zur Einschränkung des Glücksspielens, Unruhe oder Gereiztheit bei Einschränkungs- und Einstellversuchen, Glücksspielen zur Vermeidung von negativen Gefühlen, den Verlusten durch erneutes Spielen hinterherjagen, Vertuschen der Problematik, illegale Handlungen zur Finanzierung des Glücksspielens, glücksspielbedingte Gefährdung von Bezugspersonen oder Berufschancen und Nutzung des Geldes anderer Personen zur Sanierung der finanziellen Misere.

Verbindliche internationale Kriterien für die Spielsucht sind derzeit allerdings nicht verfügbar. Eine klassifikatorische Einordnung ist derzeit noch umstritten. Sowohl im ICD-10 als auch im DSM IV wird das pathologische Spielen derzeit der Störung der Impulskontrolle (ICD-10, F 63.0) zugeordnet. Aufgrund klinischer Beobachtungen sowie psychopathologischer Analysen erscheint es aber aufgrund der Komplexität des Krankheitsgeschehens zielführender, die Kriterien des Abhängigkeitssyndroms in modifizierter Form zur Anwendung zu bringen (siehe auch: Musalek 2006).

Die Spielsucht zeigt sich dann durch folgende Merkmale charakterisiert: Erstens durch einen starken Wunsch oder eine Art Zwang zu spielen; zweitens durch eine verminderte Kontrollfähigkeit bezüglich des Beginns, der Beendigung und der Dauer des Glücksspieles; drittens durch das Auftreten eines Entzugssyndroms bei Beendigung oder Reduktion des Spielens, wobei dieses abgeschwächt wird durch neuerliches Spielen; viertens Toleranzentwicklung: Es werden immer höhere Geldbeträge nötig, um die gleichen Wirkungen des Glücksspieles hervorzurufen; fünftens zeigt sich eine fortschreitende Vernachlässigung anderer Vergnügen bzw. Interessen zugunsten des Glücksspieles. Das Spielen rückt immer mehr ins Zentrum des Lebens und Erlebens, diese Zentrierung ist in der Regel mit einem deutlich erhöhten Zeitaufwand zum Spielen bzw. zur Beschaffung von entsprechenden finanziellen Mitteln verbunden; sechstens wird vom Glücksspiel nicht abgelassen, trotz des Wissens um eindeutige schädliche Folgen wie z.B. finanzielle Schädigung durch exzessives Spielen, depressive Verstimmung infolge starker Verluste bzw. Verschlechterungen im Beziehungsbereich.

Eine sichere Diagnose »Spielsucht« sollte nur dann gestellt werden, wenn während des letzten Jahres zumindest drei der genannten Kriterien vorhanden waren. Je mehr Kriterien zutreffen, desto sicherer die Diagnose »Spielsucht«. Vor allem dem fünften Kriterium, der zunehmenden Zentrierung des Lebens auf das Spielen, kommt – wie bei der Kaufsucht – im forensisch gutachterlichen Bereich eine besondere Bedeutung zu, da dieses retrospektiv nicht simuliert werden kann und damit als ein untrügliches Merkmal in Gutachtensfragen angesehen werden kann. (Musalek et al. 2009).

Komorbidität von Spielsucht

Affektive Störungen, wie im Besonderen Depressionen, finden sich bei rund der Hälfte der Spieler, nahezu jeder vierte pathologische Spieler berichtet über einen bzw. mehrere Suizidversuche, nur Persönlichkeitsstörungen (bei über 60%, Petry et al. 2005 sind eine noch häufigere Komorbidität. Typische Folgen sind auch Verschuldung und Delinquenz: 89% der Spieler, die in eine Spielerberatung kommen, sind mit durchschnittlich 40.000 Euro verschuldet. An delinquenten Verhaltensweisen stehen Betrug, Unterschlagung und Diebstahl zur Geldbeschaffung im Vordergrund, Gewalttaten treten nur selten auf.

Therapie

Die Behandlung der Spielsucht kann einerseits ambulant bzw. auch stationär durchgeführt werden. In einem Erstgespräch ist nach genauer psychiatrischer Anamnese und psychopathologischem Status ein individueller Therapieplan zu erstellen. Eine stationäre Behandlung ist bei bisherigen frustran, d.h. ohne Ergebnis verlaufenden ambulanten Therapieverläufen bzw. bei massiv ausgeprägter Suchtproblematik oder schwerwiegenden komorbiden Störungen empfehlenswert.

Die häufigsten Probleme in der Behandlung von Spielsuchterkrankten sind suchttypische Abwehr- und Verleugnungsmechanismen, eine pathologische bzw. pathogene Familiendynamik und häufige komorbide Störungen. Die psychotherapeutische Behandlung erfolgt in Einzel- und Gruppensitzungen. Einen besonderen Schwerpunkt stellt aufgrund der häufig vorhandenen sozialen Problematik auch die sozialarbeiterische Beratung und Betreuung dar, dies vor allem im Bereich der Schuldenregelung, im Geldmanagement und im Erstellen eines individuellen Finanzplanes. In den meisten Fällen ist es auch erforderlich, die Angehörigen in das Behandlungskonzept einzubeziehen. Je nach Problemlage bzw. Störung werden einfache Angehörigengespräche, Gruppensitzungen bzw. systemische Behandlungsformen anzubieten sein. Die psychopharmakologische Behandlung bezieht sich zum einen auf die Behandlung der komorbiden psychischenStörungen, hier insbesondere der häufig vorhandenen Depressionen bzw. Angststörungen, und zum anderen auf die Verringerung des Suchtverlangens mit sogenannten Anti-Craving-Substanzen, wie z.b. dem Opiatantagonisten Naltrexon, der nach jüngsten Berichten auch bei der Spielsucht gut wirksam zu sein scheint (Grant et al. 2008).

Zusammenfassung

Spielsucht und Kaufsucht sind als hochkomplexe psychische Störungen anzusehen, und es braucht daher auch komplexe und vielfältige Behandlungsangebote, um ihrer Herr werden zu können. Katamnesestudien, die über die Prognose der Erkrankung Auskunft geben können, finden sich heute lediglich im Bereich des Glücksspiels und auch hier nur in stark begrenzter Anzahl und Form. Katamnesen zur stationären Behandlung von pathologischen Spielern zeigen, dass bei einem Drittel der Erkrankten mit der Behandlung eine lang dauernde vollständige Abstinenz erreicht werden kann, bei einem weiteren Drittel eine Besserung. Völlige Abstinenz ist aber nicht bei allen Verhaltenssuchtformen als Therapieziel möglich. Vor allem bei der Kaufsucht ist eine völlige Abstinenz nicht realistisch. Es braucht daher in der Zukunft auch die Entwicklung von über klassische abstinenz-orientierte Therapieformen hinausreichenden Behandlungsmodellen, die dem Betroffenen einen mäßigen und auch kompetenten Umgang mit dem Suchtmedium zumindest in bestimmten vorgegebenen Zeiträumen erlauben.

Literatur

Batthyany, D./Pritz, A. (2009): Rausch ohne Drogen, Substanzungebundene Süchte, Wien/New York: Springer.
Black, D.W./Repertinger, S./Gaffney, G.R./Gabel, J. (1998): Family history- and psychiatric comorbidity in persons with compulsive buying: preliminaryfindings, in: American Journal of Psychiatry, 155: 960-963.
Bleuler, E. (1924): Textbook of psychiatry, New York: Macmillan.
Christenson, G.A./Faber, R.J./de Zwaan, M./Raymond, N.C./Specker, S.M./ Ekern, M.D./Mackenzie, T.B./Crosby, R.D./Crow, S.J./Eckert, E.D./Mussel, M.P./Mitchell, J.E. (1994): Compulsive buying: Descriptive characteristics

and psychiatric comorbidity, in: The Journal of Clinical Psychiatry 55.
Dilling, H./Mombour, W./Schmidt, M.H. (1991): Internationale Klassifikation psychischer Störungen: ICD-10 Kapitel V, Bern: Hans Huber.
Dittmar, H./Beattie, J./Friese, S. (1995): Gender identity and material symbols: Objects and decision considerations in impulse purchases, in: Journal of Economic Psychology, 15: 391-511.
Faber, R.J./O'Guinn, T.C. (1992): A clinical screener for compulsive buying, in: Journal of Consumer Research 19.
Grant, J.E./Kim, S.W./Hartmann, B.K. (2008): A Double-Blind, Placebo-Controlled Study of the Opiate Antagonist Naltrexone in the Treatment of Pathological Gambling Urges, in: Journal of Clinical Psychiatry 2008: 69.
Kraepelin, E. (1909): Psychiatrie, ein Lehrbuch für Studierende und Ärzte; Leipzig: Johann Ambrosius Barth.
Kyrios, M./Frost, R.O./Steketee, G. (2004): Cognitions in compulsive buying and acquisition, in: Cognitive Therapy and Research 28.
Meyer, G./Bachmann, M. (2005): Spielsucht, Heidelberg: Springer Medizin Verlag.
Musalek, M. (2008): Neue Wege in der Diagnostik der Alkoholkrankheit: Von einer Defizienz-orientierten zur Ressourcen-orientierten Diagnostik, in: Journal für Neurologie, Neurochirurgie und Psychiatrie, 9 (3): 46-52.
Neuner, M./Raab, G./Reisch, L. (2005): Compulsive buying as a consumer policy issue in East and West Germany Consumers, Policy and the environment, Heidelberg: Springer.
Petry, J. (1996): Psychotherapie der Glücksspielsucht, Inhalte und Methoden, Freiburg: Lambertus.
Petry, J. (2001): Übersicht aller katamnestischen Studien zur ambulanten und-stationären Behandlung von »Pathologischen Glücksspielern« in Deutschland, in: Verhaltenstherapie und Verhaltensmedizin 22.
Petry, J. (2003): Glücksspielsucht, Göttingen: Hogrefe, Verlag für Psychologie.
Reisch, L./Neuner, M./Raab, G. (2004): Ein Jahrzehnt verhalteswissenschaftlicher Kaufsuchtforschung in Deutschland, in: Verhaltenstherapie 14.
Scherhorn, G./Reisch, L./Raab, G. (1990): Addictive buying in West Germany: An empirical study, in: Journal of Consumer Policy 13.
Scherhorn, G./Reisch, L./Raab, G. (1991): Kaufsucht. Bericht über eine empirische Untersuchung. Stuttgart: Universität Hohenheim.
Schlosser, S./Black, D.W./Repertinger, S./Freet, D. (1994): Compulsive buying. Demography, phenomenology and comorbidity in 46 subjects, in: General Hospital Psychiatry,16 (3): 205-212.
Valence, G./d'Astous, A./Fortier, L. (1988): Compulsive buying, Concept and measurement, in: Journal of Consumer Policy 11: 419-433.

Martina Kuhnt
Glücksspiele: Faszination, Anreize und Risiko

1. Historie und Entwicklung des Glücksspiels

Glücksspiele sind keine Erfindung der Neuzeit – schon seit tausenden von Jahren spielen Menschen zum Zeitvertreib und zur Unterhaltung um Geld und Werte. Archäologische Funde zeigen, dass in China bereits vor ca. 5.000 Jahren eine Art Zahlenlotto mit Geldeinsatz gespielt wurde und dass es in Mesopotamien Würfelspiele gab. Dem Einsatz von Geld und Münzen ging der Einsatz von Materialien voraus. Einige Germanenstämme setzten sogar ihre Kinder und Frauen »aufs Spiel«.

Über die Jahrhunderte wechselten die vorherrschenden Glücksspielformen einander ab. Es entwickelten sich immer wieder neue Formen: Lotterien, Kartenspiele, Roulette, Wetten etc.

Schon 1561 schrieb der flämische Arzt Pascasius Justus Turck: »Ich glaube, dass das Würfelspiel genau dieselbe Wirkung hat wie der Wein.« Es wurde erkannt, dass sich aus einem freudvollen, lustbetonten Glücksspielen eine zwanghafte Sucht entwickeln kann. Diese Erkenntnis führte dazu, dass es in der Geschichte des Glücksspiels einen ständigen Wechsel zwischen Verbot und Förderung gegeben hat.

So wurde beispielsweise im Mittelalter das Glücksspiel von der Kirche als Gotteslästerung unter hoher Strafandrohung angeprangert, während die weltlichen Landesfürsten es unter staatlicher Kontrolle zur Konsolidierung ihrer Staatskasse nutzten. Die ersten Casinos, als konzessionierte Spielhäuser, entstanden schon im 14./15. Jahrhundert.

Die Glücksspiele wurden von den jeweiligen politischen, sozialen und pädagogischen Zeitströmungen beeinflusst, manche gerieten in Vergessenheit, andere fanden als »harmlosere« Spiele Eingang in die Unterhaltungs- und Gesellschaftsspiele und/oder werden heute noch gespielt. Neue Spiele kamen und gingen. Heute eröffnet das Internet neue Welten und Möglichkeiten: Das Online-Glücksspiel boomt.

2. Ausgangslage und Rahmenbedingungen

Glücksspiele üben auf Menschen seit jeher eine besondere Faszination aus. Menschen wollen spielen und suchen von Natur aus nach Abwechslung und neuen Erlebnissen.

Glücksspielangebote sind weit verbreitet: Geldspielautomaten in Lokalen und Spielhallen, Pokerspiele online oder Sportwetten. Der Reiz eines erwarteten Gewinns macht Glücksspiele so spannend und interessant.

Im rechtlichen Sinne gelten Spiele als Glücksspiele, wenn sie die folgenden drei Merkmale beinhalten:
1. Der Gewinn hängt ausschließlich oder überwiegend vom Zufall ab und nicht vom Geschick oder den Entscheidungen der Spieler.
2. Um an der Gewinnchance teilzuhaben, erbringt der Spieler durch seinen Einsatz ein Vermögensopfer.
3. Der Gewinn stellt einen nicht ganz unerheblichen Vermögenswert dar.

Der Zufall ist das Grundprinzip, welches den Glücksspielen zugrunde liegt. Der Einsatz von Geld verleiht dem Glücksspiel seine besondere Bedeutung und sorgt für einen hohen Spielanreiz.

Das Veranstalten von Glücksspielen bedarf gegenwärtig entsprechend §33h Gewerbeordnung einer behördlichen Erlaubnis, wenn es sich um ein öffentliches Spiel handelt. Anderenfalls stellt dies ein Verstoß gegen §284 StGB dar.

Dies ist dann der Fall, wenn das Spiel einem sich verändernden Personenkreis angeboten wird. Bereits die Beteiligung als Spieler ist nach §285 StGB strafbar, sofern das Glücksspiel ohne behördliche Erlaubnis erfolgt.

Für Minderjährige (unter 18 Jahren) ist eine Spielteilnahme an allen Glücksspielen strikt verboten, dazu gehören auch Lotterien und Wetten, einschließlich Rubbellotterien und ODDSET. Auch Gewinnauszahlungen oder sonstige Serviceleistungen, wie z.B. die Beantragung einer Kundenkarte, zählen dazu. Einverständniserklärungen oder Vollmachten von volljährigen Dritten, etwa der Eltern, berechtigen Jugendliche nicht zur Spielteilnahme.

Auch das Spielen an Automaten in Lokalen oder Autobahnrasthöfen darf Minderjährigen – selbst mit Erlaubnis der eigenen Eltern – nicht gestattet werden. Eine Ausnahme bilden Gewinnspiele der Medien. An Gewinnspielen im Radio oder Fernsehen dürfen Jugendliche ab 14 Jahren teilnehmen. Dabei wird ein Gewinnspiel als ein Bestandteil eines Rundfunk- oder Fernsehprogramms definiert.[1]

Das Bundesverfassungsgericht hat in seinem Grundsatzurteil zum staatlichen Glücksspielmonopol im März 2006 entschieden, dass der Spielbetrieb konsequent an den Zielen der Suchtprävention und des Spielerschutzes auszurichten ist. Im Staatsvertrag zum Glücksspielwesen in Deutschland (GlüStV), der seit 1.1.2008 (der neue Staatsvertrag ist zum 1.7.2012 geplant) gilt, haben diese Aspekte eine entsprechende Berücksichtigung gefunden:
- Das Glücksspielangebot ist zu begrenzen,
- der natürliche Spieltrieb soll in geordnete und überwachte Bahnen gelenkt werden,
- der Jugend- und Spielerschutz ist zu gewährleisten,
- es ist sicherzustellen, dass Glücksspiele ordnungsgemäß durchgeführt werden,
- die Spieler sind vor Betrug zu schützen,
- Folge- und Begleitkriminalität gilt es abzuwehren.

3. Glücksspielformen und ihre Anbieter

Klassische Glücksspiele sind beispielsweise Würfelspiele, Roulette, Poker und Blackjack in Spielbanken, Spielautomaten in Spielbanken und Kasinos, Pferdewetten auf der Rennbahn und Angebote in den weit verbreiteten Lotto-Annahmestellen, wie Lotto 6 aus 49, Sportwetten, wie Fußballtoto, die tägliche Lotterie KENO und Rubbellose (z.B. »Diamanten Mine« und »Torwart Chance«).

Verbunden mit dem technischen Wandel in unserer Gesellschaft erlangen aktuelle Medien auch im Bereich der Glücksspiele an Bedeutung: Über das Fernsehen werden verschiedene Glücksspiele, wie Fernsehlotterien und Gewinnhotlines, angeboten. Wegen der leichten Zugänglichkeit und der schwierigen gesetzlichen Regelbarkeit gewinnt auch das Internet für Anbieter von Glücksspielen zunehmend an Bedeu-

---

[1] §2 Begriffsbestimmungen Absatz 1 (Gewinnspielsatzung). Im Sinne dieser Satzung ist ein Gewinnspiel ein Bestandteil eines Rundfunkprogramms oder eines Telemedienangebotes, der den Nutzerinnen und Nutzern im Falle der Teilnahme die Möglichkeit auf den Erhalt eines Vermögenswertes, insbesondere in Form von Geld, Waren oder Dienstleistungen, bietet.

Abbildung 1: Öffentliche Einnahmen aus Glücksspielen 1970-2010 (in Mrd. Euro)

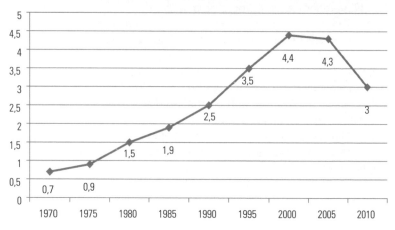

tung. So gibt es beispielsweise mehr als 2.500 Anbieter mit attraktiv gestalteten Websites, die von Malta, Gibraltar oder Kanada aus internationales Glücksspiel anbieten. Darüber hinaus finden über das Internet z.B. Onlinepoker, Lotto und KENO größere Verbreitung.

Im Widerspruch zu den Zielen des Glücksspielstaatsvertrags, das Glücksspiel eher einzudämmen und den Gefahren vorzubeugen, steht die starke Ausweitung des Glücksspielangebots u.a. über das Internet und Fernsehen. Auch werden Glücksspiele als Marketingstrategie von unzähligen Unternehmen veranstaltet.

Der Staat duldet vor dem Hintergrund seiner finanziellen Interessen diese in den letzten 40 Jahren stark erhöhte Verfügbarkeit: Während die staatlichen Einnahmen über Spielbankenabgaben, Gewinnablieferung verschiedener Lotterien, Rennwett- und Lotteriesteuer im Jahr 1970 noch 0,6 Mrd. Euro betrugen, waren es im Jahr 2010 rund 3,0 Mrd. Euro[2] – damit liegen sie höher als die Erträge aus alkoholbezogenen Steuern.

Nach einem starken Anstieg der Einnahmen in den Jahren 1970 bis 2000 haben sich diese Zahlen mittlerweile wieder ein wenig reduziert (siehe Abbildung 1).

---

[2] Deutsche Hauptstelle für Suchtfragen DHS (Hrsg.) (2012): Jahrbuch Sucht 2012. Lengerich.

Glücksspiele: Faszination, Anreize und Risiko

Abbildung 2: Umsätze im gewerblichen Automatenspiel 2005-2010 (in Mrd. Euro)

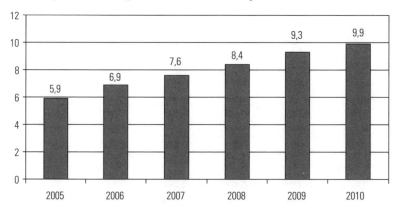

Parallel hierzu stiegen die Umsätze im gewerblichen Spiel in den vergangenen Jahren rasant (Abbildung 2). Im Jahr 2010 waren bundesweit rund 176.000 Spielautomaten in Spielhallen und Gaststätten[3] aufgestellt.

4. Faszination und Gefahren des Glücksspielens

Für die meisten Menschen stellen Glücksspiele nur ein harmloses Freizeitvergnügen dar, das problemlos in die eigene Lebensführung integriert wird. Aber es gibt auch andere, die dem Nervenkitzel erliegen und mehr Geld verspielen, als sie besitzen. Sozialer, physischer und wirtschaftlicher Abstieg vielfach verbunden mit Verschuldung sind dann die Folgen. Wer zu viel spielt, verliert zunehmend die Fähigkeit, sich zu entscheiden, ob er spielen möchte oder nicht.

Diese Menschen geraten in eine Art Zwang, der sie zu immer häufigerem Spielen mit immer höheren Geldeinsätzen treibt. Sie nutzen jede Gelegenheit, zu spielen, vernachlässigen ihre Familie, Berufsleben und soziale Kontakte. Der Übergang von einem Glücksspielverhalten mit Unterhaltungs- und Spaßcharakter zu problematischem

---

[3] Trümper, J./Heimann, C.: Angebotsstruktur der Spielhallen und Geldspielgeräte in Deutschland. Stand 1.1.2010. Unna 2010.

Glücksspielverhalten ist fließend. Häufig merken Spieler zu spät, dass ihr Spielverhalten Probleme mit sich bringt.

Das Auftreten von einem krankhaften, süchtigen Spielverhalten (pathologisches Glücksspielen) hängt vor allem von drei Faktoren ab: dem Individuum, also dem Spieler, dem sozialen und gesellschaftlichen Umfeld, in dem der Spieler sich bewegt, sowie den Eigenschaften des Glücksspiels selbst.

Die folgenden Merkmale des Glücksspiels und des Spielgeschehens werden als von Bedeutung für den Spielanreiz und das Suchtpotenzial verschiedener Glücksspielformen angesehen.[4]

■ Schnelle Spielabfolge

Je schneller ein Spiel ist, desto schneller kann die gewünschte »Wirkung« erzielt werden. Das Ergebnis ist bei schnellen Spielen innerhalb von Sekunden präsent. Pathologisch Spielende wählen hauptsächlich Spiele mit einer schnellen Spielabfolge aus.

■ Auszahlungsintervall

Das Auszahlungsintervall, also die Zeitspanne zwischen Anfang und Ende des Spiels, hängt mit der schnellen Spielabfolge zusammen: Ist das Auszahlungsintervall kurz, können die Spielenden direkt nach dem Ergebnis über den Gewinn verfügen. Sie können den Gewinn sofort wieder in ein neues Spiel investieren. Haben sie verloren, dauert der Frust darüber nicht lange, denn sie können sofort weiterspielen und setzen darauf, im nächsten Spiel zu gewinnen.

■ Aktive Einbeziehung des Spielers

Durch Stopptasten an Geldspielgeräten mit Gewinnmöglichkeit oder bei den Livewetten haben die Spielenden den Eindruck, aktiv ins Spielgeschehen einbezogen zu sein und es somit beeinflussen zu können. Besonders bedeutend ist hier, dass Tendenzen eines Spielergebnisses bei bestimmten Angeboten, wie Pferde- oder Sportwetten oder auch Börsenspekulationen, durch gutes Insiderwissen möglicherweise tatsächlich vorab beurteilt werden können. Allerdings wird das eigene Wissen der Spielenden in Bezug auf einen zu erwartenden Gewinn häufig stark überschätzt.

■ Verbindung mit anderen Interessen

Die Verbindung mit allgemein anerkannten Freizeitinteressen, insbesondere bei Sportwetten, kann schnell zu einer Verharmlosung des

---

[4] Folgende Informationen stammen von: http://www.spielen-mit-verantwortung.de/gluecksspiele/gefahrenpotential/ am 19.05.2010.

Glücksspiele: Faszination, Anreize und Risiko

Glücksspiels führen. Gleichzeitig erhöhen die eigenen Interessen den Spielanreiz, wenn man z.B. Sportereignissen schon immer nahestand und meint, aufgrund von speziellem Insiderwissen besondere Gewinnchancen zu haben.

- Gewinnchancen und Höhe

Die Höhe der möglichen Gewinne, wie beispielsweise ein besonders hoher Jackpot beim Lottospiel, schafft einen zusätzlichen Spielanreiz.

- Fast-Gewinne

Häufige Fast-Gewinne verstärken die Erwartung, beim nächsten Spiel zu gewinnen (beispielsweise werden beim Lotto »5 Richtige« nicht als Verlust betrachtet, sondern als »fast gewonnen«. Oder wenn beim Roulette eine Zahl gewinnt, die genau neben dem eigenen Tipp liegt, wird dies als »fast gewonnen« bewertet, nicht als »verloren«).

- Art des Einsatzes

Häufig wird um Jetons oder Punkte gespielt. Dabei tritt das Geld, das eingesetzt wird und verloren werden könnte, in den Hintergrund. Der Verlust und das finanzielle Wertesystem werden verschleiert. Gleiches gilt durch virtuelle Einsätze per Kreditkarte (v.a. im Internet).

- Ton-, Licht- und Farbeffekte, Atmosphäre

Bestimmte Signale, besonders das Zusammenwirken von Licht- und Toneffekten an Geldspielautomaten mit Gewinnmöglichkeit, lösen bei Glücksspielsüchtigen den unbezwingbaren Drang aus, zu spielen. Die besondere Atmosphäre, z.B. in einer Spielbank oder auf der Pferderennbahn, vermittelt das Gefühl von Aktivität, Spaß und Freizeitvergnügen.

- Leichte Verfügbarkeit

Je größer und vielfältiger die Angebotspalette, je leichter die Zugänglichkeit und je mehr Möglichkeiten des Spielens gegeben werden, desto häufiger wird gespielt. Es gibt viele Gelegenheiten zu spielen: Spielbanken, Wettbüros, Automaten in Spielhallen, Restaurants und Kneipen, am Computer.

Glücksspiele im Internet bergen aus Sicht von Experten eine noch deutlich höhere Suchtgefahr. Obwohl das Spielen von Deutschland aus verboten ist, verzeichnen die Anbieter steigende Umsatzzahlen. »Öffnungszeiten« rund um die Uhr, 24 Stunden am Tag, 7 Tage die Woche ermöglichen eine uneingeschränkte Nutzung. Der Angebotspalette ist keine Grenze gesetzt. Alle Möglichkeiten von Glücksspielen werden in vielfältiger Weise angeboten. Dabei können sich Spieler jeglicher Kontrolle entziehen und bewegen sich in einem anonymen Umfeld. Insbe-

Abbildung 3: Suchtpotenziale von Glücksspielen

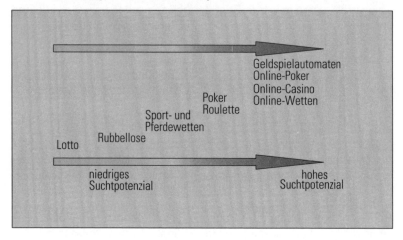

sondere die Kombination aus der leichten Verfügbarkeit und der Ermöglichung einer interaktiven Spielteilnahme vom eigenen Wohnzimmer oder Arbeitsplatz aus sowie der Bereitstellung eines Spielangebots mit einer Abfolge von Geldeinsatz und Spielausgang im Sekundentakt erhöht das Gefährdungspotenzial.

5. Kennzeichen einer Glücksspielsucht

Der Weg in die Glücksspielsucht verläuft nach aller Regel in drei ineinander übergehenden Phasen (siehe Abbildung 4).

Positives Anfangsstadium: Die ersten Gewinne, größere oder mehrere kleinere Geldbeträge, führen zu positiven Gefühlen und Erfolgserlebnissen. Die meisten Spielsüchtigen haben zu Beginn ihres Spielens häufig gewonnen. Gewinne werden als gute persönliche Leistung bewertet. Das Glücksspiel wird während der Freizeit getätigt. Es werden immer höhere Beiträge eingesetzt, aus gelegentlichen Besuchen entwickeln sich regelmäßige Besuche in Glücksspielstätten. *Die Risikobereitschaft wächst.*

Kritisches Gewöhnungsstadium: Die Häufigkeit, die Spieldauer und die Einsätze nehmen zu. Damit wird das Spielen intensiver. Zunehmend beherrscht den Spieler der Gedanke, wann das nächste Mal wieder

Glücksspiele: Faszination, Anreize und Risiko

Abb. 4: Der Weg in die Glücksspielsucht

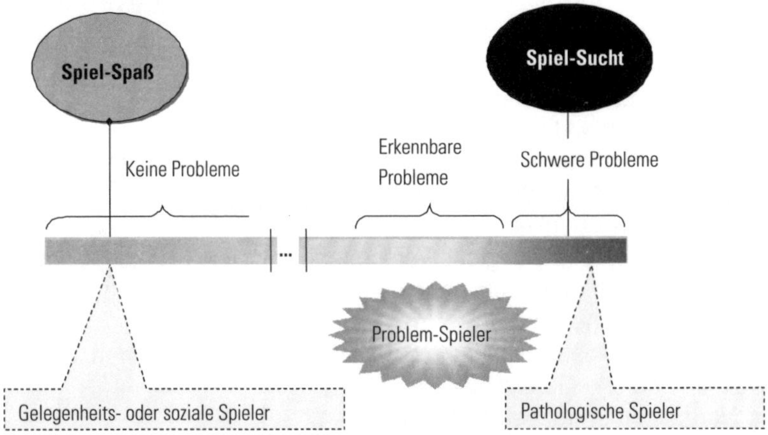

- Spiel-Spaß — Keine Probleme — Gelegenheits- oder soziale Spieler
- Erkennbare Probleme — Problem-Spieler
- Spiel-Sucht — Schwere Probleme — Pathologische Spieler

gespielt werden kann. Es werden risikoreichere Spielvarianten gewählt oder an mehreren Automaten gleichzeitig gespielt und das Spielverhalten schleift sich langsam ein, es gewinnt eine Eigendynamik. Oft wird gespielt, um innere Unruhe und Alltagsfrust zu vergessen. Die Spieler beginnen, sich Geld zu leihen und ihr Spielen zu verheimlichen. *Es kommt zu Problemen in vielen Lebensbereichen.*

Suchtstadium: Der Spieler kann sein Spielen nicht mehr mäßig und vernunftgesteuert ausführen. Es hat eine Eigendynamik entwickelt, die beim Spieler zum wiederholten Totalverlust führt. Die Betroffenen sind getrieben von der Überzeugung, verlorenes Geld wieder zurückzugewinnen. Es wird trotz erkennbarer Folgeschäden weiter gespielt und das Geld hierfür um jeden Preis beschafft – auch durch Straftaten. Pathologische (= krankhafte) Glücksspieler versprechen sich selbst und auch anderen immer wieder, mit dem Spielen aufzuhören. Das Scheitern daran führt häufig zu Selbstverachtung und Verzweiflung. *Finanzielle, berufliche und private Verhängnisse und sozialer Abstieg sind die Folge.*

Die Bewertung des Glücksspielverhaltens erfolgt anhand nachfolgender Kriterien. Dabei gilt: beim Zutreffen von drei bis vier Kriterien liegt eine Gefährdung bzw. ein problembehaftetes Spielverhalten vor.

Bei fünf und mehr zutreffenden Kriterien spricht man von Glücksspielsucht bzw. pathologischem Glücksspiel.

- *Starke Bindung an das Glücksspiel*
Das Glücksspiel wird zum zentralen Lebensinhalt (intensives Beschäftigen mit dem gedanklichen Nacherleben von Spielerfahrungen, mit dem Planen der nächsten Spielaktionen, Nachdenken über Wege, um sich Geld zum Spielen zu beschaffen).
- Toleranzentwicklung
Es muss um immer höhere Einsätze und mit einem größeren Risiko gespielt werden, um die gewünschte Erregung zu erreichen.
- Abstinenzunfähigkeit
Es gibt wiederholte erfolglose Versuche, das Spielen zu kontrollieren, einzuschränken oder aufgeben.
- Entzugserscheinungen
Beim Versuch, das Spielen einzuschränken oder aufzugeben, zeigen sich Unruhe und Gereiztheit.
- Vermeiden/Ersatzbefriedigung
Es wird gespielt, um Problemen und negativen Stimmungen oder Gefühlen zu entfliehen.
- Chasing
Es wird gespielt, um die erlittenen Verluste auszugleichen (»das hole ich wieder rein«).
- Verheimlichung
Belügen der Familienmitglieder, des Therapeuten und anderer, um das Ausmaß des Spielens zu vertuschen.
- Beschaffungsdelinquenz
Durchführung illegaler Handlungen wie Fälschung, Betrug, Diebstahl oder Unterschlagung, um das Spielen zu finanzieren.
- Weiterspielen trotz negativer Folgen
Riskieren oder Verlust von wichtigen menschlichen Beziehungen, des Arbeitsplatzes, von Ausbildungs- oder Aufstiegschancen wegen des Spiels.
- »Freikaufen«
Es wird davon ausgegangen, dass andere Geld leihen und bereitstellen, um die durch das Spielen verursachte finanzielle Situation zu überwinden.

6. Umfang und Ausmaß pathologischen Glücksspielens

Unterschiedliche Studien zu Prävalenzdaten zum problematischen und pathologischen Spielverhalten in Deutschland gehen von rund 149.000 bis 347.000 Personen aus, die ein problematisches Spielverhalten zeigen (0,29% bis 0,64% der bundesdeutschen Bevölkerung) sowie 104.000 bis 300.000 Personen (0,19% bis 0,56%), bei welchen ein pathologisches Glücksspielverhalten erkennbar ist (siehe Tabelle 1).[5]

Seit 2001 ist das pathologische Glücksspielen als behandlungsbedürftige Krankheit für eine medizinische Rehabilitation von den Spitzenverbänden der Krankenkassen und Rentenversicherungsträgern anerkannt.

Tabelle 1: Anzahl problematischer und pathologischer Glücksspieler

	Bühringer et al. (2007)	Buth & Stöver (2008)	BZgA (2008)	BZgA (2010)	PAGE (2011)	BZgA (2012)
Problematisches Spielverhalten	0,29% (149.000)	0,64% (340.000)	0,41% (225.000)	0,64% (347.000)	0,31% (172.000)	0,49% (264.000)
Pathologisches Spielverhalten	0,20% (103.000)	0,56% (290.000)	0,19% (100.000)	0,45% (242.000)	0.35% (193.000)	0,51% (275.000)
Menschen mit glücksspielsuchtbezogenen Problemen	252.000	630.000	329.00	589.000	365.000	539.000

Quellen: Bühringer, G. et al. (2007): Pathologisches Glücksspiel in Deutschland: Spiel- und Bevölkerungsrisiken. In: Sucht: Zeitschrift für Wissenschaft und Praxis, 53 (5), 296-307
Bundeszentrale für gesundheitliche Aufklärung (BZgA) (Hrsg.) (2008): Glücksspielverhalten und problematisches Glücksspielen in Deutschland 2007. Köln
Bundeszentrale für gesundheitliche Aufklärung (BZgA) (Hrsg.) (2010): Glücksspielverhalten und Glücksspielprobleme in Deutschland in 2007 und 2009: Ergebnisse aus zwei repräsentativen Bevölkerungsbefragungen. Köln
Bundeszentrale für gesundheitliche Aufklärung (BZgA) (2012): Glücksspielverhalten und Glücksspielsucht in Deutschland. Ergebnisse aus drei repräsentativen Bevölkerungsbefragungen 2007, 2009 und 2011. Ergebnisbericht Köln
Buth, S./Stöver, H. (2008): Glücksspielteilnahme und Glücksspielprobleme in Deutschland: Ergebnisse einer bundesweiten Repräsentativbefragung. In: Suchttherapie, 9 (1), 3-11.
Pathologisches Glücksspielen und Epidemiologie (PAGE) (2011): Entstehung, Komorbidität, Remission und Behandlung (Endbericht 2011)

---

[5] Meyer, G. (2012): Glücksspiel – Zahlen und Fakten, in: DHS (Hrsg.), DHS Jahrbuch Sucht 2012, S. 139.

Abbildung 5: Psychosoziale Folgen der Glücksspielsucht

Arbeitsplatz
- Erschöpfung
- Konzentrationsmängel
- Leistungsabfall
- Kündigung

Finanziell
- Verarmung
- Verschuldung
- Kreditaufnahme
- Privatinsolvenz

Rechtlich
- Beschaffungsdelinquenz
- Inhaftierung

Intrapsychisch
- Stress
- Scham- und Schuldgefühle
- Suizidalität
- Schlechter Gesundheitszustand
- Psychosomatische Beschwerden

Interpersonell
- Vernachlässigung von Bezugspersonen
- Zerrüttung von Partnerschaft und Familie
- Gewaltvorkommnisse

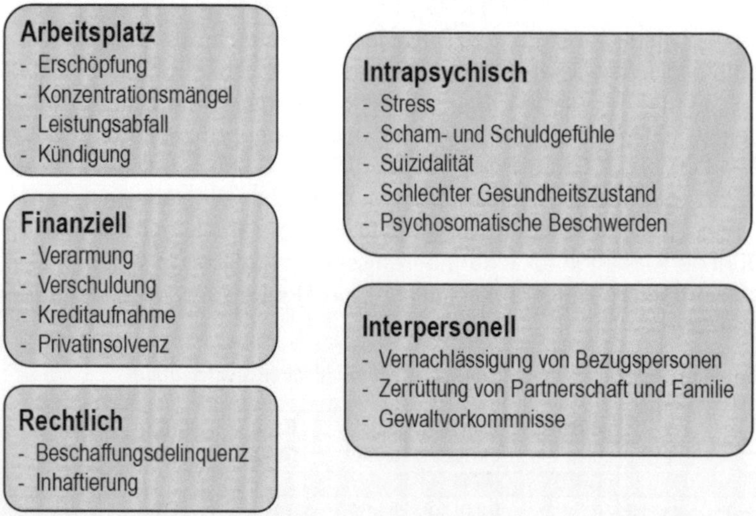

7. Psychosoziale Folgen der Glücksspielsucht

Die möglichen Folgen des Glücksspielens (siehe Abbildung 5) sind vielschichtig und weitreichend. Eine Glücksspielsucht kann zu tiefgreifenden psychosozialen Veränderungen und Problemen führen, wie z.B. Trennung von Lebenspartner/in und/oder Freund/innen, Vernachlässigung von Hobbys, Verschuldung bis hin zur Verarmung, Arbeitsplatzverlust, Wohnungsverlust, Verlust des Selbstwertgefühls, Depressionen und auch Suizidgedanken. Nicht selten werden Spieler kriminell, um das Geld fürs Spielen zu beschaffen.

8. Prävention von Glücksspielsucht

Beim Betrachten von Präventionsmöglichkeiten im Bereich der Glücksspielsucht kann und sollte berücksichtigt werden, dass jedes Suchtverhalten seine eigene Geschichte hat, in der individuelle und gesellschaftliche sowie suchtmittelspezifische Faktoren ihre Bedeutung haben.[6]

---

[6] Kielholz, D./Ladewig, D.: Die Abhängigkeit von Drogen. München 1973.

Glücksspiele: Faszination, Anreize und Risiko

Jeder dieser drei Faktoren beinhaltet wiederum eine Fülle von weiteren möglichen Einflussfaktoren für die Entstehung einer Abhängigkeit (siehe Abbildung 6).

- Mögliche Faktoren beim *Individuum* sind: Alter, Geschlecht, Konstitution, frühkindlicher Erfahrungsraum, aktuelle Persönlichkeitsstruktur, Lebenskompetenz etc.
- Das *Umfeld* wird bestimmt durch Faktoren, die sich aus dem Familien- und Bekanntenkreis ergeben sowie dem Berufsumfeld und den Arbeitsverhältnissen. Weitere Faktoren sind u.a. die gesellschaftlichen Einstellungen, Wirtschaftslage, Lebensqualität und Zukunftsperspektiven.
- Die Begleitfaktoren des *Suchtmittels* Glücksspiel lassen sich unter Verfügbarkeit, Preis, den Anreizsystemen und Wirkungen und der kulturellen Akzeptanz summieren.

Unter suchtpräventiven Aspekten ist in erster Linie die Aufklärung und Kenntniserweiterung eine grundlegende Maßnahme: Informationen über Glücksspiele und das Glücksspielen mit seinen Chancen und Möglichkeiten sowie Risiken und Gefahren. Gesetzliche Rahmenbedingungen sowie mögliche Hilfeangebote sollten dabei nicht vergessen werden.

Abbildung 6: Faktoren der Glücksspielsucht

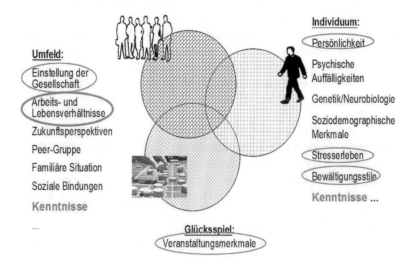

Desweiteren sollten individuell Angebote genutzt werden, die im Sinne von Persönlichkeitsstärkung dazu beitragen, stressfördernde und damit suchtfördernde Faktoren abzubauen – das betrifft z.b. das eigene Stresserleben und Bewältigungsstile zum Umgang mit Stress.

Im Bereich des Arbeitsumfeldes ist es wünschenswert, die Arbeitsbedingungen derart zu gestalten, dass gesundheitsbeeinträchtigende Verhaltensweisen nicht gefördert werden und zu suchtförderndem Verhalten beitragen können. Zusätzlich kann es betriebliche Angebote zur Unterstützung bei Belastungssituationen und zur Stressbewältigung geben.

Warnhinweise im betrieblichen Kontext

Die Glücksspielsucht ist eine unsichtbare Sucht, die auf den ersten Blick selten auffällt und nur schwer erfasst werden kann. Trotzdem können auch im betrieblichen Umfeld Anzeichen wahrgenommen werden, die Hinweise auf ein problematisches oder pathologisches Glücksspielen geben können:

- *Ständige Geldprobleme, »anpumpen« von Kollegen* – um an Spielgeld zu kommen und mögliche Schulden auszugleichen.
- *Bitte um Vorschuss, Barauszahlung des Gehalts* – (s.o.).
- *Stimmungsschwankungen* – je nach Spielerleben befinden sich die Spieler in euphorischer oder niedergedrückter Stimmung.
- *Unruhe und Gereiztheit* – im Nachdenken über die nächste Spielgelegenheit und die Beschaffung von Geld. Der Suchtdruck ist hoch.
- *Wenig Informationen über private Freizeitaktivitäten* – da das Spielen zum ausschließlichen Lebensinhalt geworden ist, gibt es keine alternativen Freizeitbeschäftigungen mehr.
- *Konzentrationsmängel* – aufgrund von Schlafmangel (Zocken bis kurz vor Arbeitsbeginn) bzw. im Nachdenken über die nächste Spielgelegenheit oder Geldbeschaffung geraten die betrieblichen Angelegenheiten in den Hintergrund.
- *Verstoß gegen betriebliche Richtlinien (z.B. Internetnutzung)* – Spielen am Arbeitsplatz via Internet.
- *Grundloses und unentschuldigtes Fehlen oder Zuspätkommen am Arbeitsplatz* – das Spielen wird der Arbeit vorgezogen und konnte nicht für die Arbeit unterbrochen werden.
- *Interesselosigkeit an der Arbeit und den Kollegen* – (s.o.).
- *Zunehmende Isolierung* – eine Folge des Rückzugs in die eigene Spielerwelt.

Glücksspiele: Faszination, Anreize und Risiko

Abb. 7: Online-Hilfeangebote zur Glücksspielsucht

www.check-dein-spiel.de

www.gluecksspielsucht.de

- *Bekommt private Post am Arbeitsplatz* – z.B. von Kreditkartenunternehmen zur Überbrückung von finanziellen Engpässen.
- *Ggf. strafbare Handlungen wie Unterschlagung, Betrug etc.* – zur Beschaffung von Spielgeld, zum Ausgleich von Schulden.

Grundsätzlich sollten diese Warnhinweise ernst genommen werden. Das Verleihen und weitere Zurverfügungstellen von Geld stellt bei pathologischen Spielern nur auf den ersten Blick eine Hilfestellung dar. Aller Erfahrung nach wird das Geld nicht zum Ausgleich der Schulden, sondern als eine weitere Möglichkeit zum Spielen genutzt. Geeigneter als solche Hilfeangebote sind die direkte Ansprache des Glücksspielers und Hinweise auf das Hilfesystem, z.b. regionale Suchtberatungsstellen, Beratungshotlines oder internetbasierte Hilfeangebote (siehe Abbildung 7). Letztere sind niedrigschwellig und bieten den Hilfesuchenden ein höheres Maß an Anonymität.

In den vergangenen Jahren haben sich an vielen Orten Selbsthilfegruppen für Menschen mit einer Glücksspielsuchtproblematik gegründet. Sie bieten ebenfalls niedrigschwellige Zugangswege und erste Möglichkeiten des Austausches mit in gleicher Weise Betroffenen.

Christian Heinzmann
Kontrollverlust! Toleranzentwicklung! Entzugserscheinungen! Rückfall!
Aspekte der Internetsucht

Wer hätte das gedacht? Alle im Untertitel genannten Begriffe könnte man z.B. mit der Alkoholabhängigkeit in Verbindung bringen. Doch weit gefehlt. Wir befinden uns hier im Bereich der Internetsucht.

Was ist Internetsucht?

Dauer und Häufigkeit der Internet-Nutzung sind für sich allein keine ausreichenden Anhaltspunkte, um eine Internetsucht zu diagnostizieren. Auch bei der Internetsucht kann man bei näherer Betrachtung Abstinenzunfähigkeit, Kontrollverlust und den Rückzug aus dem Sozialleben finden. Es kann bei Betroffenen, ähnlich wie bei der Alkoholabhängigkeit, mit der Zeit zu zahlreichen Problemen kommen. Bedenklich wird es, wenn z.B. das »Online spielen« zum Lebensmittelpunkt des Betroffenen wird.
  Nach und nach verändern Online-Süchtige ihr Verhalten. Sie ziehen sich mehr und mehr von Familie und Freunden zurück, Leistungen in Schule oder Beruf lassen nach, ihr Denken kreist ständig um das Spiel, und schließlich vernachlässigen sie sozial erwünschte Verhaltensweisen, wie z.B. die Körperhygiene.

Verschiedene Auslöser

Da sind zum einen die sozialen Netzwerke, allen voran das global bekannte Facebook mit weltweit ca. 850 Millionen Nutzern. Auf der anderen Seite die Online-Rollenspiele, zum Beispiel »World of Warcraft« (WoW). Während Facebook laut einer Studie des Bundesgesundheitsministeriums eine Gefährdung eher für junge Frauen darstellt, sind es bei WoW eher Männer, die ihr Leben nach dem Spiel ausrichten, und nicht umgekehrt.

Facebook
Eine junge Frau erkannte, als sie im Zuge einer Umfrage gefragt wurde, welche Süchte sie kenne, dass sie ja wohl süchtig nach Facebook sei, sie könne nicht mehr ohne dieses soziale Netzwerk leben. Sie würde jeden Morgen früher als nötig aufstehen, nur um vor der Arbeit zu Facebook zu gehen, weil sie Angst habe, sie könnte etwas verpassen. Ihr gesamtes Leben drehe sich um das »soziale Netzwerk«, was soweit führe, dass sogar der Urlaub so geplant werde, dass die Möglichkeit gegeben ist, ins Netz zu kommen. Da dies bei ihren Freundinnen genauso sei, sieht sie die Gefahr dann doch nicht als so groß an. Aber schräg sei das Verhalten schon, sagte sie lächelnd.

World of Warcraft
Bei WoW wird eine Parallelwelt zur Realität, in die die Spieler eintauchen können. Die virtuelle Welt kann für den Spieler im Verlauf an Attraktivität zunehmen und sein Selbstwertgefühl steigern. Wenn es für ihn jetzt immer schwieriger wird, sich mit alltäglichen Problemen in der realen Welt auseinanderzusetzen, verliert diese an Attraktivität gegenüber der virtuellen Welt.

Aus Foreneinträgen zur Online-Spielsucht

Wenn man bei Google »Forum, Online Spielsucht« eingibt, zeigt die Suchmaschine ca. 143.000 Treffer an. Da schreibt ein Betroffener, dass zehn Stunden am Tag vor dem Computer zu sitzen, zu seinem Tagesablauf gehörte, dass Spielen keine Nebensache mehr gewesen sei, es sei seine Bestimmung gewesen. Innerhalb von drei Jahren verlor er seine Existenz. »Das Spiel nahm mir mein Leben! ....«
Eine Mutter berichtet, dass ihre 19-jährige Tochter ca. neun bis zehn Stunden am Tag am PC spiele. Sie würde sich immer mehr zurückziehen. Wenn sie nicht spielen dürfe, würde sie völlig ausrasten.
»Mein Sohn hat sich an seinem 18. Geburtstag von der Schule abgemeldet. Er will jetzt Hartz IV beantragen, sich eine kleine Wohnung nehmen und bis an sein Lebensende World of Warcraft spielen«, ist der Eintrag einer anderen Mutter.

Aspekte der Internetsucht

Nach seinem »Ausstieg« aus WoW schreibt ein Mann, dass er vier Jahre lang gedanklich pausenlos mit dem Spiel beschäftigt gewesen sei, auch bei der Arbeit. Er sei nicht mehr bei sich, sondern ausschließlich in der virtuellen Welt gewesen. Selbst zwei Jahre nach seinem Ausstieg fehle ihm das Glücksgefühl, das ihm durch das Belohnungsprinzip in WoW einen ständigen Kick garantiert hatte, und noch heute könne er kein wirkliches Interesse mehr aufbringen für das, was man Hobby nennt. Gegen die Welt von WoW erscheine ihm noch heute alles fahl, wie ausgebleicht.

Woher kommt die große Gefahr der Internetsucht?

Die große Gefahr der Internetsucht liegt in der hohen Verfügbarkeit des Mediums Internet und im niedrigen Einstiegsalter der User. Während Suchtmittelabhängige in der Regel den ersten Suchtkontakt im Teenageralter haben, werden Kinder schon im Kindergartenalter mit dem Umgang mit dem Computer vertraut gemacht. Und auch der Umgang mit dem Internet ist in beinahe jedem Haushalt alltäglich. Dazu kommt die Annahme, man müsse immer und überall erreichbar sein. Was sagte die junge Frau, die ihren Umgang mit Facebook kritisch sieht: »Die anderen verhalten sich doch genauso. Dann ist es nicht gefährlich.«

Hilfsangebote

Auch wenn die Internetsucht noch relativ jung ist, so gibt es neben den Suchtberatungsstellen noch eine Reihe von Hilfsangeboten, wie z.B. den Verein »Aktiv gegen Mediensucht e.V.«

Luise Klemens
Wie nötig ist die Suchtprävention in den Betrieben?

Betriebliche Suchtprävention ist heute nötiger denn je. Auch wenn diese These eigentlich unumstritten ist, lohnt ein Blick auf ihre Begründung.

Suchterkrankungen können eine Folge von übermäßigen Belastungen und Beanspruchungen sein. Also ist es sinnvollerweise der erste Präventionsschritt, mögliche betriebliche Ursachen für Suchterkrankungen zu identifizieren und zu beseitigen. Wenn wir über betriebliche Suchtprävention reden, müssen wir uns als erstes die psychischen Belastungen, die zu negativen Beanspruchungsfolgen führen, genauer anschauen. Je stärker diese psychischen Belastungen am Arbeitsplatz sind, umso mehr steigt das Suchtrisiko der Beschäftigten.

Die Arbeitswissenschaft definiert psychische Belastungen als die »Gesamtheit der erfassbaren Einflüsse, die auf den Menschen zukommen und psychisch auf ihn einwirken«. Je komplexer unsere Arbeitswelt ist, umso vielfältiger sind damit die psychischen Belastungen.

Wir wissen aus dem alltäglichen Erleben von BetriebsrätInnen/PersonalrätInnen, aber auch von Beschäftigten, dass
- die Anforderungen an die Arbeitsleistung stetig steigen und der Zeitdruck zunimmt,
- die Erwartungen der Unternehmen/Verwaltungen zunehmen, sich immer rascher an sich verändernde Arbeits- und Organisationsformen und an neue Arbeitsmittel anzupassen,
- die Dienstleistungsorientierung und die Erwartung an die Beschäftigten, das eigene Handeln, die eigene Arbeitsorganisation hoch effizient auszurichten, zu den psychischen Belastungen zählen.

Bekannt ist auch, dass zu den Belastungsfaktoren prekäre Arbeitsbedingungen (Befristungen, Leiharbeit, Niedriglöhne etc.), sich schnell verändernde Arbeitszusammenhänge mit häufig wechselnden sozialen Strukturen, die Angst, den Job zu verlieren, oder eben auch fehlende Entwicklungsperspektiven gehören.

Zunächst einmal sind psychische Belastungen Bestandteil unserer Arbeitswelt und an sich weder gut noch schlecht. Wenn die Belastun-

Wie nötig ist die Suchtprävention in den Betrieben?

gen für alle Beschäftigten, z.B. einer Abteilung, vergleichbar oder gleich wären, würden sie sich in der Regel dennoch nicht gleichermaßen beansprucht fühlen. Die individuellen Reaktionen der Beschäftigten auf vergleichbare Belastungen unterliegen einer erheblichen Bandbreite.

Ein entscheidender Faktor, wie beansprucht sich Beschäftigte fühlen, sind ihre verfügbaren Ressourcen. Darunter ist unter anderem zu verstehen:

- Wie gut passt die eigene fachliche Qualifizierung und bisherige berufliche Erfahrung zur aktuell ausgeübten Tätigkeit?
- Wie motiviert gehen die Beschäftigten ihrer Tätigkeit nach, und wie sehr werden neue oder sich verändernde Aufgaben als positive Herausforderung begriffen?
- Wie ausgeprägt sind die individuellen Fähigkeiten, mit psychischen Belastungen/Beanspruchungen umzugehen? Damit ist gemeint, sie sowohl als belastende Ereignisse überhaupt wahrzunehmen als auch zu wissen, dass der Umgang mit stressigen und belastenden Situationen einem persönlichen Bewertungsprozess unterliegt. Als Beispiel kann hier das Musikhören dienen, welches von der einen Person als schön, von der anderen als Lärm empfunden wird.

Wenn also psychische Belastungen sowohl erwünschte als auch beeinträchtigende Folgen haben können, ist es die zentrale Herausforderung für die Unternehmen und die Betriebs-/Personalräte, herauszufinden und zu berücksichtigen, wie so genannte Fehlbeanspruchungen verringert oder am besten vermieden werden können und Ressourcen aufgebaut werden können.

Dazu ist das Augenmerk auf zwei zentrale Bereiche besonders lohnend und wichtig: die Arbeitsorganisation und die Führung in einem Betrieb/einer Verwaltung. Arbeitsorganisation und Führungskultur sind die Dreh- und Angelpunkte für die alltäglichen Betriebs- und Arbeitsabläufe und beinhalten immer auch sicherheits- und gesundheitsrelevante Elemente. Arbeitsorganisation und Führungskultur bestehen aber nicht nur aus funktionalen, sondern gleichermaßen auch aus sozialen Aspekten.

Zu den funktionalen Aspekten gehören z.B.:

- Wie reibungslos sind die Arbeitsprozesse organisiert und wie gut sind die Beschäftigten durch ihre Führungskräfte informiert? Wichtig dabei ist insbesondere, dass allen klar ist, wie mit Störungen im Ablauf umgegangen wird und ob die zuständige Führungskraft eine eindeutige Lösungsorientierung gibt.

- Sind die Arbeitszeit- und Pausenregelungen so gestaltet, dass eine gute Balance zwischen Arbeit und Freizeit möglich ist, und wird der Veränderungsbedarf von Beschäftigten angemessen berücksichtigt?
- Wie ist es um die quantitative Belastung der Beschäftigten bestellt – sowohl was das Arbeitsvolumen als auch die zeitlichen Vorgaben angeht?
- Wie werden die Beschäftigten auf Veränderungen vorbereitet und für sich verändernde Aufgaben qualifiziert?
- Wie ist die unmittelbare Arbeitsumgebung gestaltet? Wie laut ist es, welche Raumtemperaturen herrschen etc.?

Zu den sozialen Aspekten zählen z.B.:

- Gute Führung, die motiviert, Handlungsspielräume schafft und unterstützt.
- Schlechte Führung, die dagegen desorientiert, unzufrieden macht und zusätzlichen Stress verursacht.
- Führungsinstrumente, die die Beschäftigten unterstützen und für klare Orientierung sorgen.
- Angemessene und kontinuierliche Rückmeldungen der Führungskräfte zum Arbeitsergebnis an die Beschäftigten.
- Klare und wertschätzende Kommunikation und Kooperation zwischen den Beschäftigten.
- Soziale Netzwerke/sozialer Rückhalt der Beschäftigten untereinander.
- Beschäftigte, die auf die manchmal schwierigen Kundenkontakte vorbereitet sind und die Möglichkeiten zum Austausch/Reflexion mit KollegInnen über schwierige Kundengespräche haben.
- Möglichkeiten für die Beschäftigten, sich fachlich weiter zu entwickeln und/oder eine Führungsaufgabe zu übernehmen.

Die Folgen von negativen psychischen Belastungen im Betrieb/in der Verwaltung können vielfältig sein. Zu den Stressfolgen werden eindeutig z.B. Burnout, Mobbing bis hin zu Gewalt am Arbeitsplatz und posttraumatische Belastungsstörungen gezählt.

Wenn wir auf unsere Kolleginnen und Kollegen schauen, treffen wir (auch wenn das gerne verdrängt oder verschwiegen wird) nahezu in allen Betrieben/Verwaltungen auf Suchtgefährdete, Abhängige oder auf diejenigen, die abhängig waren. Neben den illegalen Drogen (wie z.B. Kokain) gibt es die »Alltagsdrogen« wie Alkohol, Nikotin und Medikamente.

Wie nötig ist die Suchtprävention in den Betrieben? 71

Wir reden über Missbrauch, Abhängigkeit und eben Sucht. Wobei unter Sucht auch z.B. Spielsucht oder Arbeitssucht gefasst werden muss. Diese ganze Bandbreite von Suchterkrankungen macht schon deutlich, dass betriebliche Suchtprävention eine richtig große Herausforderung ist, die vor allem dann erfolgreich angenommen werden kann, wenn sie als sich ständig weiter entwickelnder Prozess angelegt ist.

Für ein möglichst förderliches Arbeitsumfeld zu sorgen, ist und bleibt der wichtigste Präventionsschritt. Zu wissen und zu verstehen, wie Sucht und Abhängigkeit entstehen können, bzw. wie die Entstehung begünstigt wird, ist ein wichtiger Baustein für eine erfolgreiche betriebliche Suchprävention. Suchtprävention im Betrieb ist am erfolgreichsten, wenn

- sie ein Teil des betrieblichen Gesundheitsmanagements ist,
- es Betriebsvereinbarungen gibt, die dazu führen, dass das Thema Sucht im Betrieb enttabuisiert wird und verbindliche Handlungsschritte vereinbart sind,
- es betriebliche Suchtbeauftragte oder bekannte Beratungsstellen gibt,
- sowohl bei den Beschäftigten als auch bei den Führungsverantwortlichen im Betrieb ein Bewusstsein dafür geschaffen wird, dass Sucht nicht das Problem allein der Betroffenen ist, sondern betriebliche Ursachen haben kann und z.B. unter Arbeitsschutzaspekten alle etwas angeht.

Sirko Schamel
Suchtprävention in der Ausbildung

Suchtprävention am Arbeitsplatz fällt nach der in der modernen Suchtprävention verwendeten Klassifizierung unter den Teilbereich der *universellen* Suchtprävention. Hier subsumieren sich Programme, Projekte und Aktivitäten, die sich an die Allgemeinbevölkerung oder Teilgruppen der Allgemeinbevölkerung richten, die ein niedriges oder durchschnittliches Risiko tragen, eine Sucht bzw. Abhängigkeit zu entwickeln. Dazu gehören neben den Maßnahmen am Arbeitsplatz vor allem Schulprogramme zur Förderung von Lebenskompetenzen sowie massenmediale Kampagnen. Die *selektive* sowie die *indizierte*[1] Suchtprävention sind weitere Teilbereiche.

1. Ausgangslage

1.1 Rauchen

Das Einstiegsalter beim Rauchen ist in den letzten Jahren leicht angestiegen und lag im Jahr 2010 im Durchschnitt bei 14,3 Jahren. Betrachtet man den prozentualen Anteil der Raucher und Raucherinnen nach Schulform bzw. jetziger Tätigkeit, wird deutlich, dass dieser bei Auszubildenden am höchsten ist (siehe Abbildung 1).

Betrachtet man die Entwicklung des Rauchverhaltens in der Altersgruppe der 18- bis 25-Jährigen, wird deutlich, dass der Raucheranteil langsam, aber kontinuierlich rückläufig ist. Seit dem Jahr 2008 hat sich

---

[1] Die *selektive* Suchtprävention richtet sich ebenfalls an Personengruppen, allerdings an solche, die ein signifikant höheres Risiko aufweisen, eine Suchtabhängigkeit zu entwickeln, als die durchschnittliche Bevölkerung. Dieses Risiko kann immanent sein, oder eine Gruppe von Personen trägt aufgrund verschiedener Merkmale über das gesamte Leben hinweg ein höheres Risiko, eine Sucht zu entwickeln. Die *indizierte* Suchtprävention erfolgt im Unterschied dazu in der Regel auf individueller Ebene. Sie richtet sich an Personen, die ein hohes Risiko haben, eine Abhängigkeit zu entwickeln, und bei denen sich bereits ein manifestes Risikoverhalten etabliert hat.

Suchtprävention in der Ausbildung

Abbildung 1: Prozentualer Anteil der Raucher und Raucherinnen bei Zwölf- bis 25-Jährigen nach Schulform, Ausbildung bzw. Studium, 2010

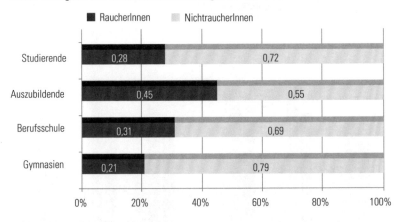

Abbildung 2: Trends des Rauchens bei Jugendlichen nach Altersgruppen (BZgA; Drogenaffinitätsstudie 2011)

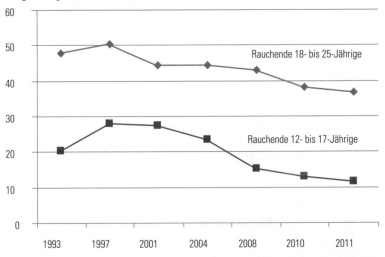

der Rückgang noch einmal beschleunigt und ist in den letzten vier Jahren signifikant von 43,1% auf aktuell 36,8%, den niedrigsten Wert für diese Altersgruppe seit 1973 gefallen. In der Altersgruppe der Zwölf- bis 17-Jährigen, also der zukünftigen Auszubildenden, ist dieser positive Trend noch deutlicher abzulesen (siehe Abbildung 2).

Abbildung 3: Prozentualer Anteil der Personen, die riskante Alkoholmengen konsumieren bzw. häufiges Rauschtrinken praktizieren, nach Altersgruppen (BZgA; Alkoholkonsum Jugendlicher 2010)

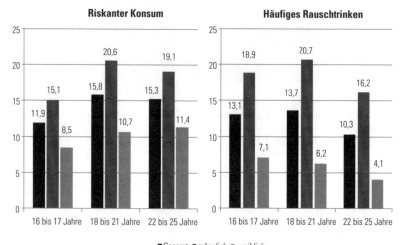

1.2 Alkohol

Beim Alkoholkonsum beträgt das durchschnittliche Einstiegsalter 14,6 Jahre. Mit 15,9 Jahren haben Jugendliche im Durchschnitt ihren ersten Alkoholrausch (BZgA; Drogenaffinitätsstudie 2011). Sowohl beim *riskanten Konsum* (bei männlichen Befragten mehr als 24g reiner Alkohol am Tag; bei weiblichen Befragten mehr als 12g reiner Alkohol am Tag), als auch beim *häufigen Rauschtrinken* (in den letzten 30 Tagen viermal oder öfter der Konsum von mindestens fünf alkoholischen Getränken bei einer Gelegenheit) stellt die Altersgruppe der 18- bis 21-Jährigen die deutlich größte Gruppe dar. In dieser Altersgruppe bewegen sich auch meist die Auszubildenden. Männliche Jugendliche sind vor allem beim *häufigen Rauschtrinken* signifikant höher belastet als weibliche Jugendliche (siehe Abbildung 3).

1.3 Cannabis

Cannabis wird in Deutschland im Durchschnitt mit 16,7 Jahren das erste Mal konsumiert. Die *Lebenszeit-Prävalenz* liegt bei ca. 40%. Der Anteil von Personen, welche *regelmäßig* Cannabis konsumieren, bewegt sich

Suchtprävention in der Ausbildung

Abbildung 4: Prävalenzen des Cannabiskonsums nach verschiedenen Altersgruppen (BZgA; Alkoholkonsum Jugendlicher 2010)

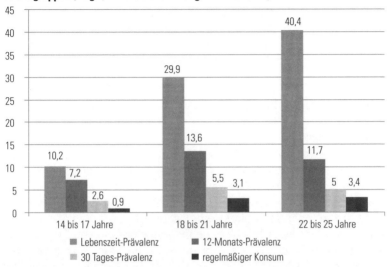

Abbildung 5: Zugang zu illegalen Drogen nach Schulform bzw. Ausbildung/ Studium (SMS; Jugend 2007 in Sachsen)

Sind Ihnen schon einmal unaufgefordert illegale Drogen angeboten worden?

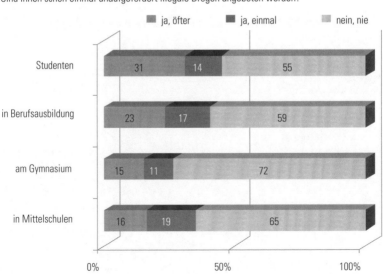

mit 3,1% bei den 18-21-Jährigen allerdings auf einem sehr niedrigen Niveau (siehe Abbildung 4).

Auf die Frage: Sind Ihnen schon einmal unaufgefordert illegale Drogen angeboten worden, antworteten 2007 in Sachsen 40% der Auszubildenden mit »Ja«. Bei ca. einem Viertel aller Befragten war das sogar schon häufiger vorgekommen (Abbildung 5).

2. Suchtprävention für Auszubildende

2.1 Ziele und Inhalte

Suchtprävention sollte als Teil der Gesundheitsförderung am Arbeitsplatz verstanden werden. Das Konzept der Gesundheitsförderung basiert in Betrieben und Behörden schon heute zunehmend auf dem Ansatz der »Salutogenese« (der Lehre der Entstehung von Gesundheit), wonach vorrangig gesundheitsförderliches Verhalten verstärkt werden sollte, statt sich ausschließlich auf die Verhinderung von Suchtmittelmissbrauch bzw. Suchterkrankungen zu fokussieren. Sachliche Informationen, beispielsweise über den risikoarmen Konsum von Alkohol, sind meist wirkungsvoller als die moralisierenden Warnungen vor der Gefahr einer möglichen Abhängigkeit.

Abbildung 6: Inhaltliche Ausrichtung von Suchtpräventionsmaßnahmen

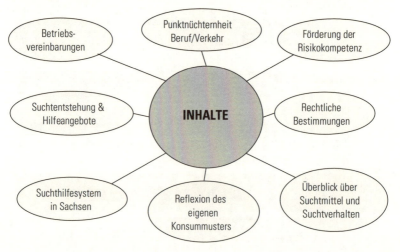

Suchtprävention in der Ausbildung

Das vorrangige Ziel des Unternehmens bzw. der Behörde ist die Erhaltung der Arbeitskraft und die Verhinderung suchtmittelbedingter Störungen im Arbeitsprozess. Weitere Ziele von Suchtpräventionsmaßnahmen für Auszubildende sind:

- Verminderung von Fehlzeiten, Arbeitsunfällen und Leistungsminderung
- Stärkung der Gesundheit
- Frühzeitiges Erkennen von Suchtproblemen
- Stärkung der Risikokompetenz und Förderung eines eigenverantwortlichen Umgangs mit Suchtmitteln.

Die inhaltliche Ausrichtung von Suchtpräventionsmaßnahmen für Auszubildende reicht von Maßnahmen zur Vorstellung der betrieblichen Regelungen im Umgang mit Suchtmitteln und Suchtmittelproblemen (Betriebsvereinbarung Sucht, Punktnüchternheit) über Informationen zu Suchtmitteln, Suchtentstehung und gesetzlichen Bestimmungen bis hin zu Maßnahmen, welche durch die Reflexion des eigenen Konsumverhaltens die Risikokompetenz im Umgang mit Suchtmitteln fördern.

2.2 Ausgewählte Methoden und Angebote

Rauschbrillen
Der Einsatz von Rauschbrillen bei Suchtpräventionsveranstaltungen ist inzwischen schon sehr verbreitet. Die Auszubildenden haben hier die Möglichkeit, verschiedene aus der Arbeitswelt entnommene Tätigkeiten mit und ohne Rauschbrille durchzuführen (siehe Abbildung 7). Dabei ist das »nüchterne« Erleben von Einschränkungen im Sichtfeld, bei Bewegungsabläufen und vor allem der Feinmotorik eine eindrückliche Erfahrung. Der Einsatz von Rauschbrillen ist eine Methode, welche für die Auszubildenden ein Erlebnis ist und die ihnen viel Spaß bereitet, weil sie dabei sehr aktiv sein können. Wichtig für die durchführenden Fachkräfte ist es, darauf zu achten, dass es nicht bei einer »Bespaßung« bleibt, sondern parallel die Unsicherheiten bei den ausgeübten Tätigkeiten thematisiert und diskutiert werden. Die Rauschbrillen sind unter www.Rauschbrillen.de erhältlich oder können bei den regionalen Fachstellen für Suchtprävention ausgeliehen werden.

Abbildung 7: Pädagogischer Einsatz von Rauschbrillen

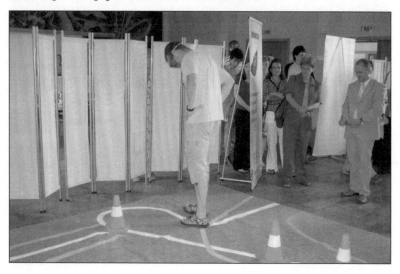

Mit-Mach-Parcours
Suchtpräventive Aktivitäten müssen das Interesse der Auszubildenden wecken. Die Themen müssen jugendgerecht aufgearbeitet sein und die Behandlung sollte interaktiv mit den Jugendlichen erfolgen. Genau diese Zielsetzung wird mit Mit-Mach-Parcours erreicht. Die Auszubildenden werden in Gruppen von zehn bis maximal zwölf Personen aufgeteilt. Diese Gruppengröße ist optimal für eine Diskussion. Eine geschlechtliche Trennung der Jugendlichen ist nicht nötig, kann aber in speziellen Veranstaltungen unter dem Aspekt der geschlechtsspezifischen Suchtprävention praktiziert werden. Zusätzlich kann bei Bedarf auch eine Sensibilisierung von Ausbildern für die Suchtpräventionsthematik erfolgen. Der Parcours ist in verschiedene Stationen eingeteilt. Die einzelnen Stationen bearbeiten Thematiken wie Alkohol, Rauchen, illegale Drogen, Essstörungen und Medien. Die Methodik der Stationen ist so angelegt, dass die Auszubildenden untereinander ihre verschiedenen Sichtweisen diskutieren und der Moderator meist nur fachliche Ergänzungen oder ggf. Richtigstellungen vornimmt.

Weitere Methoden

Bewährt hat sich in der Praxis ebenfalls, *Gesprächsrunden mit Betroffenen einer Abhängigkeitserkrankung* durchzuführen. Möglich ist das mit Gesprächspartnern aus dem Bereich der Selbsthilfe (meist frühere Alkoholabhängige), aber auch mit jungen Erwachsenen, die eine Suchtentwöhnungsbehandlung von illegalen Drogen absolvieren bzw. absolviert haben. Die authentische Darstellung der Entwicklung einer Abhängigkeit aus »erster Hand« hinterlässt oft einen tiefen Eindruck und ein überdurchschnittliches Nachfragepotenzial bei den Auszubildenden.

Das Medium Film eignet sich hervorragend, um mit jungen Menschen zur Thematik von Suchtmittelkonsum in die Diskussion zu kommen. Hier sind die Filme des Medienprojekts Wuppertal (www.medienprojekt-wuppertal.de) zu empfehlen. Der Wuppertaler Ansatz von aktiver Jugendvideoarbeit nutzt Videos nicht nur als zeitgemäße, pädagogisch wirksame Methode der Freizeit- oder Bildungsarbeit, sondern will den Jugendlichen eine Möglichkeit zur breiten medialen Artikulation mittels selbstproduzierter Videos gegenüber anderen Jugendlichen geben. Gerade weil diese Filme von Jugendlichen gemacht sind, spiegeln sie recht deutlich die reale Lebenswelt von Jugendlichen und jungen Erwachsenen wider. Das bietet eine gute Möglichkeit, mit den in etwa gleichaltrigen Auszubildenden anhand der in den Filmen dargestellten Problematiken im Zusammenhang mit Suchtmittelkonsum ins Gespräch zu kommen.

Prev@WORK

Das von der Fachstelle für Suchtprävention im Land Berlin entwickelte und seit vier Jahren erfolgreich durchgeführte Programm Prev@WORK ist als ganzheitlicher Ansatz zur Suchtprävention in der Berufsorientierung, -vorbereitung und -ausbildung konzipiert und basiert auf aktuellen wissenschaftlichen Erkenntnissen.

Zielgruppen des Programms Prev@WORK sind neben den Auszubildenden auch Ausbilder/innen bzw. Lehrende und Führungskräfte. Ziel des Programms im Hinblick auf die Auszubildenden ist die Erhöhung von Wissen zu Sucht und süchtigen Verhaltensweisen, damit sie durch Reflexion des eigenen (Konsum-)Verhaltens einen Zuwachs an Risikokompetenz erwerben. Der verantwortungsvolle Umgang mit Suchtmitteln soll gestärkt, und durch Suchtmittelkonsum bedingte Arbeitsausfälle und Fehlerquoten sollen verringert werden. Das Bundesministerium für Gesundheit hat die bundesweite Verbreitung von Prev@WORK gefördert. »*Bessere Abschlüsse, weniger Fehlzeiten, weniger Ausbildungsabbrüche – das sind die Ziele, die die Bundesregierung mit dem Projekt zur betrieblichen Suchtprävention Prev@WORK erreichen will*«, so die Drogenbeauftragte der Bundesregierung, Mechthild Dyckmans. »*Dies ist nicht nur eine gute Investition in die berufliche und persönliche Zukunft der Auszubildenden, sondern auch im Interesse der Wirtschaft, die auf gut ausgebildete Fachkräfte angewiesen ist.*« Fachkräfte aus vielen Bundesländern wurden in den letzten zwei Jahren zu Prev@WORK-Trainern ausgebildet. Die Umsetzung erfolgt in zwei Blöcken, d.h. mit einem Grundlagenseminar und einem Aufbauseminar, welche jeweils zwei Tage umfassen. Das Programm sollte als fester Bestandteil in die Ausbildung integriert werden.

Weitere Informationen zum Bundesmodellprojekt und den Überblick, ob auch in Ihrer Region ausgebildete Prev@WORK-Trainer verfügbar sind, finden Sie bei den Mitarbeitern der Fachstelle für Suchtprävention in Berlin (www.berlin-suchtpraevention.de).

3. Suchtprävention für Ausbilderinnen und Ausbilder

3.1 Ziele und Inhalte

Im Bereich der Fort- und Weiterbildung von Ausbilderinnen und Ausbildern zu Suchtpräventionsthemen ist die Zielsetzung, Kenntnisse zu Suchtstoffen/-verhalten, Ursachen und Entstehung von Suchterkrankungen sowie Suchtpräventionsstrategien für den Ausbildungsalltag zu vermitteln. Sie sollen eine suchtpräventive Haltung und Handlungskompetenz entwickeln und Sicherheit zu den geltenden gesetzlichen Grundlagen in und außerhalb des Unternehmens/der Behörde erlangen.

3.2 Ausgewählte Angebote

Angebote der Fachstellen für Suchtprävention
Die Fachstellen für Suchtprävention und andere in der Suchtprävention bzw. Suchthilfe Tätige bieten individuell auf die einzelnen Problemlagen zugeschnittene Weiterbildungen an. Folgende inhaltliche Schwerpunkte können dabei gesetzt werden:
- Sensibilisierung von Fachkräften zu den Besonderheiten im Jugendalter

Suchtprävention in der Ausbildung

- Umgang mit riskant Suchtmittel konsumierenden Jugendlichen
- Erkennungsmerkmale von Suchtmittelkonsum
- Aufklärung über arbeitsrechtliche Maßnahmen
- Aufbau von Basiswissen zu Suchtentstehung, Suchtformen, Co-Abhängigkeit
- Informationen zu bestehenden Hilfsmöglichkeiten,
- Fallbearbeitung aus rechtlicher und pädagogischer Sicht.

MOVE – MOtivierende KurzinterVEntion bei konsumierenden Jugendlichen

Die Fortbildung Motivierende Kurzintervention ist für MultiplikatorInnen aus dem Bereich der Jugendhilfe, Schulen, Ausbildungseinrichtungen und allen Institutionen, die Kontakt zu konsumierenden Jugendlichen haben, zu empfehlen. Im Rahmen einer dreitägigen Schulung durch zertifizierte MOVE-Trainer lernen die »Kontaktpersonen von Jugendlichen« im Sinne der motivierenden Gesprächsführung eine Kurzintervention durchzuführen, die sich unter anderem an den Kriterien der Motivierenden Gesprächsführung von Miller und Rollnick orientiert, aber speziell für Jugendliche und den ambulanten Einsatz (»Zwischen-Tür-und-Angel«-Gespräche) umgestaltet wurde. Der Schwerpunkt der Fortbildungen liegt auf einem Gesprächsführungstraining, daneben werden auch rechtliche Fragen behandelt sowie weiteres Hintergrundwissen

Abbildung 9: Move-Konzept

zu Drogenkonsum und Suchtmitteln vermittelt. Es geht um das Erlernen angemessener Interventionen, aber auch um die lokale Weitervermittlung, wenn weitergehende Hilfen notwendig erscheinen. Konkrete Inhalte sind u.a.: Umgang mit Ambivalenz und Widerstand; Empathie; Diskrepanzen entdecken und integrieren; Einstieg ins Gespräch; Hintergrundwissen zu Suchtmitteln, Suchtverhalten und Abhängigkeit sowie rechtliche Aspekte. Weitere Informationen zu MOVE und den Überblick über MOVE-Trainer in Ihrer Region finden Sie bei den Mitarbeitern der ginko Stiftung für Prävention (http://www.ginko-stiftung.de/ueberregional/Verbreitung.aspx).

4. Zusammenfassung

Die betriebliche Suchtprävention hat in den letzten Jahren an Bedeutung gewonnen. Viele Unternehmen und Behörden haben inzwischen im Rahmen ihres Gesundheitsmanagements eine »Betriebs- bzw. Dienstvereinbarung Sucht« abgeschlossen. Deren Bestandteil sind häufig die Suchtpräventionsangebote für Auszubildende. Damit sind die Suchtpräventionsmaßnahmen fest in die Ausbildung integriert. Die Auszubildenden sollten gerade zu Beginn der Ausbildung beim Eintritt in die für sie neue Arbeitswelt mit den entsprechenden betrieblichen Regelungen zum Suchtmittelkonsum vertraut gemacht und zur Punktnüchternheit sensibilisiert bzw. motiviert werden.

Aber es ist auch unverzichtbar, Ausbilderinnen und Ausbilder (vgl. die Ausführungen zum Führungskräfteverhalten im Beitrag von Günter Schumann, S. 111ff.) zur Suchtpräventionsthematik aus- und weiterzubilden. Damit wird ihnen die nötige Sicherheit vermittelt, angemessen auf Probleme im Zusammenhang mit riskantem Suchtmittelkonsum bzw. Suchtverhalten zu reagieren und gegebenenfalls intervenieren zu können.

Alle diese Maßnahmen sind eine gewinnbringende Investition für Unternehmen und Behörden, da sie zur Förderung und Gesunderhaltung zukünftiger Fachkräfte beitragen.

Martin Siepmann
Medizinische und berufliche Rehabilitation bei stoffgebundenen Suchterkrankungen

Die überwiegend von den Rentenversicherern getragene Rehabilitation von Patienten mit stoffgebundenen Abhängigkeitserkrankungen hat zum Ziel, deren Teilhabe am Leben in der Gesellschaft und ihre Selbstbestimmung zu fördern, indem sie die Suchtfolgen in Form von Fähigkeitsstörungen und sozialen Beeinträchtigungen zu beseitigen, zu bessern oder deren Verschlechterung abzuwenden versucht (Missel/Koch 2011). Die medizinische Rehabilitation Abhängiger findet in der Regel als stationäre Entwöhnungsbehandlung von zwölf- bis 16- wöchiger Dauer in Fachkliniken statt.

Darüber hinaus kann diese von Suchtberatungsstellen als ambulante Maßnahme bei Patienten mit gering ausgeprägten Folgestörungen und niedrigem Chronifizierungsgrad des Suchtverlaufs oder stationär und daran anschließend ambulant (Kombinationstherapie) durchgeführt werden. Die berufliche Rehabilitation beinhaltet die Förderung der Eingliederung in Arbeit und Beruf z.B. durch Ausbildung und Umschulung. Leistungsträger der diesbezüglichen Maßnahmen sind Berufsbildungs- und -förderwerke.

Grundsätzlich ist davon auszugehen, dass stoffgebundenen Abhängigkeitserkrankungen ein multifaktorieller Ursachenzusammenhang zu Grunde liegt, der im organischen, psychischen, familiären und gesellschaftlichen Bereich seinen Ursprung hat. Das Zusammenwirken pathologischer Momente innerhalb dieser verschiedenen Organisationsstrukturen mündet schließlich in einem süchtigen Fehlverhalten. Dieses ganzheitliche Verständnis von Abhängigkeit korrespondiert in besonderem Maße mit dem bio-psycho-sozialen Modell der WHO, das in jüngster Zeit – über die Sucht hinaus – an Bedeutung gewonnen hat. Es stellt die Lebenswirklichkeit von Gesundheitsproblemen Betroffener in einem umfassenden Zusammenhang dar. Hierbei variiert der Zustand der funktionalen Gesundheit mit dem Gesundheitsproblem und den Kontextfaktoren (Schuntermann 2003).

Abbildung 1: Wirkungsfaktoren bei Gesundheitsproblemen

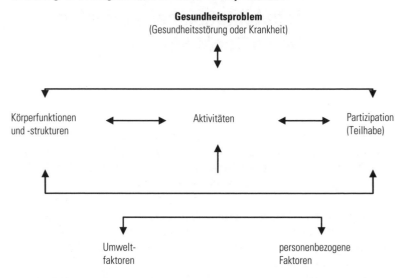

Grundlage des pathologischen Verhaltensmusters Abhängigkeitskranker ist aus psychoanalytischer Sicht eine Lust- bzw. Unlustregulationsstörung, die auf Grund der o.a. Wirkungsfaktoren ihre Kompensation durch das Suchtmittel findet. Sucht wird in diesem Zusammenhang von Vertretern der Ich-psychologischen Schule als »Selbstheilungsversuch« verstanden, durch den der »Desintegration des Selbst« zu entkommen versucht wird (Büchner 1993). Dieser Zusammenhang verweist auf eine Ich-schwache Persönlichkeitsstruktur, die innerhalb des Reifungsprozesses keine adäquaten Ich-Strukturen zur Ausbildung einer stabilen Identität entwickeln konnte und somit in ihrer archaischen Strukturierung verharren musste.

Dies bedeutet ebenfalls, dass in der Frühphase befriedigende Beziehungen zu den verfügbaren Objekten nicht oder nicht genügend bestanden haben, sodass notwendige und entsprechende Identifizierungsprozesse zur Bildung realitätsgerechter Ich-Strukturen als Voraussetzung zur Herausbildung einer entsprechenden Selbst- und Objektrepräsentanz nicht stattfinden konnten.

Damit ist es zur Entstehung einer mangelnden Objektkonstanz gekommen, sodass die Fähigkeit zu tragfähigen Beziehungen kaum vorhanden, zumindest eingeschränkt ist. Der Alkohol erhält die Funktion eines Objektes, welches zur Stabilisierung der eigenen Identität introjiziert wird (Bilitza/Heigl-Evers 1993).

Ausgangspunkt der Überlegungen ist insbesondere, dass es sich bei der Suchterkrankung in der Regel um eine Entwicklungspathologie handelt, bei der nicht von einem Defizit in der Persönlichkeitsstruktur auszugehen ist, vielmehr prä-ödipale Entwicklungsstörungen einen Nachreifungsprozess verlangen (Heigl-Evers 1977). Diese Schlussfolgerungen verweisen in der therapeutischen Anwendung auf die Notwendigkeit der Abkehr von klassisch analytischen Vorgehensweisen, denen ein Konfliktmodell zu Grunde liegt.[1] Aufgrund von nicht entsprechend ausgebildeten Ich-Strukturen würde der Patient im freien Assoziieren mit anschließender Deutungsarbeit in destruktives Agieren verfallen (Rost 1983). Aus diesem Grund ist der Therapeut im Intervenieren gefragt, muss er sich als aktives Objekt anbieten, welches als Hilfs-Ich reaktiv die nicht erlebten Affekte des Patienten mitteilt und ihm damit seine Ich-strukturellen Defizite zu Bewusstsein bringt. Vor diesem Hintergrund wurde von Heigl-Evers eine analytisch orientierte Kurzzeittherapie entwickelt, in der der Therapeut Hilfs-Ich-Funktionen einnimmt und – entgegen der klassischen Analyse – aktiv Erklärungen und Interpretationen im Sinne des »Prinzips Antwort« liefert (Heigl-Evers 1977). Innerhalb des therapeutischen Gesamtsettings soll dem einzelnen Patienten mit Hilfe eines Bezugstherapeuten, der sich als Ersatz für das Suchtmittel anbietet und Objektkonstanz gewährleistet, die Möglichkeit gegeben werden, adäquate Selbst- und Objektrepräsentanzen nachträglich auszubilden und realitätsgerechte Einstellungen im Austausch mit seiner Umwelt zu entwickeln.

Obwohl die Frühstörungen aller Erfahrung nach die häufigste Ursache des exzessiven Gebrauchs einer Droge darstellen, ist im klinischen Bereich immer wieder beobachtbar, dass auch bei ausgebildeten Ich-Funktionen Alkohol als Problemlöser eingesetzt wird, bis er schließlich eine Eigendynamik entwickelt hat, die die Abhängigkeitserkrankung ausmacht. Es handelt sich hierbei um ein konfliktpathologisches Muster, bei dem der Betroffene ein höheres Strukturniveau erreicht hat. Damit

---

[1] Gerade die Voraussetzung der klassischen Analyse, dass eine neurotische Struktur mit einem »Normal-Ich« vorhanden ist, ließ Misserfolge in der analytischen Behandlung Suchtkranker entstehen. Erst die modifizierten Verfahren auf der Grundlage der Ich-Psychologie und der Objektbeziehungs-Theorie bewiesen erfolgreiche Behandlungen von Abhängigen mithilfe der analytisch orientierten Technik (Rost 1983; Büchner 1993).

kann es nicht um die Nachreifung von adäquaten Selbst- und Objektrepräsentanzen im Sinne strukturgebender Arbeit gehen; vielmehr muss die Konfliktbearbeitung im Vordergrund stehen. Diese sollte dann im Sinne von Deutungs- bzw. Emotionsarbeit erfolgen, wie sie von Kernberg beschrieben wird (Kernberg 1998). Sollte bei diesen Patienten, deren Krankheit in der Regel auf einer Konfliktpathologie beruht, sich kein entsprechender Leidensdruck in neurotischer bzw. somatischer Weise bemerkbar machen, auf Grund dessen eine analytische Arbeit eher in Betonung der Deutungsarbeit angesagt wäre, so entwickeln die Patienten oft nicht (besonders nicht in der gering zur Verfügung stehenden Zeit) die Motivation zur analytischen Arbeit. Hinzu kommen Patienten, deren introspektive Fähigkeit oder deren inzwischen erreichtes Alter eine analytisch orientierte Behandlung kontraindiziert erscheinen lassen. Bei diesen Patienten ist es wichtig, psychotherapeutische Indikativgruppen in Form von kognitiver Umstrukturierung oder themenspezifisch verhaltenstherapeutisch orientiert anzubieten.

Neben ganzheitlichen Ansätzen – wie das genannte bio-psycho-soziale Modell der WHO – sowie psychologischen Ansätzen, von denen hier insbesondere psychoanalytische Vorstellungen zuvor dargestellt wurden, werden zunehmend biologische Modelle herangezogen, um das Suchtgeschehen besser zu verstehen. Ein wichtiger Motor bei der Entwicklung von Kenntnissen biologischer Zusammenhänge waren Forschungen im Zusammenhang mit so genannten Anticraving-Substanzen, also Stoffen, die dazu dienen sollen, das Verlangen nach dem Suchtmittel zu reduzieren. Auch wenn die Erwartungen in solche Substanzen, deren wichtigste im Alkoholbereich das Acamprosat darstellt, sich nach überwiegender Meinung nicht erfüllt haben, bleiben wichtige theoretische Erkenntnisse, die helfen, Aspekte des Suchtgeschehens, wie z.B. Toleranzentwicklung und das Entstehen von Entzugserscheinungen, besser zu verstehen. So wurde bekannt, dass Alkohol – als »dirty drug« – an verschiedenen Stellen die Funktion eines Transmitters im Gehirn wahrnimmt und so bestimmte Gefühlszustände hervorruft. Einerseits ist Alkohol dabei verantwortlich für momentane Effekte. Nach Herstellung eines (neuen) Gleichgewichts mit Alkohol als regelmäßigem Bestandteil des Gehirnstoffwechsels, treten jedoch auch längerfristige Effekte auf. In diesem Fall kann das System nur im Gleichgewicht bleiben, wenn Alkohol weiter zugeführt wird. Unterbleibt dies, kommt es bei fortgeschrittener Gewöhnung zu unterschiedlichen Symptomen, sowohl im psychischen als auch im körperlichen Bereich, Entzugserscheinungen bzw. Craving können auftreten. Für das Suchtverständnis erscheint die Kenntnis biologischer Zusammenhänge hilfreich, erklären sie doch suchtspezifische Phänomene und runden damit das Wissen um die Alkoholabhängigkeit ab. Dieses Wissen sollte jedoch nicht dazu führen, psychosoziale Therapieansätze durch somatischmedizinische zu ersetzen.

In der Fachklinik Weinböhla wird eine Integration dieser verschiedenen Ansätze verfolgt, wobei psychosoziale Modelle jedoch im Vordergrund stehen und die Therapie maßgeblich prägen. Alltagspraktisch ist vorrangiges Thema der als Gruppentherapie durchgeführten Maßnahme die Wiedererlangung von sozialen Fähigkeiten und Kompetenzen im Sinne der Übernahme von Verantwortung für sich selbst und andere und damit ein Erlernen einer realistischen Selbst- und Fremdwahrnehmung. Dies wird anhand von Alltagsthemen eingeübt, die in der Tagesstrukturierung, der Organisation und der Beziehung in der Gruppe zu Anderen begründet liegen.

Maßnahmen der arbeitsbezogenen medizinischen Rehabilitation berücksichtigen in stärkerem Maße arbeitsbezogene Aspekte. Hier spielen die Erfassung arbeitsbezogener Einschränkungen und Funktionsminderungen eine wichtige Rolle, ebenso wie Ressourcen und Fähigkeiten, die es festzustellen gilt. Richtungsweisend ist in diesem Zusammenhang die ICF (Internationale Klassifikation der Funktionsfähigkeit, Behinderung und Gesundheit), die sich vom zuvor erwähnten bio-psycho-sozialen Modell der WHO ableitet. Auch wenn derzeit noch ausschließlich die ICD 10 bei der Klassifikation von Krankheiten in der medizinischen Rehabilitation Verwendung findet, besteht die Möglichkeit, Diagnosen stärker funktionsbezogen zu formulieren (z.B. »Gehstörung bei Arthrose der Hüftgelenke beidseits«).

Ebenso finden arbeitsbezogene Aspekte eine stärkere Berücksichtigung bei der Anamneseerhebung sowohl im medizinischen als auch im sozio- bzw. psychotherapeutischen Bereich. Arbeits- und Beschäftigungstherapie setzen im weiteren Therapieverlauf diagnostische Maßnahmen fort, indem sie der Feststellung von entsprechenden Einschränkungen dienen. Diagnostik kann hier unter arbeitsnahen Belastungssituationen erfolgen. Ebenso dient die Ergotherapie dazu, Fähigkeiten zu erkennen und zu fördern. Fachkliniken bieten im Bereich der Arbeitstherapie eine große Zahl von unterschiedlichen Angeboten: Gärtnerei, Metallwerkstatt, Fahrradwerkstatt, Verkauf (Laden), Cafeteriadienst, Innen- und Außendienst, Tischdienst sowie Holzwerkstatt. Im Rahmen der Angebote der Arbeitstherapie besteht ebenfalls die Möglichkeit zur Durchführung einer internen Arbeitserprobung über mehrere Tage (6 Stunden pro Tag). Maßnahmen der Ergotherapie können gegen Ende einer stationären Behandlung in Form eines externen Arbeitspraktikums stattfinden. Hierbei soll jeweils individuell der Bedarf an solchen berufsspezifischen Maßnahmen geprüft werden und – wenn dieser festgestellt wird – ebenso flexibel eine entsprechende Förderung erfolgen.

Dabei sind die Voraussetzungen des Patienten zu berücksichtigen, insbesondere Vorerfahrungen, Ausbildung, Interesse sowie medizinische und psychosoziale Bedingungen. Während einer stationären Entwöhnungsbehandlung unterstützen ebenso verschiedene indikative Gruppen die arbeitsbezogenen Maßnahmen. Zu erwähnen sind hier insbesondere Soziales Kompetenztraining, EDV-Kurs sowie die Berufliche Orientierung.

Externe Arbeitspraktika dienen dazu, die während der Behandlung gewonnenen Erfahrungen im realitätsnahen Setting von Betrieben weiter fortzusetzen. Sie finden nach sorgfältiger Vorbereitung und Auswahl in Kooperation mit Firmen der Region statt. Unterschiedliche Gewerke ermöglichen hierbei ein differenziertes Angebot an Praktikumsstellen. Hierbei scheint der fortgesetzte Ausbau der Arbeitsbezogenen Medizinischen Rehabilitation von besonderer Bedeutung, um die Möglichkeiten der Patienten bezüglich der beruflichen Leistungsfähigkeit und der Chancen auf dem allgemeinen Arbeitsmarkt weiter zu verbessern. Hierbei ist eine verstärkte Zusammenarbeit mit Arbeitsverwaltung, Kommune und Firmen der Region besonders wichtig.

Bei einem Teil der Patienten mit Alkohol- und/oder Drogenabhängigkeit sind die Ziele der Entwöhnungsbehandlung im Rahmen der Kerntherapie nicht zu erreichen. Für diese Patienten reichen ambulante Betreuungsangebote nicht aus. Sie bedürfen weiterhin eines stationären handlungsorientierten Settings, um die beruflichen und sozialen Rehabilitationsziele zu erreichen. Zu diesen gehören insbesondere Patienten mit psychiatrischen Doppeldiagnosen (z.B. Zustand nach drogeninduzierter Psychose), Patienten mit Komorbidität somatischer Störungen (z.B. Chronische Hepatitis B oder C) und solche Patienten, die einen langen, von Rückfallerfahrungen geprägten Suchtverlauf haben.

Häufig bedarf es bei polytoxikomanen Patienten (Abhängigkeit von drei oder mehr Substanzen) im Anschluss an die stationäre Entwöhnungsbehandlung eines Settings, in dem das Hauptaugenmerk auf die berufliche, schulische und allgemein soziale Realität im »Hier und Jetzt«

ausgerichtet ist (als Voraussetzung für die Teilhabe der Patienten am Arbeits- und gesellschaftlichen Leben). Im Rahmen der Adaption sind deshalb Betriebspraktika ein wichtiger Bestandteil der Maßnahme. Dies wird in der Konzeption der Adaptionseinrichtung gewährleistet, welche eine vorausgegangene, erfolgreich abgeschlossene Entwöhnungsbehandlung voraussetzt. Die Patienten sind tagsüber nicht mehr ständig in der Adaptionseinrichtung, sondern gehen verschiedenen externen Tätigkeiten (Praktika, Behördengänge etc.) nach. Dadurch wird erreicht, dass sie sich den Anforderungen des Erwerbslebens und der eigenverantwortlichen Lebensweise unter realen Alltagsbedingungen zuwenden können und Rückfallrisiken deutlicher erkennen und bearbeiten können.

Bereits während der medizinischen Rehabilitation und intensiver noch während der Adaptionsbehandlung können Maßnahmen für die Wiedereingliederung in das Erwerbsleben geplant und durchgeführt werden. Leistungen zur Teilhabe am Arbeitsleben umfassen unter anderem Gespräche mit den Arbeitgebern, Belastungserprobungen, Arbeitspraktika und Vorstellungsgespräche bei Arbeitsagenturen sowie Rehabilitationsfachberatern. Die individuellen Leistungen werden abhängig von der vorliegenden Beeinträchtigung geplant und gezielt durchgeführt (Bundesarbeitsgemeinschaft für Rehabilitation 2005). Innerbetriebliche Umsetzungen, berufliche Weiterbildung und Umschulung können bei besonderer Exposition zu Suchtmitteln im bisher ausgeübten Beruf notwendig sein. Beispielsweise beinhalten Tätigkeiten in der Gastronomie ein hohes Rückfallrisiko für Patienten mit Alkoholabhängigkeit. Die genannten Maßnahmen können in Berufsbildungswerken, die spezialisiert sind für die berufliche Fortbildung und Umschulung behinderter Jugendlicher, und für Erwachsene in Berufsförderungswerken durchgeführt werden. Werkstätten für behinderte Menschen oder Zuverdienstbetriebe kommen in Betracht, wenn aufgrund der Schwere der Beeinträchtigung z.B. bei alkoholassoziierten kognitiven Störungen oder im Fall von drogeninduzierten Psychosen eine Tätigkeit auf dem Arbeitsmarkt, nicht, nicht wieder oder noch nicht möglich ist. Primäres Rehabilitationsziel ist dann die Ermöglichung einer Teilhabe an der Gemeinschaft.

Literatur

Bilitza, K./Heigl-Evers, A. (1993): Suchtmittel als Objektsubstitut, in Bilitza, K. (Hrsg.), Suchttherapie und Sozialtherapie, Göttingen.
Büchner, U. (1993): Sucht als artifizielle Ich-Funktion, in: Bilitza, K. (Hrsg.), Suchttherapie und Sozialtherapie, Göttingen.
Bundesarbeitsgemeinschaft für Rehabilitation (Hrsg.) (2005): Rehabilitation und Teilhabe. Deutscher Ärzteverlag, Köln.
Heigl-Evers, A. (1977): Möglichkeiten und Grenzen einer analytisch-orientierten Kurztherapie bei Suchtkranken, Kassel.
Kernberg O. F. (1998): Kernberg, M.D., F.A.P.A., developer of object relations psychoanalytic therapy for borderline personality disorder. Interview by Lata K. McGinn. American Journal of Psychotherapy, 52: 191-201.
Missel, P./Koch, A. (2011): Die stationäre Suchtkrankenhilfe – Daten aus der medizinischen Rehabilitation im Überblick. Sucht 2011; 57: 451-468
Rost, W.-D. (1983): Der psychoanalytische Zugang zum Alkoholismus, in: Psyche. Zeitschrift für Psychoanalyse und ihre Anwendungen, Jg. 37, Heft 5, Stuttgart.
Schuntermann, U. (2003): Grundsatzpapier der RV zur internationalen Klassifikation der Funktionsfähigkeit, Behinderung und Gesundheit (ICF) der Weltgesundheitsorganisation (WHO), Frankfurt a.M.

Helmut Bunde
Möglichkeiten und Grenzen – Erfahrungen aus der ambulanten Suchtberatung

Im Folgenden möchte ich über die Möglichkeiten zur Unterstützung der betrieblichen Gesundheitsprävention durch die Einrichtungen der ambulanten Suchtkrankenhilfe informieren und auf die Möglichkeiten der Zusammenarbeit hinweisen und eingehen.

Ich werde über die Suchtkrankenhilfe in Sachsen berichten, kurz den Verlauf von Suchterkrankungen beleuchten und dann die verschiedenen Angebote vorstellen.

Die Suchtkrankenhilfe (in Sachsen) teile ich in vier Bereiche ein:
1. *Bereich der psychiatrischen Behandlung* im ambulanten und stationären Bereich. Wir haben die psychiatrische Regelbehandlung, landläufig auch als »Entgiftung« bezeichnet, in den psychiatrischen Fachkrankenhäusern. Hier werden in Sachsen im Jahr etwa 20.000 Behandlungsfälle durchgeführt. Der Kostenträger ist die Krankenversicherung nach SGB V. Für uns relevant ist vor allem die so genannte S 1 Behandlung. Wir möchten, dass diese Regelbehandlung bzw. Entgiftung nicht in einem Krankenhaus der Allgemeinversorgung, sondern in einem psychiatrischen Krankenhaus durchgeführt wird. Das hängt damit zusammen, dass wir hier eine Behandlungszeit von drei Wochen haben und dass gleich erste Gruppengespräche, Einzelgespräche und auch eine sozialarbeiterische und psychologische Betreuung möglich sind.
2. *Der zweite Bereich ist die ambulante Suchtkrankenhilfe* mit ihren flächendeckenden Suchtberatungs- und -behandlungsstellen, auf die ich weiter unten genauer eingehe.
3. *Der dritte Bereich ist die stationäre Suchtkrankenhilfe* mit den Fachkliniken für Rehabilitation und den sozialtherapeutischen Wohnstätten. Hier haben wir in Sachsen acht Kliniken und behandeln 3.000 Personen im Jahr. Siehe hierzu auch den Beitrag von Prof. Dr. Siepmann in diesem Buch (vgl. S. 83ff.). Weiterhin haben wir zehn Sozialtherapeutische Wohnstätten für chronisch mehrfach Abhängigkeits-

kranke. Hier erfolgen längerfristige stationäre Behandlungen von meist über zwei Jahren.
4. *Der vierte Bereich ist die Suchtselbsthilfe,* auf die ich später auch noch näher eingehen werde.

Wenn wir uns den *Verlauf der Sucherkrankung* anschauen, so sehen wir, dass die Entwicklung der Abhängigkeit nicht von heute auf morgen geschieht, sondern in einem längeren Zeitraum von vielleicht zehn bis 20 Jahren erfolgt. Dann gibt es im Verlauf ein Zeitfenster, wo bei den Betroffenen sowohl der Wunsch als auch die Notwendigkeit der Veränderung vorhanden sind. In diesem Fenster sollte die Intervention erfolgen und diese »Motivation« genutzt werden. Die Intervention, die im betrieblichen Bereich entsprechend der Betriebsvereinbarung angeregt wird, erfolgt dann durch die Suchtberatung, das psychiatrische Krankenhaus oder auch durch eine stationäre Therapie. In all diesen Bereichen wird auf das Hilfenetz für Suchtkranke hingewiesen und werden die Behandlungsmöglichkeiten der einzelnen Elemente dargestellt.

Der Bereich der Selbsthilfe, der im Prinzip eine Begleitung in den Alltag darstellt, ermöglicht die Integration in soziale, familiäre und betriebliche Bereiche. An den Größenverhältnissen auf der Zeitachse ist zu erkennen, dass die Selbsthilfe auch eine lange Zeit – ähnlich wie die Entwicklung der Abhängigkeit – einnimmt.

Den *Behandlungsverlauf* können wir grob in vier Phasen einteilen, wobei Phasen auch wiederholt werden können oder müssen. Wir haben

- die *Kontakt- und Beratungsphase:* Der Betroffene nimmt Kontakt zum Suchthilfesystem auf. In dieser Phase stehen Informationen über geeignete Behandlungsformen im Mittelpunkt. Hier ist vor allem eine Vermittlung und evtl. Begleitung aus dem betrieblichen Bereich in das Suchthilfesystem (Psychiatrisches Krankenhaus, Suchtstationen, Suchtberatung, Selbsthilfe) anzustreben;
- die *eigentliche Therapiephase,* die sich aus der körperlichen Entgiftung, also der psychiatrischen Regelbehandlung, aus der ambulanten oder stationären Therapie mit verschiedenen Gruppen und Beratungsangeboten zusammensetzt;
- die *Integrationsphase,* hier vor allem im betrieblichen Bereich
  – Integration in die betriebliche Arbeitsgruppe bzw.
  – die soziale Integration im Bereich Wohnen, Freizeitaktivität usw.
- die *Nachsorgephase* mit der ambulanten Nachsorge verläuft parallel zur Integrationsphase, hier erfolgt der Besuch von Selbsthilfe-

gruppen, wo vor allem Ermutigung und Festigung im Vordergrund stehen. Sehr viele der Patienten, die eine stationäre Therapie absolvieren, bekommen auch eine ambulante Nachsorge über ein halbes Jahr verordnet.

Kommen wir zum Bereich der *Suchtberatungs- und -behandlungsstellen (SBB)*. In Sachsen haben wir 46 staatlich anerkannte Suchtberatungs- und -behandlungsstellen, die jeweils mit entsprechendem Fachpersonal besetzt sind und eine Versorgungsverpflichtung für ein bestimmtes Territorium übernommen haben. Damit ist gewährleistet, dass eine wohnortnahe Versorgung erfolgen kann. Neben den Hauptstellen gibt es dann noch Außenstellen und Außensprechstunden.

Die Suchtberatungs- und -behandlungsstellen sind das Kompetenzzentrum Sucht des Landkreises oder der kreisfreien Stadt. Sie sind zuständig für alle Formen der Suchterkrankung der Bevölkerung im Versorgungsgebiet. Dies gilt sowohl für Konsumenten legaler Suchtmittel wie Alkohol- oder Medikamentenabhängigkeit als auch für Konsumenten illegaler Suchtmittel oder mit Verhaltenssüchten. Es gibt auch einzelne Beratungsstellen, die ein spezialisiertes Angebot für bestimmte Personengruppen vorhalten. In den Suchtberatungsstellen sind hauptamtliche, aber auch ehrenamtliche Mitarbeiter tätig. Uns ist sehr daran gelegen, dass ehrenamtliche Mitarbeiter eine unterstützende, begleitende Funktion haben und auch von ihren – da sie meist selbst Betroffene sind – eigenen Erlebnissen berichten können.

In den Suchtberatungsstellen sind Sozialarbeiter, Sozialpädagogen und Psychologen tätig. Die Suchtberatungsstellen arbeiten eng mit Ärzten zusammen, ebenso mit anderen Einrichtungen des sozialen oder Gesundheitsbereiches, wie z.B. den Schuldnerberatungsstellen, den Ehe-, Lebens- oder Erziehungsberatungsstellen, aber auch mit der Bewährungshilfe und den Gerichten. Jede Suchtberatungsstelle hat folgende *Aufgaben der Grund- oder Basisversorgung* durchzuführen:

- Sie übernimmt die Beratung und Betreuung von Abhängigen, Konsumenten, Angehörigen und Interessierten im körperlichen, sozialen und psychischen Bereich.
- Sie bereitet eine Therapie vor. Dies geschieht durch eine Diagnostik mit einer Anamnese zur Krankheitsgeschichte und der Antragstellung bei dem jeweiligen Kostenträger. Sie vermittelt in entsprechende Angebote.
- Sie begleitet während der stationären Behandlung, hält also den Kontakt.

- Sie führt die ambulante Nachbetreuung oder Nachsorge durch.
- Bei Bedarf wird sie mit aufsuchender oder nachgehender Sozialarbeit tätig.
- Ebenso erfolgt bei Bedarf eine Krisenintervention.
- Die Beratung von Ehrenamtlichen und der Selbsthilfe ist auch eine Aufgabe.
- Für den Bereich der Heroin-Konsumenten und deren Substitution ist die psychosoziale Betreuung Aufgabe der SBB.

Darüber hinaus gibt es *zusätzliche Aufgaben*, die nicht in jeder Suchtberatungsstelle und nicht immer angeboten werden, wie:

- ambulante Rehabilitation
- Seminare z.B. für suchtmittelauffällige Kraftfahrer oder zur Tabakentwöhnung
- niedrigschwellige Angebote wie Tagestreff, Mahlzeitenangebote
- Betreuung von Wohnprojekten, Arbeitsprojekten
- Mitwirkung bei Prävention
- externe Suchtberatung in der Justizvollzugsanstalt.

Wenn wir uns anschauen, wie die Suchtberatungsstelle im Kern vernetzt ist, so sehen wir, dass in Sachsen 27.709 Personen im Jahr 2011 die Suchtberatungsstellen aufgesucht haben und in den Justizvollzugsanstalten 2.105 Personen.

Wir sehen hier, dass von Ärzten, Krankenhäusern, Behörden, Verwaltungen, aber auch von Betrieben Vermittlung in die Suchtberatung erfolgt, ebenso wie von den ARGEN, Jobcentern und den SGB II-Behörden, und dass auf der anderen Seite dann eine enge Zusammenarbeit mit den psychiatrischen Krankenhäusern, mit den stationären Entwöhnungseinrichtungen und der Selbsthilfe erfolgt.

Was die Aufteilung der Klienten im Jahr 2011 betrifft, so ist festzustellen, dass in Sachsen

- etwa 60% der Klienten mit einem Alkoholproblem,
- etwa 20% wegen eines Problems mit illegalen Drogen,
- 6% mit sonstigen Suchtproblemen, wie Glücksspiel, Ess-Störungen u.ä. und
- etwa 15% Angehörige die Suchtberatungsstelle aufsuchen.

Bezüglich der Möglichkeiten und Grenzen der Zusammenarbeit der Suchtberatung mit der betrieblichen Intervention und dem Eingliederungs-Management möchte ich einige Erfahrungen weitergeben.

- Sie können im Rahmen der betrieblichen Intervention auf das Suchthilfesystem und besonders auf die Suchtberatungsstellen hinweisen.

Erfahrungen aus der ambulanten Suchtberatung

Es ist meist nicht sehr hilfreich, alle Angebote der Suchtkrankenhilfe aufzuzeigen und den betroffenen Beschäftigten aus einer Liste von Angeboten auswählen zu lassen. Jeder Suchtkranke versucht (wie wir alle) den Weg des geringsten Widerstandes zu gehen und würde aus einer Liste von Psychiatern, psychiatrischem Krankenhaus, Suchtberatungsstelle und Selbsthilfe sicherlich die Selbsthilfe auswählen, da er vermutet, dass er diese am ehesten von seiner »Unschuld« überzeugen kann. Sinnvoll ist es, konkret auf die Suchtberatung hinzuweisen und möglichst gleich einen Termin (evtl. nach Vorabsprache) im Beisein des Arbeitnehmers zu vereinbaren.
Die Devise ist: *so konkret und so zeitnah wie möglich.*

- Der Betreffende bekommt – auf Wunsch – zur Vorlage im Betrieb von der Suchtberatungsstelle eine Bestätigung, dass er zu einem Gespräch anwesend war. Geben Sie sich nicht mit einem Bestellkärtchen zufrieden, sondern verlangen Sie von jedem Termin die Vorlage einer Bestätigung. Als Betrieb erhalten Sie von der Suchtberatungsstelle nur eine Auskunft über die Teilnahme an Terminen, wenn der Betreffende eine diesbezügliche Einwilligung unterschrieben (vereinbart) hat.

- Bitten Sie Ihren Mitarbeiter, z.B. zur Absprache des weiteren Vorgehens, mit ihm gemeinsam zu einem Gespräch in die Beratungsstelle gehen zu dürfen. Gerade bei der Planung des Behandlungsprozesses ist es hilfreich, dass Sie Interesse bekunden und betriebliche Möglichkeiten, wie z.B. Arbeitszeitverlagerung oder Umsetzung des betrieblichen Eingliederungsmanagements, einbringen. In dem gemeinsamen Gespräch kann auch die Möglichkeit einer stationären Rehabilitation von zwölf Wochen abgestimmt werden. Die Ausrede, es ist bei uns im Betrieb nicht möglich, dass ich zwölf Wochen fehle, fällt dann weg. Somit unterstützen Sie auch die Therapie- Motivation der Beratungsstelle.

- Sie bekommen als Betrieb keine Diagnosen oder den Entlassungsbericht einer Therapie mitgeteilt. Dieser Bereich unterliegt der Schweigepflicht, zu der alle Mitarbeiter der Suchtberatungsstelle verpflichtet sind.

Der dritte Bereich betrifft die *medizinische Rehabilitation:* Diese erfolgt in Fachkliniken für Rehabilitation im stationären Bereich und im ambulanten Bereich in anerkannten Suchtberatungsstellen.

In den Suchtberatungsstellen für die ambulante Therapie haben wir 80 Termine, die innerhalb von zwölf Monaten zu absolvieren sind, d.h. ein bis zwei Termine pro Woche. Hier kann es für die betriebliche Suchtprävention sinnvoll sein, dass eine Abstimmung der Zeiten der ambulanten Reha mit dem Dienstplan im Betrieb erfolgt. Bei der stationären Alkoholtherapie haben wir eine Behandlungszeit von zwölf bis 16 Wochen, mit einer eventuellen Verlängerung. Auch hier gibt es Einrichtungen für bestimmte Problemlagen, wie z.B. für pathologisches Glückspiel. Bei der stationären Therapie Drogenabhängiger haben wir eine Behandlungszeit von 24 bis 26 Wochen, mit der Option der Verlängerung um weitere zwölf Wochen.

Wie schon erwähnt, gibt es zwischen den Suchtberatungsstellen und den Fachkliniken eine enge Kooperation. Die Suchtberatung bereitet die Therapie vor und vermittelt. Sie hält die Kontakte während der Therapie, bzw. während therapeutischer Heimfahrten werden die Patienten gebeten, die Suchtberatungsstelle oder die Selbsthilfe am Heimatort aufzusuchen.

Die Fachklinik vermittelt zur Nachsorge in die Suchtberatungsstelle. Hier gibt es eine gemeinsame Abstimmung von Zielen der weiteren Behandlung. Die Nachsorge umfasst 20 Termine in sechs Monaten – zumeist in Nachsorgegruppen.

Die Selbsthilfe stellt sich in den Fachkliniken vor, um so auch den Weg nach der Therapie in die Selbsthilfe zu ebnen.

Kommen wir zu dem vierten Bereich der *Selbsthilfe:*

Wir haben in Sachsen fast 400 Sucht-Selbsthilfegruppen. Hierbei gibt es auch Spezialisierungen, die bestimmte Problemfelder besonders berücksichtigen. Es gibt zudem Selbsthilfegruppen für Angehörige oder kombinierte Gruppen für Betroffene und Angehörige.

Was sind die Aufgaben der Selbsthilfegruppen?

Es ist in erster Linie eine Selbsthilfe für die Teilnehmerinnen und Teilnehmer, wie der Name sagt, eine Hilfe für sich selbst. Den Teilnehmern sollen eigene Erkenntnisse und eigene Auseinandersetzungen ermöglicht werden. Die Selbsthilfegruppen betreiben auch eine Öffentlichkeitsarbeit. Selbsthilfe passiert nicht im abgeschlossenen Raum. Die Gruppen stellen sich vor – sowohl in psychiatrischen Krankenhäusern, in Suchtfachkliniken als auch bei Veranstaltungen (bei Gesundheitstagen, in Schulen) und sie arbeiten mit der Suchtberatungsstelle zusammen bzw. sind in der Prävention aktiv, indem Betroffene über ihr eigenes Leben berichten.

Die Suchtselbsthilfe ist also ein weiterführendes Kettenglied innerhalb der Therapiekette. Sie ist ein niedrigschwelliges Angebot und motiviert

Erfahrungen aus der ambulanten Suchtberatung

Suchtkranke, Hilfe in Anspruch zu nehmen. Dabei ist sie vor allem eine Rückfallprophylaxe, da sowohl Rückfallbewältigung als auch Prophylaxe in den Selbsthilfegruppen geschieht. Sie hat auch eine politische und gesellschaftliche Funktion des Mahnens vor süchtigen Verhaltensweisen. Im Prinzip baut sie die Persönlichkeit wieder auf.

Welchen Gewinn hat der einzelne Teilnehmer an der Selbsthilfe?

Er hat eine Hoffnung auf kontinuierliche, abstinente Lebensweise. Es wird ihm vermittelt, dass das möglich ist, weil es Erfahrungen in der Gruppe gibt. Auch vermittelt sie die Gewissheit, dass der Einzelne sowohl für die Gruppe als auch für die Gesellschaft wichtig ist. Was ich oben schon nannte, die Selbsthilfe bietet die Möglichkeit der Persönlichkeitsnachreifung. Sie bietet auch die Möglichkeit, die Erkrankung als Familienerkrankung zu erkennen. Von einer Suchterkrankung ist immer das ganze System, in dem ich lebe (Familie, Betrieb usw.), mit betroffen.

Hinzuweisen ist an dieser Stelle auf die *Grenzen der Selbsthilfe:* Es handelt sich hier tatsächlich um Selbsthilfe und um keine professionelle Hilfe, d.h. die Selbsthilfe ist kein Auftragnehmer für Behörden, sei es die Führerscheinstelle, sei es die Bewährungshilfe, die ARGE oder auch die Betriebe. Sie ist auch keine Dienstleistungseinrichtung, und sie ist kein Ersatz für professionelle Hilfe. Die Selbsthilfe ist ein wichtiger Faktor in der Behandlung der Suchtkranken. Sie kann aber die professionelle Hilfe nicht ersetzen, sondern sie ergänzt und erweitert sie. Sie ist auch für die Gesellschaft kein kostenloses Angebot. Manchmal hat man den Eindruck, dass Politiker oder Verantwortliche sagen, wozu sollen wir Fachkräfte beschäftigen? Lasst das doch die Selbsthilfe tun. Selbsthilfe kann nicht leisten, was die professionelle Hilfe bietet.

Die *Autonomie der Selbsthilfe* bedeutet, dass sie, wie schon gesagt, nicht an Weisungen gebunden ist. Sie ergänzt das Angebot der Suchtkrankenhilfe als eigenständiger Baustein, und sie bestimmt und definiert sich selbst und verwaltet sich selbst.

Abschließend möchte ich auf Angebote der Suchtkrankenhilfe zur Schulung im betrieblichen Bereich hinweisen:

Es gibt einmal eine *Fortbildung für ehrenamtliche betriebliche Mitarbeit* in der Suchtkrankenhilfe, das so genannte 120-Stunden-Programm, das bundeseinheitlich nach einem gemeinsamen Curriculum, zumindest der großen Selbsthilfeverbände und des Gesamtverbandes Sucht, durchgeführt wird. Inhalt sind die Informationen über Grundlagen der Suchterkankung und -behandlung.

Dieses Ausbildungsangebot für betriebliche ehrenamtliche Suchtkrankenhelfer kann auch im Unternehmen als Blockseminar, z.B. mit drei x fünf Tagen oder fünf x drei Tagen, durchgeführt werden.

Weiterhin gibt es Angebote zu Schulungen im Betrieb, z.B. für die verschiedenen Leitungsebenen, durch die Suchtberatungsstellen.

Maike Bellmann/Ursula Dietrich/Christiane Hillger
Die Arbeitsplatzsituation von Menschen mit leichten bis mittelschweren psychischen Beeinträchtigungen

Einleitung

Die Anzahl psychischer Beeinträchtigungen ist in der Bevölkerung in den letzten Jahren weiter angestiegen. Die daraus resultierenden finanziellen Belastungen für das Gesundheitssystem sind beachtlich. Für die Europäische Union (EU) entstehen jährlich schätzungsweise Kosten in Höhe von 136 Millionen Euro auf Grund von psychischen Erkrankungen (European Agency for Safety and Health at Work 2011). Für die Weltgesundheitsorganisation (WHO) ist die Prävention psychischer Störungen eine primäre Zukunftsaufgabe. Dementsprechend sind Strategien zur Förderung der psychischen Gesundheit sowohl für die EU als auch für Deutschland von großer Bedeutung (Klosterkötter 2008). Die Prognosen der WHO ergeben einen weiteren Anstieg psychischer Erkrankungen (Meyer et al. 2011), welchen affektive Störungen (z.B. Depression), neurotische, Belastungs- und somatoforme Störungen (z.B. Angststörung) sowie Suchterkrankungen zuzuordnen sind. Im Hinblick auf die Anzahl der Arbeitsunfähigkeitstage (AU-Tage) überwiegen Depressionen und neurotische Erkrankungen, gefolgt von Suchterkrankungen (v.a. Alkohol, psychotrope Medikamente und illegale Drogen) an dritter Stelle. Je nach Branche sind zwischen 5 und 22% aller AU-Tage auf psychische Verhaltensstörungen durch psychotrope Substanzen zurückzuführen (Badura et al. 2011).

Durch die Veränderungen in der Arbeitswelt, wie steigende Arbeitsanforderungen oder Zeit- und Termindruck, nehmen die arbeitsbezogenen Belastungen immer mehr zu und können so das Entstehen von Abhängigkeiten begünstigen bzw. bestehendes Suchtverhalten beeinflussen.

Mit der Zunahme der psychischen Beeinträchtigungen konnte auch ein Anstieg der Arbeitsunfähigkeitstage auf Grund psychischer Störungen verzeichnet werden (Lademann et al. 2006). Diese Fehltage gilt es zu minimieren bzw. zu vermeiden. In diesem Zusammenhang sind Therapieansätze von Bedeutung, die gezielt eine Verbindung zwischen Behandlung/Betreuung der Betroffenen und deren Arbeitsplatz herstellen. Für psychisch beeinträchtigte Menschen ist das Fortführen der Erwerbstätigkeit in hohem Maße von Bedeutung. Studienergebnisse zeigen, dass Personen, die in einem Arbeitsverhältnis stehen, eine bessere psychische Gesundheit haben, wohingegen sich der Verlust der Arbeit nachteilig auf die psychische Gesundheit und Genesung auswirken kann (Schliebener 2010).

Welche Handlungsempfehlungen sowohl für Betroffene als auch für medizinisches Personal und Arbeitgeber getroffen werden können, um einen Einklang zwischen Therapie und Erwerbstätigkeit herzustellen, wurde in einer EU-geförderten Studie (Generaldirektion Beschäftigung, Soziales und Integration) an Hand von Interviews mit den genannten Gruppen herausgearbeitet.

Die Gesamtprojektleitung des Forschungsvorhabens oblag dem Greater Manchester Public Health Network, United Kingdom (UK). Als deutscher Kooperationspartner war der Forschungsverbund Public Health Sachsen und Sachsen-Anhalt der Medizinischen Fakultät der Technischen Universität Dresden mit der Bearbeitung des Projektes betraut. Darüber hinaus zählten zu weiteren Kooperationspartnern die Dirección General de Asistencia Sanitaria, die Fundación INTAS, Spanien und das European Institute for Sustainable Development, Bulgarien.

Der folgende Beitrag informiert über die Durchführung der Studie, wobei der Fokus auf der Ergebnisdarstellung liegt. Ziel der Studie war es, (1) den Anteil erwerbstätiger Patienten mit psychischen Beeinträchtigungen zu erhöhen, (2) ein Modell zu entwickeln, welches psychisch Beeinträchtigten erlaubt, im Erwerbsleben zu bleiben, und (3) letztlich praktische Handlungsempfehlungen für Arbeitgeber und medizinisches Personal zusammenzustellen. Zur Umsetzung dieser Zielstellungen wurden folgende Maßnahmen durchgeführt:

- Befragung von Patienten mit leichten bis mittelschweren psychischen Beeinträchtigungen im Hinblick auf ihre Erwerbstätigkeit,
- Befragung von medizinischem Personal und Sozialarbeitern über Möglichkeiten und Grenzen, mit ihrer Arbeit Patienten beim Verbleib im Erwerbsleben zu unterstützen und

Arbeitsplatzsituation von Menschen mit psychischen Beeinträchtigungen

- Befragung von Arbeitgebern, inwieweit diese psychisch beeinträchtigte Mitarbeiter unterstützen.

Im Partnerland Deutschland wurden im Großraum Dresden fünf Kliniken und Tageskliniken aus den Fachbereichen Psychiatrie, Psychosomatik und Psychotherapie sowie eine Suchtklinik rekrutiert. Diese Kliniken erklärten sich bereit, den Kontakt zu Patienten zu vermitteln, die:
1) mindestens 18 Jahre alt sind,
2) an einer leichten bis mittelschweren psychischen Erkrankung bzw. Suchterkrankung leiden und
3) momentan in einem Arbeitsverhältnis stehen oder dieses in den letzten zwölf Monaten verloren haben.

Aus jeder Klinik bzw. Tagesklinik wurden ca. fünf Patienten, d.h. insgesamt 25 Patienten interviewt. Des Weiteren wurde aus diesen Kliniken medizinisches Personal befragt (zehn Personen), das mit Patienten, die unter einer leichten bis mittelschweren psychischen Beeinträchtigung leiden, zusammenarbeitet – Ärzte, Therapeuten, Pflegepersonal und Sozialarbeiter. Es wurden ebenfalls Interviews in verschiedenen Beratungs- und Kontaktstellen durchgeführt, die vor allem für psychisch erkrankte Menschen, aber auch Personen mit Suchterkrankungen Hilfe und Unterstützung bieten. In diesen Institutionen wurden insgesamt elf Sozialarbeiter, Sozialpädagogen, Therapeuten und Psychologen befragt. Letztlich fanden Interviews mit Arbeitgebern fünf verschiedener Unternehmen aus Dresden statt.

Mit den genannten Personengruppen wurden leitfadengestützte Interviews durchgeführt, wobei der Interviewpartner dazu animiert wurde, in selbstgewählten Formulierungen zu antworten. Inhaltlich umfassten die Patienteninterviews Themen wie z.B. allgemeiner Gesundheitszustand, Arbeit und psychische Gesundheit, Unterstützung durch Arbeitgeber und Kollegen sowie eigene Bewältigungsstrategien. Die Interviews mit medizinischem Personal beinhalteten Fragen zum Zugang in die Einrichtung und Kontakt/Zusammenarbeit mit externen Ärzten, zur Behandlung und Nachsorge sowie zur Vereinbarkeit von Behandlung und Erwerbsleben. Die Arbeitgeber wurden in den Interviews gefragt, inwieweit sie psychisch Erkrankte und Suchtkranke unterstützen und Hilfe anbieten, ob sie in Kontakt mit dem behandelnden Arzt treten oder welche Möglichkeiten sie sehen, die Gesundheit der Mitarbeiter zu verbessern. Dem Interviewer war es möglich, während des Gesprächs einzelne Themen herauszugreifen und diese vertiefend zu erfragen. Die Interviews wurden auf Tonträger aufgenommen und im Anschluss transkribiert. Es erfolgte eine Interpretation des Textes und eine zusammenfassende Fallbeschreibung. Letztendlich wurde ein thematischer Vergleich zwischen den einzelnen Interviews der drei Gruppen durchgeführt.

Um eine Vergleichbarkeit und einen einheitlichen Interviewablauf zu gewährleisten, wurden die 51 Interviews von einer einzigen Person durchgeführt. Ein Patienteninterview dauerte ca. 45 Minuten, die Interviews mit allen weiteren Gruppen jeweils ca. 30 Minuten.

In den Partnerländern England und Spanien wurden Interviews in ähnlicher Weise durchgeführt, wobei auch die Methode der Fokusgruppen-Interviews genutzt wurde. Der methodische Ansatz der Datenerhebung war nicht für alle Projektpartner gleich, da auf Grund unterschiedlicher Gesundheitssysteme eine gleiche Vorgehensweise nicht immer durchführbar war. Hauptziel war es, auf Basis der Interviewergebnisse Hauptthemen herauszugreifen und diese als Basis für die Erstellung der Handlungsleitfäden zu nutzen.

Im Anschluss an den Erhebungszeitraum wurden in allen Partnerländern inhaltliche Schwerpunkte identifiziert und mit den Projektpartnern diskutiert. Der Fokus lag dabei in der Erarbeitung von Gemeinsamkeiten und Unterschieden hinsichtlich der Versorgung und der Wiedereingliederung psychisch Beeinträchtigter in das Berufsleben.

Für die genannten drei Personengruppen – Patienten, medizinisches Personal und Arbeitgeber – wurde jeweils ein Handlungsleitfaden in Deutsch als auch in der Sprache der Projektpartner entwickelt. Dieser soll bei allen Zielgruppen zur Anwendung kommen und bei der Reintegration der Betroffenen in das Erwerbsleben eine Unterstützung sein. Geplant ist weiterhin, die Handlungsleitfäden auch im Internet für die Öffentlichkeit zugänglich zu machen.

Handlungsleitfaden für *Betroffene* zur Reintegration in das Erwerbsleben

Der Handlungsleitfaden wurde entwickelt, um Menschen, die von einer psychischen Beeinträchtigung betroffen sind, eine Hilfestellung bei der Wiedereingliederung in das Erwerbsleben zu geben.

Unter Einbezug von Meinungen und Aussagen der Personengruppen, die zum vorliegenden Thema befragt wurden – Menschen mit psychischen Beeinträchtigungen, Ärzte und anderes klinisches Personal, die mit psychisch Beeinträchtigten arbeiten, aber auch Arbeitgeber –, zielt der Handlungsleitfaden darauf ab, für psychisch Beeinträchtigte diesbezüglich relevante Themen aufzugreifen und Möglichkeiten der Unterstützung aufzuzeigen.

Der Handlungsleitfaden führt Betroffene an Aktionen und Maßnahmen heran, mit dem Ziel, eine stabilere psychische Gesundheit und ein besseres Wohlbefinden zu erlangen. Jeder Aspekt wird durch Beispiele und Literaturangaben untermauert, wodurch der Zugang zu weiterführenden Informationen erleichtert wird. Es werden unter anderem folgende Themen aufgegriffen, die für psychisch erkrankte Personen sowie Suchterkrankte eine Hilfestellung bei der Bewältigung sein können:

- *Prävention* – Prävention von psychischen Beeinträchtigungen und Suchterkrankungen;
- *angenehme Arbeitsumgebung/-platz* – Gestaltung des Arbeitsumfeldes und
- *gute Beziehungen stärken* – Beziehungen zu Freunden, Familie, Kollegen pflegen.

Eine Kombination aus diesen drei Aspekten soll den psychisch Beeinträchtigten dabei helfen, im Erwerbsleben zu verbleiben und ihre Gesundheit und ihr Wohlbefinden zu stabilisieren.

Auch haben Betroffene selbst gewisse Möglichkeiten, um die psychische Gesundheit zu stabilisieren:

- Ihr *Wohlbefinden* können sie positiv fördern, wenn sie sich Grenzen setzen, ihr Selbstbewusstsein steigern und für eine verbesserte Lebensqualität sorgen.
- *Freundschaften und familiäre Unterstützung* ermöglichen ihnen den Austausch und geben ihnen Hilfe. Betroffene sollten Freundschaften pflegen und keine Einzelgänger werden. Es wurde insbesondere von den Alkoholkranken dargelegt, dass vor allem die Krankheitseinsicht und das Wissen um eine lebenslange Erkrankung von großer Bedeutung waren. Als belastend empfunden werden Vorurteile, speziell auch, wenn diese sich über viele Jahre halten. Dies beeinträchtigt nicht nur den Betroffenen, sondern auch Familie, Freunde und Arbeitsumfeld. Jedoch ist es gerade für Suchterkrankte wichtig, ihr Freizeitverhalten zu ändern und in soziale Netzwerke integriert zu sein.
- Psychisch Erkrankte sollten sich an ihrem *Arbeitsplatz* einbringen und gemeinsam mit ihrem Chef und unter Einbezug weiterer betrieblicher

Akteure besprechen, ob und welche Veränderungen im Arbeitsumfeld möglich sind.

Handlungsleitfaden für *medizinisches Personal/Sozialarbeiter*

Der Handlungsleitfaden enthält Hinweise, wie Mitarbeiter aus Gesundheitsdiensten und medizinische Fachkräfte Patienten mit psychischen Beeinträchtigungen helfen können:
- *Prävention* – psychischen Erkrankungen am Arbeitsplatz vorbeugen, Hilfe hin zu einem besseren Arbeitsablauf und gute Arbeit als eine Komponente für eine gute psychische Gesundheit betrachten.
- *Genesung* – Unterstützung psychisch Beeinträchtigter bei der Wiedereingliederung an den Arbeitsplatz und Beratung/Hilfe, ob sie die Arbeit weiter ausführen können oder nicht. Es sollte berücksichtigt werden, dass die verschiedenen Arten der Behandlung mit den Arbeitszeiten vereinbar sind, ohne dass der Patient eine Freistellung von der Arbeit nehmen muss.
- *Rückkehr zur Arbeit* – Wie kann das medizinische Personal den Patienten bei der Rückkehr an den Arbeitsplatz helfen und ihnen die erforderliche und gewünschte Unterstützung während der Behandlung geben?

Der Handlungsleitfaden dient dem medizinischen Personal als Hilfestellung, sodass sie ihre Patienten auf dem Weg in das Berufsleben bestmöglich begleiten können.

Aus den Interviews mit den oben genannten Personengruppen geht hervor, dass die psychische Gesundheit einer Person längerfristig gestärkt wird, wenn die Betroffenen vom medizinischen Personal ausreichend Unterstützung bekommen, um in Beschäftigung zu verbleiben oder wenn sie Hilfe bei der Rückkehr ins Erwerbsleben erhalten. Positive Langzeitergebnisse hinsichtlich der psychischen Gesundheit lassen sich gut erreichen, wenn sowohl zwischen Arzt und Patient als auch zwischen Arzt und Arbeitgeber eine kooperative Zusammenarbeit möglich ist. Somit wird nicht nur Stabilität hinsichtlich der Gesundheit und des Wohlbefindens des einzelnen Betroffenen erreicht, sondern eventuell auch bei anderen Mitarbeitern in dem Unternehmen. Denn der Arbeitgeber wird dadurch auf das Thema psychische Erkrankung aufmerksam und ist sensibilisiert, in seinem Unternehmen präventive Veränderungen und Verbesserungen vorzunehmen. Ein weiterer Aspekt, den die Auswertungen zeigen, ist eine einfache, zugängliche und flexibel gestaltete Behandlung durch das medizinische Personal. Für den Betroffenen ist es sehr wichtig, dass die Therapie an die Arbeitsstelle angepasst ist und ein leichter Zugang möglich ist. Im Weiteren merkten vor allem die Personen mit Suchterkrankungen an, dass sie sich in der langwierigen Therapie mehr Abwechslung und Flexibilität wünschen würden, um die Motivation langfristig aufrecht zu erhalten. Zudem würden sie mehr Beratungsangebote zur Bewältigung ihrer speziellen Abhängigkeitserkrankung (rechtliche Beratung, Unterstützung bei Behördengängen) als unterstützend empfinden. Grundsätzlich ist der wertschätzende Umgang für die Suchterkrankten von besonderer Wichtigkeit.

Handlungsleitfaden für *Arbeitgeber*

Der Handlungsleitfaden für die Arbeitgeber enthält ebenso wie der für das medizinische Personal die folgenden drei ineinander greifenden Punkte:
- Prävention – psychischen Krankheiten am Arbeitsplatz entgegenwirken;
- Genesung – Unterstützung der Einzelpersonen während der Erholung/Genesung, in der Behandlung/Therapie und im Krankheitsfall
- Rückkehr an den Arbeitsplatz – dem Betroffenen bei der Wiedereingliederung und der Rückkehr an den Arbeitsplatz helfen und die notwendige Unterstützung bieten.

Aus den Interviews ging hervor, dass die Betroffenen vor allem eine klare Mitarbeiterführung schätzen. Der Arbeitgeber sollte weniger eine Kontrollfunktion einnehmen, sondern er sollte eher bei Komplikationen und Problemen Hilfestellungen und Problemlösungen vorschlagen und unterstützend tätig werden. Außerdem ist der Arbeitgeber diejenige Person im Unternehmen, welche die psychische Gesundheit der Arbeitnehmer, neben dem Betroffenen selbst, fördern kann. Für Mitarbeiter ist eine Stabilisierung der psychischen Gesundheit am Arbeitsplatz wichtig und sollte auch als Schwerpunkt für den Arbeitgeber gesehen werden. Besonders die an der Untersuchung beteiligten Suchterkrankten äußerten, dass eine Thematisierung der Erkrankung durch ihren Vorgesetzten und die tatsächlich erfahrene Unterstützung für sie bei der Bewältigung der Erkrankung von großer Bedeutung waren. Es liegt deshalb auch in der Aufgabe des Arbeitgebers, Stigmata am Arbeitsplatz abzubauen und das Verständnis von psychischer Gesundheit und für psychische Erkrankungen sowie Suchterkrankungen bei allen Mitarbeiterinnen und Mitarbeitern zu stärken und zu fördern.

Des Weiteren ist die Kommunikation sowohl mit den Betroffenen als auch mit dem Betriebsarzt und Facharzt sinnvoll, um am Arbeitsplatz des Mitarbeiters Strategien und Verfahren, aber auch die Arbeitsplatzumgebung zu verbessern und eine erfolgreiche Wiedereingliederung zu gewährleisten. Zeigt sich der Arbeitgeber bei Veränderungen am Arbeitsplatz sehr engagiert, kann dies den Betroffenen bei einer schnellen Rückkehr an den Arbeitsplatz unterstützen. Die Befragten gaben an, dass die Wiedereingliederung insbesondere dann für Suchterkrankte ein hilfreiches Instrument darstellt, wenn am Arbeitsplatz zusätzlich die Möglichkeit zur Unterstützung durch einen psychologischen Dienst gegeben ist.

Ausblick

Die drei Handlungsleitfäden durchliefen eine Pilotphase in Bulgarien. Auf der Grundlage von Meinungen und Hinweisen von psychisch Erkrankten/Suchterkrankten, medizinischem Personal und Arbeitgebern konnten letzte Änderungen bezüglich der Inhalte der Handlungsleitfäden durchgeführt werden.

Es ist abschließend das Ziel, die Handlungsleitfäden für die Öffentlichkeit zugänglich zu machen. Wichtig ist, dass vor allem diejenigen Menschen davon profitieren, denen es schwerfällt, mit ihrer psychischen Erkrankung bzw. Suchterkrankung am Arbeitsplatz umzugehen. Auch sollten die Arbeitgeber und das medizinische Personal den Betroffenen soweit es geht Hilfe und Unterstützung bieten, damit psychisch Erkrankte und Suchterkrankte schnellstmöglich wieder in das Berufsleben integriert werden können.

Zur weiteren Verbreitung der Handlungsleitfäden wurde durch den Projektleiter in Manchester bei der Konferenz »Resilience, Wellbeing and the Workplace« in Preston (UK) das beschriebene Projekt mit seinen Ergebnissen vorgestellt. Ziel war es vor allem, dass bei den Experten aus dem Gesundheitssektor, aber auch bei den Arbeitgebern, die Aufmerksamkeit für die Handlungsleitfäden geweckt wird. In dem Workshop »The Workplace and Individual Resilience« wurde der Handlungsleitfaden für die Betroffenen in den Mittelpunkt gestellt und diskutiert.

Außerdem wurde das Projekt beim »Deutschen Kongress für Psychosomatische Medizin und Psychotherapie« in München vorgestellt und erreichte somit auch gezielt Fachpublikum.
Die Präsenz des Themas »psychische Erkrankung« wird, wie einleitend beschrieben, weiterhin bestehen. Deshalb ist es auch für die Zukunft von großer Bedeutung, dass bereits bestehende Forschungsergebnisse an die Öffentlichkeit und die betreffenden Akteure herangetragen, aber auch weitere Forschungen in diesem Bereich der Gesundheitswissenschaften angestellt werden.

Literatur

Badura, B./Ducki, A./Schröder, H./Klose, J./Macco, K. (2011): Fehlzeiten-Report 2011 – Führung und Gesundheit. Heidelberg: Springer.
European Agency for Safety and Health at Work (2011): Working Environment Information. Working Paper. Mental health promotion in the work place – A good practice report, Luxembourg.
Klosterkötter, J. (2008): Prävention psychischer Erkrankungen, in: Kirch, W./ Badura, B./Pfaff, H. (Hrsg.): Prävention und Versorgungsforschung. Heidelberg: Springer, 2008, S. 755-771.
Lademann, J./Mertesacker, H./Gebhardt, B. (2006): Psychische Erkrankungen im Fokus der Gesundheitsreporte der Krankenkassen, Psychotherapeutenjournal, 2, S. 123-129.
Meyer, M./Stallauke, M./Weirauch, H. (2011): Krankheitsbedingte Fehlzeiten in der deutschen Wirtschaft im Jahr 2010, in: Badura, B./Ducki, A./Schröder, H./Klose, J./Macco, K. (Hrsg.): Fehlzeiten-Report 2011. Heidelberg: Springer, S. 223-384.
Schliebener, G. (2010): Mental health and well-being at the workplace: requirements and recommendations. The perspective of families of people with mental disorders, in: Baumann, A./Muijen, M./Gaebel, W. (Hrsg.): Mental health and well-being at the workplace – protection and inclusion in challenging times, Copenhagen: WHO.

I Betriebliche Strategien

Günter Schumann
Betriebliche Intervention bei Suchtproblemen

Betriebliche Suchtpräventionsprogramme haben sich in der Bundesrepublik seit Mitte der 1970er Jahre zu einem elementaren Bestandteil moderner Personalpolitik entwickelt und sind mit den Aspekten vorbeugender Maßnahmen, Anleitungen zur konstruktiven Intervention sowie Hilfs- und Unterstützungsangeboten für Betroffene wichtige Bestandteile des betrieblichen Gesundheitsmanagements geworden. Diese Entwicklung von den frühen Alkoholhilfsprogrammen zu umfassenden betrieblichen Suchtpräventionsprogrammen als Bestandteil eines integrierten Gesundheitsmanagements soll eingangs mit den wesentlichen Meilensteinen kurz dargestellt werden. Im Anschluss erfolgt eine Skizzierung der beiden wichtigsten Säulen moderner betrieblicher Suchtpräventionsprogramme, der lösungsorientierten Intervention sowie der Unterstützung und Hilfe. Es folgt die Beschreibung betrieblicher Suchtpräventionsprogramme als Bestandteil eines integrierten Gesundheitsmanagements sowie die Verortung des Betrieblichen Eingliederungsmanagements (BEM) in diesem Konzept. Abschließend wird auf die Frage der betrieblichen Prävention und Intervention bei Suchtproblemen im Kontext des BEM eingegangen.

1. Vom Alkoholverbot zum Gesundheitsmanagement

»Vom Alkoholverbot zum Gesundheitsmanagement« ist der Titel eines Buches, in dem Elisabeth Wienemann (2000) umfassend die Entwicklung der betrieblichen Gesundheitsprävention von 1800 bis 2000 beschreibt. Sie zeichnet auf, dass die ersten Alkoholhilfsprogramme bereits in den 1940er Jahren in den USA entwickelt wurden. Befördert wurde dieses vor allem durch die Gründung der Selbsthilfebewegung der Anonymen Alkoholiker (AA) sowie die Entwicklung eines neuen Krankheitskonzepts des Alkoholismus durch Elvin M. Jellinek am Yale Center of Alcohol Studies (1941), das sich zum Kern der wissenschaftlichen Alkoholismusforschung in den USA entwickelte.

Die von dieser Forschung ausgehende neue Orientierung wandte sich gegen die Vorurteile der Charakterlosigkeit, Willensschwäche und asozialen Persönlichkeit der von »Trunksucht« betroffenen Personen. Die wichtigen neuen Botschaften lauteten: *Der Alkoholiker ist krank; ihm kann geholfen werden; er ist es wert, Hilfe zu bekommen.* Dieses Krankheitskonzept ist nicht nur 1954 von der Weltgesundheitsorganisation (WHO) übernommen worden, sondern hat bis in die 1980er Jahre hinein nahezu unangefochten die gesamte Alkoholismusdiskussion und die meisten Behandlungsansätze in der Suchttherapie geprägt.

Die beginnende Entstigmatisierung des Alkoholismus verbunden mit der Einsicht, dass mit gezielter Intervention ein Veränderungsverhalten angestoßen werden kann, leitete auch eine Enttabuisierung des Problems trinkender Alkoholiker in der Arbeitswelt ein. Bereits 1942 war das AA-Mitglied Dave M. als innerbetrieblicher Alkoholberater bei Remmington Arms Company und ab 1944 bei DuPont tätig. Seit Mitte der 1940er Jahre wurden Formen eines »rehabilitierenden Vorgehens« bei Alkoholauffälligkeiten von Beschäftigten u.a. bei der Western Electric Company und bei DuPont Nemour eingeführt. 1946 hielt Jellinek vor dem Wirtschaftsclub in Detroit einen Vortrag zur Frage des Umgangs mit alkoholabhängigen Mitarbeitern, und 1947 gab es das erste schriftlich fixierte und mit der Gewerkschaft abgestimmte Alkoholprogramm bei der Consolidated Edison Company of New York.

In der Bundesrepublik wurde diese neue Entwicklung erst in den 1960er Jahren spürbar. Befördert wurde dieses durch die Verbreitung des medizinischen Krankheitskonzeptes des Alkoholismus in medizinische, therapeutische und sozialfürsorgerische Fachkreise, die Etablierung der Selbsthilfegemeinschaft der Anonymen Alkoholiker (AA) in der BRD und die Anerkennung der »Trunksucht« als Krankheit durch ein Urteil des Bundessozialgerichts von 1968.

Es dauerte allerdings bis in die 1970er Jahre, bis in der Bundesrepublik auch die betrieblichen Alkoholprogramme der USA Resonanz fanden und sowohl die Abstinenzverbände als auch Unternehmen das Thema der Alkoholprobleme am Arbeitsplatz für sich entdeckten. Vor dem Hintergrund günstiger Rahmenbedingungen (siehe z.B. das erwähnte Urteil von 1968, die gewerkschaftlichen Bestrebungen zur Humanisierung der Arbeitswelt, der gestiegene Alkoholkonsum) entstand Ende der 1970er Jahre die Bewegung »Alkohol-am-Arbeitsplatz«, die eine Phase der Verbreitung und Institutionalisierung betrieblicher Suchtprogramme einleitete:

Betriebliche Intervention bei Suchtproblemen

- 1976 gibt es die erste Betriebsvereinbarung zum »Umgang mit alkoholgefährdeten und -kranken Menschen« bei der Voith GmbH in Heidenheim;
- 1978 wird die Fachtagung der Deutschen Hauptstelle für Suchtfragen (DHS) in Berlin zum Thema »Suchterkrankung am Arbeitsplatz« abgehalten (Betriebe wie Bayer, BASF, Voith, Thyssen Niederrhein, Deutsche Bundesbahn stellen ihre Aktivitäten zur Suchthilfe und -prävention vor);
- 1979 bringt die IG Metall in ihrer Mitgliederzeitung den Titel-Bericht »Alkoholismus«;
- 1984 gibt es die erste Dienstvereinbarung im öffentlichen Dienst bei der Stadt Stuttgart;
- 1984 erfolgt das erste Ausbildungsangebot für betriebliche Suchtkrankenhelfer vom Gesamtverband für Suchtkrankenhilfe im Diakonischen Werk der ev. Kirche Deutschland e.V. (GVS), Kassel.

Vor allem in dieser Anfangsphase haben viele Akteure aus dem Bereich der Selbsthilfebewegungen und der »trockenen Alkoholiker« sehr rührig und verdienstvoll die Initiierung und den Aufbau betrieblicher Alkoholhilfsprogramme vorangetrieben, unterstützt aus dem Bereich der professionellen Suchtkrankenhilfe. Dadurch waren die Programme und speziell der für die betriebliche Intervention anzuwendende »Stufenplan« aber auch stark von den Grundsätzen und Gedanken der Selbsthilfe und suchttherapeutischer Ansätze geprägt. »Der Betrieb sollte Teil der so genannten Therapiekette werden, wobei ihm eine aktive Rolle in der Motivationsphase (Krankheitseinsicht wecken und zur Behandlung motivieren) sowie in der Nachsorgephase (Wiedereingliederung und Vorbeugung von Rückfällen) zugewiesen wurde.« (Wienemann 2000: 438) Visualisiert wurde das Konzept betrieblicher Intervention anhand des Therapie-Trichters, über den betroffene Mitarbeiterinnen und Mitarbeiter – fast zwangsläufig – in die Therapie eingeschleust werden. Als Mittel zum Zweck sollte der »konstruktive Leidensdruck« dienen. So wurde auf einer Arbeitstagung der Landesstelle Berlin gegen die Suchtgefahren e.V. zum Thema »Alkohol am Arbeitsplatz« im Jahr 1981 festgestellt: »Alle Hilfsangebote müssen mit absoluter Härte von allen Hilfsinstanzen an den Kranken herangetragen und durchgeführt werden«, mit dem Ziel, »die Krankheitseinsicht des/der Betroffenen mit allen Mitteln zu fördern« (Landesstelle Berlin 1981).

Auch wenn die Konzepte und Verfahrensrichtlinien aus den Anfängen der betrieblichen Suchthilfe in der Rückschau unter dem Blickwinkel einer ethischen Wertung als tendenziell problematisch hinterfragt werden können, bleibt als wesentliche Erkenntnis festzuhalten, dass selbst diese harte und mit der beständigen Kündigungsdrohung versehene Vorgehensweise immer in Zielrichtung Hilfe *für* die betroffenen Mitarbeiterinnen und Mitarbeiter intendiert war. Die Konzepte der betrieblichen Suchthilfe waren nie als Hilfsinstrumente zur Beförderung betrieblicher Kündigungen von alkoholauffälligen Beschäftigten angelegt, sondern sollten im Gegenteil eine Schutzfunktion erfüllen gegenüber verhaltensbegründeten arbeitsrechtlichen Disziplinierungsmaßnahmen, deren Hintergrund tatsächlich persönlichkeitsbedingte Ursachen waren, sprich einer Suchtmittelabhängigkeit.

Dabei bleibt unwidersprochen, dass ein Missbrauch unter dem Deckmantel der Fürsorge nie generell ausgeschlossen werden kann. Suchtpräventionsprogramme sind immer zwischen den Polen betrieblicher »Barmherzigkeit« (Wieland 1992) im Sinne eines fürsorgerischen, hilfreichen Handelns sowie den Erfordernissen betriebswirtschaftlicher Rationalität angelegt. Wie E. Wienemann aufgezeigt hat, können beide Pole in weitgehend optimalem Maße erfüllt werden, und zwar gerade über die Institutionalisierung betrieblicher Suchtpräventions- und -hilfeprogramme, die auf konstruktivem, lösungsorientiertem, verantwortlichem und selbstverantwortlichem Handeln basieren.

Gegenüber den frühen Alkoholhilfsprogrammen haben sich über eine lange Zeit der Entwicklung und Fortschreibung u.a. folgende zentrale Anforderungen moderner und arbeitswissenschaftlich erprobter Suchtpräventionsprogramme durchgesetzt (siehe hierzu auch Schumann 2011):

- Der »Stufenplan« als Interventionsgesprächsleitfaden dient nicht mehr einem suchttherapeutischen Zweck, sondern erfüllt die Aufgabe eines arbeits- bzw. dienstrechtlichen Instruments, das auf der einen Seite betroffenen Beschäftigten einen größtmöglichen Freiraum für Veränderungsschritte, andererseits einen formaljuristisch korrekten Rahmen bieten soll;
- der »Stufenplan« dient nicht der Erzeugung eines irgendwie gearteten »Leidensdrucks«, denn kein Mensch und keine Institution hat das Recht, Leiden zu erzeugen oder zu erhöhen, sondern er soll auf Lösungen und Veränderungen im Sinne der betroffenen Beschäftigten und des Unternehmens hinwirken;
- die Frage einer notwendigen betrieblichen Intervention und damit auch der betrieblichen Hilfe richtet sich nicht an einer notwendigen

Diagnosestellung aus, sondern an arbeitsvertraglichen oder dienstrechtlichen Pflichtverletzungen, die im Zusammenhang mit riskantem Suchtmittelkonsum oder süchtigen Verhaltensweisen vermutet werden;
- die Intervention soll so früh wie möglich erfolgen, damit Veränderungsschritte frühzeitig eingefordert und einer möglichen Chronifizierung vorgebeugt werden kann;
- eingebettet ist dieses in das Konzept eines gesundheitsorientierten Führungsverhaltens von personalverantwortlichen Beschäftigten im Rahmen des Betrieblichen Gesundheitsmanagements (siehe u.a. Schumann 2004).

Die arbeitswissenschaftlich und juristisch fundierten Anforderungen an betriebliche Suchtpräventions- und -hilfeprogramme sind erstmals 2006 sowie aktualisiert 2011 durch die »Qualitätsstandards zur betrieblichen Suchtprävention und Suchthilfe« der Deutschen Hauptstelle für Suchtfragen (DHS) schriftlich fixiert worden (Wienemann/Schumann 2011).

2. Die Säulen betrieblicher Suchtprävention: lösungsorientierte Intervention bei Auffälligkeiten sowie Hilfe und Unterstützung

Die beiden wichtigsten Säulen moderner betrieblicher Suchtpräventionsprogramme können zusammengefasst werden als die Säule der Intervention und die Säule der internen bzw. externen Hilfe und Unterstützung.

Die Intervention bei Auffälligkeiten im Zusammenhang mit vermutet oder offensichtlich riskantem Konsum von Alkohol, illegalen Substanzen oder Medikamenten sowie süchtigen Verhaltensweisen wie pathologischem Glücksspiel, pathologischem Internet-/Computergebrauch, Essstörungen ist ein Kernelement betrieblicher Suchtpräventionsprogramme. Von zentraler Bedeutung sind dabei die unmittelbaren Vorgesetzten, die einerseits auf die Erfüllung der arbeitsvertraglichen oder dienstrechtlichen Verpflichtungen hinzuwirken haben, andererseits im Rahmen ihrer Fürsorgepflicht Gefährdungen der Gesundheit der MitarbeiterInnen soweit wie möglich vermeiden bzw. einschränken müssen. Sie sind damit die erste Instanz, wenn ein Eingreifen erforderlich ist.

Dabei geht es nicht – wie bereits erwähnt – darum, eine Diagnose zu stellen (bei jeder anderen Problematik würden Führungskräfte auch nicht auf die Idee kommen, eine Krankheit diagnostizieren zu müssen),

weil – überspitzt formuliert – die Frage einer Suchterkrankung erst einmal Privatsache ist und der Arbeitgeber grundsätzlich kein Anrecht hat, über Krankheitsdiagnosen informiert zu werden. Anlass zur Intervention bilden nicht die mögliche Suchtmittelabhängigkeit, sondern – abgesehen von der Fürsorgeverpflichtung – die Auffälligkeiten, die eine Intervention erforderlich machen. Dabei können drei verschiedene Formen der Intervention durch Personalverantwortliche unterschieden werden:
- die Intervention bei Gefährdungen des Arbeitsschutzes (Gefährdungsbeurteilung)
- die Frühintervention durch Personalverantwortliche bei noch unklarem Hintergrund
- die gestufte Intervention bei sucht(mittel)bedingten Auffälligkeiten.

Intervention bei Gefährdung der Arbeitssicherheit

Gemäß § 15 Abs. 2 der Berufsgenossenschaftlichen Vorschriften (BGV) – Teil A1 – (bzw. GUV-Vorschrift A1 für den öffentlichen Dienst) dürfen sich Beschäftigte »durch den Konsum von Alkohol, Drogen oder anderen berauschenden Mitteln nicht in einen Zustand versetzen, durch den sie sich oder andere gefährden können«. Laut Abs. 3 gilt diese Vorschrift explizit auch für Medikamente. In Ergänzung hierzu dürfen Unternehmer Beschäftigte, »die erkennbar nicht in der Lage sind, eine Arbeit ohne Gefahr für sich oder andere auszuführen, mit dieser Arbeit nicht beschäftigen« (BGV A1 §7).

Wenn also ein Vorgesetzter selbst oder durch Hinweise aus dem Kreis der anderen Beschäftigten den Eindruck erhält, dass eine sicherheitsrelevante Einschränkung der Arbeitsfähigkeit vorliegt, darf die/der betroffene MitarbeiterIn nicht weiter beschäftigt werden. Die Führungskraft ist dabei nicht verpflichtet, dieses in irgendeiner Art und Weise zu beweisen, sondern es genügt laut gängiger Rechtsprechung der »Beweis des ersten Anscheins«, d.h. die konkreten Verhaltensauffälligkeiten in der akuten Situation. Betrieblich sollte der konkrete Ablauf als Handlungsrichtlinie für die Führungskräfte mit den folgenden Schritten schriftlich fixiert sein:
- Bei Verdacht hat die unmittelbare Führungskraft zu entscheiden, ob die Mitarbeiterin/der Mitarbeiter arbeitsfähig ist.
- Die Führungskraft hat auch Hinweisen aus dem Kreis der anderen Beschäftigten nachzugehen.

Betriebliche Intervention bei Suchtproblemen 117

- Kriterium für die Entscheidung zur Frage der Arbeitsfähigkeit ist die allgemeine Lebenserfahrung und der Beweis des ersten Anscheins.
- Die Führungskraft sollte mindestens eine Person als Beweishilfe hinzuziehen.
- Die/der betroffene Beschäftigte hat die Möglichkeit, einen ärztlichen »Gegenbeweis« hinsichtlich der Frage ihrer/seiner Arbeitsfähigkeit einzuholen.
- Wird die/der Beschäftigte nach Hause entlassen, trägt der Arbeitgeber die Verantwortung für einen sicheren Heimweg.
- Die Kosten für den Heimtransport hat die/der betroffene Beschäftigte zu zahlen.
- Wegen des Verstoßes gegen die arbeitsvertraglichen Verpflichtungen wird für diesen Tag kein Arbeitsentgeld bezahlt.

Frühintervention durch Personalverantwortliche bei noch unklarem Hintergrund

Eine frühzeitige Intervention erleichtert es Vorgesetzten zu verdeutlichen, dass Auffälligkeiten ernst genommen werden und Fehlverhalten nicht bagatellisiert wird. Zu einem frühen Zeitpunkt können die angesprochenen MitarbeiterInnen das beanstandete Verhalten noch ohne »Gesichtsverlust« korrigieren und ihr problematisches Verhalten verändern.

Anlass zur Frühintervention ergeben sich im betrieblichen Alltag u.a. bei

- Verstößen gegen betriebliche Regelungen (z.B. Alkoholverbot),
- Gefährdung der Arbeitssicherheit durch akute Beeinträchtigungen,
- Störungen am Arbeitsplatz und im Betriebsablauf,
- Konflikte und Störungen im kollegialen Miteinander,
- Auffälligkeiten im Arbeits- und Leistungsverhalten,
- Auffälligkeiten im Erscheinungsbild und Auftreten.

Solche Auffälligkeiten können sehr verschiedene Ursachen haben: Befindlichkeitsstörungen, persönliche Lebenskrisen, Medikamentengebrauch, Konflikte am Arbeitsplatz, psychische Beeinträchtigungen, ein riskanter Drogenkonsum oder suchtbedingte Verhaltensweisen. Bei frühem Eingreifen ist es für die Vorgesetzten oftmals noch nicht erkennbar, was die wirklichen Ursachen sind. Sie zu erkennen, ist auch nicht erforderlich, weil es zunächst nur darum geht, die konkreten Auffälligkeiten anzusprechen und Hilfe anzubieten. Beschäftigte, die trotz dieser Ansprache die beanstandeten Auffälligkeiten nicht abstellen, lassen erkennen, dass weitere Interventionen und andere Formen der betrieblichen Hilfe oder Sanktionen notwendig sind (siehe auch Wienemann 2008).

Ute Pegel-Rimpl zeigt in ihrer empfehlenswerten Broschüre »Substanzbezogene Störungen am Arbeitsplatz – eine Praxishilfe für Personalverantwortliche« auf, wie auch bereits bei unklarem Problemhintergrund eine frühzeitige Ansprache möglich ist, selbst wenn z.Zt. noch kein Fehlverhalten vorliegt. Differenziert wird für diese frühzeitige Ansprache zwischen *Fürsorgegespräch* und *Klärungsgespräch*. Bei diesen beiden Formen lässt sich noch kein Zusammenhang mit einem vermutetem oder tatsächlichem Suchtmittelproblem erkennen. Erst wenn solche Vermutungen oder Tatsachen vorliegen, kommt der *Interventionsstufenplan* zur Anwendung.

Fürsorgegespräch
Macht sich eine Führungskraft aufgrund eines veränderten Verhaltens einer Mitarbeiterin oder eines Mitarbeiters Sorgen um diese Person und befürchtet, dass dieses veränderte Verhalten in Zukunft auch zur Vernachlässigung arbeitsvertraglicher oder dienstrechtlicher Verpflichtungen führen könnte, kann die Führungskraft dieses in einem Gespräch ansprechen. Ein vor diesem Hintergrund geführtes Gespräch verzichtet auf jeden disziplinarischen Charakter, sondern ist allein geprägt durch Fürsorge und Unterstützungsangebote. In einem solchen Gespräch werden die wahrgenommenen Auffälligkeiten und Veränderungen konkret angesprochen. Die Führungskraft fragt nach, ob die Veränderungen in einem Zusammenhang mit der Arbeitssituation stehen, ob die betroffene Person einen Wunsch nach Unterstützung hat, und verweist ggf. auf interne oder externe Hilfemöglichkeiten.

Klärungsgespräch
Eine andere Ausgangssituation ergibt sich für ein so genanntes Klärungsgespräch. Hier liegen eindeutig bestimmte Pflichtvernachlässigungen vor, die mit dem früheren Verhalten der betroffenen Person nicht in Einklang zu bringen sind. Es hat sich eine negative Veränderung ergeben, über deren Hintergrund die Führungskraft nur spekulieren kann, da sie keinerlei Erkenntnisse oder maximal sehr vage Vermutungen hat. Die Ansprache der konkreten Fakten der Auffälligkeiten dient dabei

einerseits selbstverständlich dem Verlangen nach zukünftiger Pflichterfüllung (insoweit ist es ein Kritik-/Personalgespräch), andererseits aber auch der Artikulation von Sorge über die Veränderung sowie die weitere Entwicklung, des Versuchs der Klärung des Hintergrundes für die Veränderungen und der Möglichkeit von Hilfe- und Unterstützungsangeboten. Im Klärungsgespräch werden durch die Führungskraft die zukünftigen Erwartungen formuliert, es wird eine Vereinbarung über konkrete Schritte getroffen, und es erfolgt die Terminierung eines Rückmeldegesprächs mit dem Verweis auf mögliche weitere Sanktionen.

Gestufte Intervention bei riskantem Substanzkonsum oder süchtigen Verhaltensweisen
Der Einstieg in den Interventionsstufenplan erfolgt immer dann, wenn Auffälligkeiten am Arbeitsplatz oder die Verletzung arbeitsvertraglicher bzw. dienstrechtlicher Pflichten mit Substanzgebrauch oder mit suchtbedingtem Verhalten in Verbindung gebracht werden. Er setzt also in jedem Fall eine Pflichtenverletzung und/oder die Störung des Arbeitsklimas voraus sowie Hinweise oder das Wissen um einen spezifischen Hintergrund. Ziel der gestuften Intervention ist auf der einen Seite die Erfüllung der Pflichten aus dem Arbeits- bzw. Dienstvertrag, auf der anderen Seite eine Veränderungsmotivation des/der betroffenen Beschäftigten hinsichtlich ihres/seines riskanten Substanzkonsums oder süchtigen Verhaltens, um langfristig die Arbeitskraft und den Arbeitsplatz dieser Person zu erhalten. Die Gespräche im Rahmen der gestuften Intervention sind also geprägt durch Sanktionen, aber auch durch eindringlich dargebotene Hilfeangebote. Wichtig dabei ist, dass der Arbeitgeber kein Anrecht hat auf abstinent lebende Beschäftigte, sondern nur auf das aus dem Arbeits- oder Dienstverhältnis geschuldete Verhalten einschließlich dem Tatbestand, die Arbeit im nüchternen Zustand zu verrichten. Auch die Hilfeangebote sind nur und ausschließlich Angebote und keine Verpflichtung. Der Arbeitgeber hat kein Anrecht darauf, dass ein/e betroffene/r Beschäftigter eine Beratungsstelle aufsucht oder eine stationäre Therapie macht, und kann aus einer Verweigerung solcher Hilfsangebote keine weiteren arbeitsrechtlichen Schritte ableiten. Eine Ausnahme bilden hier die Beamten mit ihrem besonderen Treueverhältnis etc. gegenüber ihrem Dienstherrn.

Der Stufenplan, der in der Regel vier bis fünf Stufen umfasst, sollte zwischen Arbeitgeber und Personalvertretung für das Vorgehen in den einzelnen Stufen konkret festgelegt werden, möglichst im Rahmen einer

Abbildung 1: Beispiel eines Interventionsleitfadens (Gesprächsstufenplan)

Interventionsleitfaden			
Stufengespräch	Beteiligte[1]	Sanktionen	Hilfeangebote
1. Stufe	− Vorgesetzte/r + betroffene Person auf Wunsch mit BR/PR	keine Sanktionen, aber Hinweis auf die nächste Gesprächsstufe bei weiteren Auffälligkeiten	▪ Informationsmaterial ▪ Hinweis auf interne/externe Hilfe ▪ Rückmeldegespräch in 6-8 Wochen
2. Stufe	− Vorgesetzte/r − nächst höherer VG − BR/PR-Mitglied* − Suchtberater/in* + betroffene Person	Anfertigung eines Protokolls für die Pers.-Akte und Hinweis auf die nächste Gesprächsstufe bei weiteren Auffälligkeiten[2]	▪ Aufforderung zur Kontaktaufnahme mit der internen/externen Suchtberatung ▪ Rückmeldegespräch in 6-8 Wochen
3. Stufe	− Vorgesetzte/r − nächst höherer VG − Personalstelle − BR/PR-Mitglied* − Suchtberater/in* + betroffene Person	Abmahnung bzw. Einleitung / Fortsetzung eines Disziplinarverfahrens nach konkreten Fakten des individuellen Einzelfalles[2]	▪ Auflage: Aufsuchen der internen/externen Suchtberatung ▪ Rückmeldegespräch in 6-8 Wochen
4. Stufe	− Vorgesetzte/r − nächst höherer VG − Personalstelle − BR/PR-Mitglied* − Suchtberater/in* + betroffene Person	Abmahnung bzw. Einleitung / Fortsetzung eines Disziplinarverfahrens nach konkreten Fakten des individuellen Einzelfalles[2]	▪ schriftliche Auflage: Aufsuchen einer Suchtberatungsstelle ▪ Fallbegleitung ▪ regelmäßige Rückmeldegespräche
5. Stufe	− Vorgesetzte/r − nächst höherer VG − Personalstelle − BR/PR-Mitglied* − Suchtberater/in* + betroffene Person	Einleitung des Kündigungsverfahrens bzw. Fortsetzung des Disziplinarverfahrens nach konkreten Fakten des individuellen Einzelfalles	▪ sofortige Einleitung einer Therapie ▪ ggf. Angebot der Wiedereinstellung nach Therapie und Abstinenzzeit ▪ regelmäßige Rückmeldegespräche

[1] bei schwerbehinderten Personen ist die Schwerbehindertenvertretung zu beteiligen
[2] die Maßnahmen können durch spezielle Auflagen je nach Einzelfall ergänzt werden
* die betroffene Person muss mit der Teilnahme einverstanden sein

Betriebs- /Dienstvereinbarung. Dabei sollten unbedingt die fachlichen und vor allem die aktuell rechtlichen Standards beachtet werden.

Da die Vorgesetzten in der Umsetzung des Interventionsleitfadens speziell gefordert sind, müssen sie, aber auch die anderen Beteiligten

Betriebliche Intervention bei Suchtproblemen

in den Stufengesprächen, geschult und fachlich beraten werden, denn nur dieses Vorgehen kann ein lösungsorientiertes, konsequentes sowie sachgerechtes Handeln absichern.

Neben der Intervention bei Auffälligkeiten zählt das Angebot von Hilfe und Unterstützung bei riskantem Substanzkonsum oder bei süchtigen Verhaltensweisen zum Kernbestandteil betrieblicher Suchtpräventionsprogramme. Die konkrete Ausformung dieser Hilfe und Unterstützung, Inhalte und Maßnahmen bestimmt sich vor allem nach Art und Ausstattung des betrieblichen Beratungsangebotes. In der betrieblichen Praxis bestehen hauptsächlich drei Formen der betrieblichen Suchtprävention, -beratung und -hilfe:

- die interne hauptamtliche Suchtprävention und -beratung
- die interne nebenamtliche Suchthilfe
- die externe betriebliche Beratung.

Für alle diese Organisationsformen sowie weitere Mischformen gilt, dass sie sich in den spezifischen Anforderungen an den Qualitätsstandards für die betriebliche Suchtprävention und Suchthilfe ausrichten sollten. Dieses bezieht sich auch auf die im Einzelnen zu beschreibenden Ziele, Inhalte und Aufgaben der internen Einrichtung oder der externen Vergabe. Das gesamte Paket sollte möglichst in einer Betriebs- oder Dienstvereinbarung zwischen Unternehmen und Personalvertretung vereinbart werden.

Hinsichtlich der Aufgaben kommt der Beratung von Beschäftigten eine zentrale Bedeutung zu. Die betroffenen Personen kommen entweder aus eigenem Impuls, überwiegend aber aufgrund von Interventionsgesprächen, um sich über Hilfemöglichkeiten informieren zu lassen. Die Suchtberatung übernimmt dabei

- die Vermittlung in externe Beratungs- und Therapieeinrichtungen,
- die begleitende Beratung während der Therapie,
- die Vorbereitung und Begleitung bei der Wiedereingliederung,
- die Unterstützung bei der Nachsorge und die Rückfallprophylaxe,
- die Beratung von Angehörigen.

Eine weitere zentrale Funktion ist die gezielte Unterstützung von Vorgesetzten zur Klärung und Vorbereitung von Interventionsgesprächen. Dabei geht es um

- die Beratung zum Umgang mit auffälligen Beschäftigten,
- Klärungen der Gefährdungen am Arbeitsplatz – Gefährdungsbeurteilung
- die Beratung bei der Anwendung des Interventionsleitfadens,

- die Information über sachgerechte Hilfeschritte,
- die Unterstützung bei der Wiedereingliederung,
- die Beratung bei der Veränderung Sucht fördernder Arbeitsbedingungen in Kooperation mit den anderen Fachdiensten,
- die Beratung bei der Umsetzung eines gesundheitsorientierten Führungsstils.

3. Die betriebliche Suchtprävention als Bestandteil eines integrierten Gesundheitsmanagements

In den »Qualitätsstandards zur betrieblichen Suchtprävention und -hilfe« wird das Betriebliche Gesundheitsmanagement (BGM) definiert als »die bewusste Steuerung und Integration aller betrieblichen Prozesse mit dem Ziel der Erhaltung und Förderung der Gesundheit und des Wohlbefindens der Beschäftigten.

Es umfasst die betrieblichen Aktivitäten zum Schutz des Menschen bei der Arbeit und zur gesundheitsförderlichen Gestaltung von Arbeitsinhalten, Arbeitsbedingungen, Arbeitsorganisation sowie die verhaltensbezogenen Maßnahmen zur Bewältigung des Arbeitsalltags. Das BGM zielt auf Erweiterung der Gesundheitskompetenz und gibt Orientierung für ein gesundheitsorientiertes Verhalten der Beschäftigten.« (Wienemann/Schumann 2011: 95)

Ein in diesem Sinne definiertes integriertes Gesundheitsmanagement

- betrachtet die Gesundheit der Beschäftigten als strategischen Faktor, der Einfluss auf die Leistungsfähigkeit, die Kultur und das Image der Organisation hat;
- bezieht Gesundheit in das Leitbild, in die (Führungs-)Kultur, in die Strukturen und Prozesse der Organisation ein;
- koordiniert die Institutionalisierung, Ausgestaltung und Weiterentwicklung der Bereiche Arbeits-/Gesundheitsschutz, Gesundheitsförderung, Suchtprävention und Sozialberatung, Eingliederungsmanagement;
- gestaltet die Schnittstellen und Kooperation der verschiedenen Fachstellen wie Personal-/Organisationsentwicklung, Arbeitssicherheit, Betriebsarzt/betriebsärztlicher Dienst, Sozialberatung, Suchthilfe, Qualitätsmanagement u.a.;
- sorgt für die Zusammenarbeit mit den Interessenvertretungen.

Betriebliche Intervention bei Suchtproblemen

Abbildung 2: Modell eines integrierten betrieblichen Gesundheitsmanagements

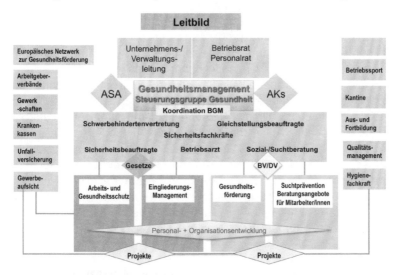

Quelle: Wienemann 2010

In der Abbildung 2 ist ein Modell des betrieblichen Gesundheitsmanagements dargestellt, in dem versucht wird, alle möglichen Bereiche und Akteure zu integrieren.

Eine solch umfassende Integration ist ohne Zweifel ein langwieriger und schwieriger Prozess, für den in der Praxis bisher auch nur wenige Erfahrungen vorliegen. Er fordert einerseits eine hohe interdisziplinäre Kooperation, das Einbringen des jeweiligen Fachwissens und der jeweiligen Erfahrungen, ein Stück Aufgabe der rechtlich abgesicherten Exklusivität, die Bereitschaft, von anderen zu lernen. Andererseits bieten sich neue Wege zur Abwendung von Gesundheitsgefahren, neue Möglichkeiten der Prävention, eine Aufwertung des Faktors »Gesundheit« und damit auch der jeweiligen Fachdienste.

Aus der Position vieler Akteure der betrieblichen Suchtprävention und -hilfe stellt sich in diesem Zusammenhang die Herausforderung, das »heimatliche« Terrain der Einzelfallhilfe bei Substanzproblemen, das häufig als »Einzelkämpfer/in« bestritten wird, zu überschreiten und sich den anderen Fachdiensten und einem erweiterten Themenfeld zuzuwenden sowie in die eigenen Tätigkeiten verstärkt Einblick zu gewähren. Dieses kann durchaus mit Unsicherheiten und Befürchtungen verbunden sein. Allerdings wäre es ein Frevel, die langjährigen betrieblichen Erfahrungen und Kompetenzen aus der Beratung von Beschäftigten mit Substanzproblemen nicht der betrieblichen Gesundheitsprävention insgesamt zu Gute kommen zu lassen und sich damit in einem umfassenden Verständnis über die Maßnahmen der Sekundär- (Beratung/Hilfe zur Selbsthilfe) und Tertiärprävention (Behandlung und Nachsorge) hinaus auch der Primärprävention zuzuwenden. Denn leider gilt vielfach noch immer, was Rita Rußland als Suchtbeauftragte der IG Metall schon Anfang der 1990er Jahre bemängelt hat: dass eine umfassende Suchtprävention in der Arbeitswelt so lange nicht stattfindet, so lange sie sich nicht auch um den Abbau von Substanzkonsum fördernden Arbeitsbedingungen kümmert. Letzteres wird den Akteuren auch weiterhin nicht isoliert gelingen. Hierfür ist die Kooperation mit den anderen Fachdiensten im Sinne eines integrierten Gesundheitsmanagements erforderlich.

4. Das Betriebliche Eingliederungsmanagement (BEM) als Bestandteil des integrierten Gesundheitsmanagements

»Die betriebliche Wiedereingliederung von chronisch kranken oder schwerbehinderten Mitarbeitern und ihr leidensgerechter und betriebswirtschaftlich erfolgreicher Einsatz, der Erhalt ihrer Beschäftigungsfähigkeit und die Reduzierung von Fehlzeiten sind für die Mitarbeiter von entscheidender existenzieller und sozialer und für die Unternehmen von großer wirtschaftlicher Bedeutung.« (Verband Deutscher Betriebs- und Werksärzte e.V.)

Für die Wiedereingliederung standen in der Vergangenheit folgende Möglichkeiten zur Verfügung:

- *stufenweise Wiedereingliederung* (»Hamburger Modell«) nach § 28 Sozialbesetzbuch (SGB) IX als Leistung der gesetzlichen Krankenversicherung (§ 74 SGB V), der Rentenversicherung (wenn die Wiedereingliederung innerhalb von 14 Tagen nach Abschluss einer medizinischen Reha beginnt) oder der gesetzlichen Unfallversicherung nach einem Arbeitsunfall und einer Berufserkrankung;
- *Belastungserprobung und Arbeitstherapie* nach § 42 SGB V als Leistung der gesetzlichen Krankenversicherung, wenn keine Leistungen durch andere Träger erbracht werden;

Betriebliche Intervention bei Suchtproblemen

- *Leistungen zur Teilhabe am Arbeitsleben* nach §§ 33-38 SGB IX (alle Reha-Träger) sowie § 35 SGB VII (gesetzliche Unfallversicherung). Einen besonderen Stellenwert hat die Wiedereingliederung durch die Novellierung des SGB IX aus dem Jahr 2004 mit dem *Betrieblichen Eingliederungsmanagement (BEM)* nach § 84 Abs. 2 erhalten. Mit dieser Vorschrift ist der Präventionsbegriff um die besondere Fürsorgepflicht der Arbeitgeber gegenüber den Mitarbeitern erweitert worden, die innerhalb von zwölf Monaten länger als sechs Wochen ununterbrochen oder wiederholt arbeitsunfähig sind. Die Fürsorgepflicht betrifft alle Arbeitgeber, unabhängig von der Beschäftigtenzahl und der Branche und bezieht alle Mitarbeiter eines Betriebes ein, unabhängig vom Umfang der Beschäftigung, von eventuellen Befristungen, von der Art der Erkrankung bzw. Erkrankungen sowie den Ursachen der Arbeitsunfähigkeit.

Das BEM-Verfahren soll unter Beteiligung der betroffenen Person darauf hinwirken, die Arbeitsfähigkeit langfristig zu erhalten, die Arbeitsunfähigkeit zu überwinden, Behinderungen und chronische Erkrankungen zu vermeiden und den Arbeitsplatz langfristig zu sichern. Zu diesem Zweck ist z.B. zu klären, inwieweit individuelle und/oder organisationale Belastungen reduziert bzw. Ressourcen erweitert werden sollten. Während das Angebot eines BEM bei Erfüllung der Voraussetzungen für jeden Arbeitgeber eine zwingende gesetzliche Verpflichtung darstellt, herrscht auf Seite der Beschäftigten das Freiwilligkeitsprinzip. Hierzu zählt auch, dass einem Beschäftigten aus der Ablehnung eines BEM-Verfahrens keine Nachteile entstehen dürfen.

Für das Eingliederungsmanagement ist ausdrücklich vorgesehen, dass bei entsprechender Zustimmung durch die betroffene Person ein interdisziplinäres Integrationsteam gebildet wird, um bei Bedarf die notwendigen Fachdienste für einen individuellen Integrations- und Maßnahmenplan einbeziehen zu können. Im Mittelpunkt steht hierbei nicht die Lösung des »medizinischen Problems«, sondern der Blick auf mögliche arbeitsbezogene Ursachen sowie die sozialen, psychosozialen, arbeitsbezogenen Folgen und Rahmenbedingungen. Es lässt sich daher feststellen, dass mit dem § 84 SGB IX unter der Überschrift »Prävention« die kooperative Zusammenarbeit der verschiedenen gesundheitsbezogenen Fachdienste und Akteure im Sinne eines integrierten betrieblichen Gesundheitsmanagements mitgedacht ist.

5. Die betriebliche Prävention und Intervention bei Suchtproblemen im Kontext des Betrieblichen Eingliederungsmanagements

Die Forderungen des Gesetzgebers im Zusammenhang mit der Novellierung des SGB IX zur Prävention existieren zwar schon seit 2004, allerdings sind die bisherigen Erfahrungen mit dem Betrieblichen Eingliederungsmanagement noch relativ dürftig, speziell was die Überschneidungen mit anderen betrieblichen Verfahren zur Intervention und Wiedereingliederung angeht. Wie aus den bisherigen Ausführungen ersichtlich, ergeben sich z.b. zwangsläufig Berührungspunkte zwischen der betrieblichen Suchtprävention und dem Betrieblichen Eingliederungsmanagement:

- Die *Prävention* ist inhärentes Thema der betrieblichen Intervention und Hilfe bei Auffälligkeiten im Zusammenhang mit Substanzkonsum, so wie es mit dem § 84 SGB IX jetzt auch für das Betriebliche Eingliederungsmanagement gilt.
- Die *Wiedereingliederung* ist zentrales Anliegen des Betrieblichen Eingliederungsmanagements und war immer schon ein fester Bestandteil von betrieblichen Suchthilfeprogrammen.
- Beide Fachdienste, die betriebliche Suchtprävention und -hilfe sowie das Betriebliche Eingliederungsmanagement, sind mit den beschriebenen Aufgaben zwangsläufig Bestandteile eines integrierten Gesundheitsmanagements.

Im Sinne des *Präventionsgedankens* enthält der § 84 Abs. 2 SGB IX zwei wichtige Aussagen, die für beide Fachdienste als übergreifende Ziele gesehen werden können: »wie *die Arbeitsunfähigkeit möglichst überwunden* werden und mit welchen Leistungen oder Hilfe *erneuter Arbeitsunfähigkeit vorgebeugt* und der Arbeitsplatz erhalten werden kann«.

Bei suchtgefährdeten oder -kranken Beschäftigten kann bereits im Zeitraum vor einer stationären Therapie häufig davon ausgegangen werden, dass die Voraussetzungen eines BEM-Verfahrens erfüllt sind. Da aber das BEM-Angebot vom Beschäftigten abgelehnt werden kann, ohne dass ihm dadurch Nachteile entstehen, ist bei dieser Zielgruppe davon auszugehen, dass es vor dem Hintergrund der Suchtdynamik eher zu einer Ablehnung kommen wird. »Dagegen ist es gerade die Stärke der betrieblichen Suchtkonzepte, insbesondere des Stufenplans und der Wiedereingliederungsregelungen, dass sie ... eine Verbindlichkeit gegenüber der betroffenen Person herstellen. Es ist daher zu empfehlen, das BEM weiterhin durch ...« (Wienemann 2008: 29) den

Betriebliche Intervention bei Suchtproblemen

Interventionsstufenplan zu konkretisieren und zu ergänzen. Im Rahmen eines laufenden Interventionsverfahrens aufgrund von Auffälligkeiten im Zusammenhang mit Substanzproblemen muss auf jeden Fall parallel geprüft werden, ob die Voraussetzungen für ein BEM erfüllt sind.

In den meisten Suchtpräventionsprogrammen ist das Verfahren der Wiedereingliederung nach Beendigung einer stationären Suchttherapie geregelt. Die jahrzehntelangen Erfahrungen mit den unterschiedlichen Vorgehensweisen der Wiedereingliederung sollten auch für die BEM-Verfahren genutzt werden.

Während der Therapie werden in der Regel betriebliche Vertreter (Suchtberater, Vorgesetzte, Kollegen) in die Klinik eingeladen, sofern die betroffene Person damit einverstanden ist. Häufig wird ein gemeinsames Gespräch mit dem Bezugstherapeuten vereinbart, in dem über den Erfolg der Therapie informiert und über konkrete Schritte der Wiedereingliederung beraten wird.

Wenn der Kontakt zum suchtkranken Beschäftigten während der Therapie unterbrochen war, sollte der Suchtberater oder eine andere Person zum Abschluss der Maßnahme wieder Kontakt aufnehmen und ein Integrationsgespräch vereinbaren. In dem Gespräch werden Unterstützungsmöglichkeiten und konkrete Schritte für eine erfolgreiche Wiedereingliederung am Arbeitsplatz abgesprochen. Auf Wunsch bzw. mit Einverständnis der/des Betroffenen können ein Mitglied des Betriebs-/Personalrates, die Führungskraft oder sonstige betriebliche Personen teilnehmen.

»Angesprochen werden insbesondere
- Arbeitsplatzbezogene Themen u.a.: die Erwartungen an die zukünftige Zusammenarbeit, Veränderungen von Arbeitsabläufen und Arbeitsaufgaben, veränderte Aufgabenzuschnitte, Re-Integration in das Arbeitsteam
- Themen zur Prävention eines erneuten Konsums, u.a.: Belastungen am Arbeitsplatz, die einen Rückfall fördern könnten, und die Möglichkeit ihrer Beseitigung, Unterstützung bei der Nachsorge, gemeinsame Absprachen (»Kontrakte«) zwischen Vorgesetzten und der betroffenen Person über Rückmeldung bei Auffälligkeiten oder Schwierigkeiten
- Themen der persönlichen Stabilisierung und Weiterentwicklung: Angebote der Gesundheitsförderung, Maßnahmen der Personalentwicklung.« (Wienemann 2008: 30; siehe auch Rewald u.a. 2008:130-133)

Mit der hier aufgezeigten Nähe zu den Zielen und Inhalten des BEM-Verfahrens ist davon auszugehen, dass betriebliche Suchtpräventionsprogramme mit ihren Kernelementen der Intervention sowie Hilfe und Unterstützung, integriert in ein Präventionskonzept im Rahmen eines integrierten Gesundheitsmanagements, auch in Zukunft wesentliche Bausteine moderner Unternehmenspolitik und Personalpflege sein werden. Die betrieblichen Akteure der Suchtprävention und -hilfe haben hierzu auf der Basis einer wissenschaftlich gestützten Professionalisierung wichtige Entwicklungsschritte geleistet sowie einen Erfahrungs- und Erkenntnishintergrund erlangt, der auch für andere gesundheitsbezogene Problembereiche, z.B. die Intervention, Hilfe und Wiedereingliederung bei sonstigen psychischen Auffälligkeiten, genutzt werden könnte. Von daher wird es immer wieder notwendig sein, die betrieblichen Interventions- und Hilfsprogramme in Rückkopplung zu den anderen betrieblichen Fachdiensten weiter zu entwickeln und den neuesten fachwissenschaftlichen sowie rechtlichen Erkenntnissen und Standards anzupassen.

Literatur

Landesstelle Berlin gegen die Suchtgefahren e.V. (1981): Arbeitskreis »Alkohol am Arbeitsplatz«. 2. Arbeitstagung am 4.2.1981 und 3. Arbeitstagung am 29.4.1981. Berlin.
Pegel-Rimpl, Ute (2011): Substanzbezogene Störungen am Arbeitsplatz – eine Praxishilfe für Personalverantwortliche. Hrsg. von der Deutschen Hauptstelle für Suchtfragen; Hamm.
Rewald, Rainer/Reineke, Gabi/Wienemann, Elisabeth/Zinke, Eva (2008): Betriebliche Suchtprävention und Suchthilfe. Frankfurt a.M.: Bund-Verlag.
Schumann, Günter (2004): Gesundheitsförderliches Führungsverhalten und lösungsorientierte Interventionen am Arbeitsplatz. Betriebliche Sozial- und Suchtberatung, Universität Oldenburg.
Schumann, Günter (2011). Intervention und Unterstützung – was betriebliche Suchtpräventionsprogramme leisten, in: Konturen – Fachzeitschrift zu Sucht und sozialen Fragen. 32. Jahrg. Ausg. 2/2011, S. 14-20.
Verband Deutscher Betriebs- und Werksärzte e.V. – Berufsverband Deutscher Arbeitsmediziner – (o.J.): Wiedereingliederung – Beschäftigungsfähigkeit nachhaltig sichern. VDBW Leitfaden. Karlsruhe.
Wieland, Josef (1992): Sucht, ökonomische Vernunft und moralische Ordnung, in: Wirtschaftsethische Perspektiven des Drogenproblems. Schriften des Vereins für Socialpolitik, Bd. 217. Berlin, S. 11-35.

Wienemann, Elisabeth (2000): Vom Alkoholverbot zum Gesundheitsmanagement. Stuttgart: Ibidem-Verlag.
Wienemann, Elisabeth (2008): Betriebliche Suchtprävention und Suchthilfe, in: Friedrich Hofmann/Nenad Kraly, Handbuch der betriebsärztlichen Praxis. 20. Erg.Lfg. 5/08. Abschn. 11.5.1.4.
Wienemann, Elisabeth (2010): Betriebliches Gesundheitsmanagement, in: Gregor Hensen/Peter Hensen (Hrsg.), Gesundheits- und Sozialmanagement – Leitbegriffe und Grundlagen modernen Managements. Stuttgart: Kohlhammer.
Wienemann, Elisabeth/Schumann, Günter (2011): Qualitätsstandards zur betrieblichen Suchtprävention und Suchthilfe. 2. aktual. u. erw. Aufl. Deutsche Hauptstelle für Suchtfragen (DHS). Hamm.

Wolfhard Kohte
Von der Suchtgefährdung über die Erkrankung zur Eingliederung und Prävention im Betrieb
Rechtliche Handlungsmöglichkeiten

Im Folgenden geht es um Fragen der Suchtgefährdung, der Suchtabhängigkeit und der Suchtprävention. Ich verwende dazu einen umfassenden Begriff der Sucht, der sich nicht nur auf die besonders häufige Alkoholabhängigkeit bezieht. Ebenso einbezogen werden Drogen- und Medikamentenabhängigkeit sowie die neueren Formen der Spiel- und der Internetsucht, denn die Strukturen einer solchen Abhängigkeit sind im Grundsatz vergleichbar. Dies gilt auch für die rechtlichen Handlungsmöglichkeiten, denn in einem ersten Urteil zu einer Kündigung wegen internet- und spielsuchtbedingter Arbeitsabwesenheit hat das LAG Hamm sich an der bisherigen Rechtsprechung zur Kündigung bei Alkoholabhängigkeit orientiert (LAG Hamm 3.2.2011 – 8 Sa 1373/10). Dies ist konsequent und dürfte auch in künftigen Urteilen bestätigt werden (Kohte 2011).

1. Suchtgefährdung

Präventive Politik setzt am besten in einem möglichst frühen Stadium ein, wenn Gefährdungen erkennbar sind, sich aber noch nicht zu Abhängigkeiten verdichtet haben (Wienemann 2011: 8ff.). Zielgruppenspezifisch bietet sich hier vor allem die Gruppe der Jugendlichen und jungen Beschäftigten an. Auf der 17. Niedersächsischen Suchtkonferenz wurde eine Untersuchung an Braunschweiger Hauptschulen vorgestellt, in der vor allem der Genuss von Alkohol näher untersucht worden ist. Dabei ergab sich, dass bei mehr als 30% der männlichen Jugendlichen und mehr als 20% der weiblichen Jugendlichen infolge riskanten und nicht seltenen Alkoholkonsums auf jeden Fall von einer deutlichen

Suchtgefährdung – Erkrankung – Eingliederung und Prävention im Betrieb

Suchtgefährdung gesprochen werden kann (Schubert 2007). Weitere Untersuchungen zeigten, dass es sich um eine durchaus repräsentative Untersuchung handelt.

Die Berliner Landesstelle für Suchtfragen hat daher seit 2005 eine zielgruppenspezifische Suchtprävention entwickelt. Das Programm Prev@Work dient der Suchtprävention in der Ausbildung (Schmidt 2011). In verschiedenen Betrieben und Dienststellen wurde nach Vereinbarungen zwischen Arbeitgeber, Betriebs- bzw. Personalrat sowie Jugend- und Auszubildendenvertretung ein Programm begonnen, das vor allem auf Information und Aufklärung setzt, weil zum Zeitpunkt des Beginns der Ausbildung typischerweise nur mit einer relativ geringen Gruppe von bereits suchtabhängigen Jugendlichen zu rechnen ist. In diesem Programm soll erreicht werden, dass Jugendliche nicht am Suchtmittelkonsum teilnehmen (Konzept der Punktnüchternheit) bzw. den Suchtmittelkonsum verringern und eine mögliche Abhängigkeit vermeiden oder deren Beginn hinausschieben. Diese Präventionsmaßnahmen haben in einem hohen Umfang informierenden Charakter, doch werden Methoden eingesetzt, die sich an der Situation der Jugendlichen orientieren. Vor allem in größeren Betrieben können sie genutzt werden, um im Rahmen der Berufsbildung sowie der für Jugendliche durch § 29 Jugendarbeitsschutzgesetz (JarbSchG) in größerer Intensität vorgeschriebenen Unterweisungen in den Arbeits- und Gesundheitsschutz integriert zu werden. Die bisherigen Berichte und ersten Evaluationen geben Anlass, von einem erfolgreichen Modellprojekt zu sprechen. Teile dieses Projekts lassen sich durch das Mitbestimmungsrecht nach § 87 I Nr. 7 Betriebsverfassungsgesetz (BetrVG) realisieren, das die konkrete Ausgestaltung arbeitsschutzrechtlicher Unterweisungen umfasst (Bundesarbeitsgericht [BAG] 11.1.2011 – 1 ABR 104/09, NZA 2011, 651). In der gesamten Breite ist das Programm der betrieblichen Gesundheitsförderung zuzuordnen, die am besten in freiwilligen Betriebsvereinbarungen nach § 88 BetrVG geregelt wird.

Ein anderes Projekt ist vor kurzem von der niedersächsischen Landesstelle für Suchtfragen (www.nls-online.de) entwickelt worden. Unter dem Titel »BAGS – Bausteine zur Glücksspielsuchtprävention« ist ein Ordner entwickelt worden mit dem Titel »Glück im Spiel? – Behalt das Glück in deiner Hand!« Dieses Projekt basiert auf Untersuchungen, wonach fast die Hälfte aller Jugendlichen im Alter von 16 bis 17 Jahren bereits eigene Glücksspielerfahrungen hat, und damit eine nicht geringe Quote dieser Jugendlichen als suchtgefährdet eingestuft werden kann. Der Ordner wendet sich an pädagogische Fachkräfte, sodass er auch in der betrieblichen Berufsausbildung – möglichst in Kooperation mit der Berufsschule – eingesetzt werden kann.

Diese Projekte unterscheiden sich grundlegend von einer Politik, die in einigen Großbetrieben, zum Teil auch mit Unterstützung von Betriebsräten, eingeführt worden ist (Heilmann u.a. 2001). Durch Maßnahmen eines frühzeitigen Alkohol- und Drogenscreenings soll in diesen Betrieben bereits im Rahmen der Einstellungsuntersuchungen verhindert werden, dass junge Menschen mit Erfahrungen im Suchtmittelkonsum eingestellt werden. Ein solches Konzept ist nur scheinbar präventiv; es schiebt diese Gruppe der Jugendlichen in Kleinbetriebe ab, in denen eine gezielte Präventionsarbeit wesentlich seltener ist. Das Konzept des Drogenscreenings ist daher ein ausschließendes und benachteiligendes Konzept, das keinen präventiven Nutzen hat.

Diese Untersuchungen sind zum Teil als »heimliche« Untersuchungen durchgeführt worden, indem den Jugendlichen bzw. ihren Eltern nicht mitgeteilt worden ist, dass die entnommenen Blut- oder Urinproben auf Alkohol- und Drogenkonsum untersucht werden. Dies ist medizinrechtlich unzulässig, eine solche Untersuchung ist nicht von der Einwilligung der Betroffenen gedeckt. Es wird derzeit kontrovers diskutiert, ob Daten, die auf diese Weise unzulässig gewonnen worden sind, bei rechtlichen Konflikten vom Arbeitgeber ins Spiel gebracht werden dürfen.

Es handelt sich bei solchen Untersuchungen nicht um Maßnahmen des Gesundheitsschutzes, sondern um Maßnahmen der Personalauswahl. Sie unterliegen daher nach § 95 BetrVG der umfassenden Mitbestimmung des Betriebsrats. Wird dieser nicht beteiligt oder werden die Untersuchungen gegen den Willen des Betriebsrats und ohne Zustimmung der Einigungsstelle eingeführt, kann er nach der Rechtsprechung der Arbeitsgerichtsbarkeit die Unterlassung der ohne seine Beteiligung eingeführten Untersuchungspraktiken verlangen (LAG Baden-Württemberg 13.12.2002 – 16 TaBV 4/02, NZA-RR 2003, 417; Kohte 2010 b, 280, 285). Da es sich nicht um Maßnahmen des betrieblichen Gesundheitsschutzes handelt, kann die Beteiligung von Betriebsärzten nicht auf ihre Einsatzzeiten nach dem Arbeitssicherheitsgesetz und den entsprechenden Unfallverhütungsvorschriften der Berufsgenossenschaften angerechnet werden.

2. Die Situation der Suchtabhängigkeit

Suchtprävention ist nicht immer erfolgreich, in vielen Betrieben fehlt es auch an einer systematischen Suchtprävention, sodass im Durchschnitt davon ausgegangen werden kann, dass ca. 10% der Beschäftigten eines Betriebes als suchtabhängig zu qualifizieren sind. Suchtabhängigkeit wird in der heutigen arbeits- und sozialgerichtlichen Praxis regelmäßig als Krankheit gewertet, denn die Situation der Betroffenen ist dadurch gekennzeichnet, dass infolge physischer oder psychischer Abhängigkeit Suchtmittelgenuss trotz besserer Einsicht nicht reduziert oder aufgegeben werden kann (ständige Rechtsprechung des BAG seit 9.4.1987 – 2 AZR 210/86, NZA 1987, 811). Wenn daher Arbeitsunfähigkeit infolge einer solchen Suchtabhängigkeit auftritt, dann steht den Beschäftigten in aller Regel ein Anspruch auf Entgeltfortzahlung zu, der Anspruchsausschluss in § 3 EntgFG (Entgeltfortzahlungsgesetz) bei »Verschulden« greift bei Abhängigkeitserkrankungen nicht ein. Bei länger dauernder Arbeitsunfähigkeit steht den Beschäftigten auch Krankengeld zu; wenn sie sich auf eine Rehabilitationsmaßnahme einlassen, haben sie regelmäßig Anspruch auf Übergangsgeld.

Nicht selten wird versucht, in einer solchen Situation das Arbeitsverhältnis mit einer verhaltensbedingten Kündigung zu beenden. Dabei wird versucht, den Alkoholkonsum als eine Verletzung arbeitsvertraglicher Pflichten zu qualifizieren, die eine Kündigung ermöglicht. Die Systematik der arbeitsvertraglichen Pflichten in Bezug auf Alkoholkonsum ist differenziert (Künzl 1999). Eine generelle Pflicht, jeglichen Alkoholkonsum zu unterlassen, gibt es nur für einzelne Berufsgruppen, deren Tätigkeit eine vollständige Nüchternheit verlangt. Die alkoholbezogenen Vorschriften in der BGV A I verlangen dagegen für »einfache« Beschäftigte regelmäßig nicht das Konzept der »Punktnüchternheit«, sondern nur eine Einschränkung des Alkoholgenusses. Selbstverständlich gelten für Kraftfahrer, U-Bahn-Fahrer oder Flugzeugpiloten andere und weitergehende Anforderungen.

Selbst wenn eine solche Pflichtverletzung vorliegt, ist sie in aller Regel nicht geeignet, eine Kündigung zu rechtfertigen, denn eine verhaltensbedingte Kündigung setzt jeweils Verschulden des gekündigten Arbeitnehmers voraus. Suchtabhängigkeit ist aber gerade dadurch gekennzeichnet, dass die Betroffenen sich trotz besserer Einsicht aus der Sucht allein nicht befreien können. Dies ist inzwischen in der Gerichtspraxis weitgehend bekannt und anerkannt, sodass verhaltensbedingte

Kündigungen wegen Suchtabhängigkeit in aller Regel nicht erfolgreich sind (Graefe 2001). Nach ständiger Rechtsprechung des BAG gehört für die verhaltensbedingte Kündigung das Verschulden von Beschäftigten, wenn eine Haupt- oder Nebenpflicht aus dem Arbeitsvertrag verletzt worden ist, zum Kündigungsgrund, den der Arbeitgeber oder die Arbeitgeberin im Prozess nach § 1 Abs. 2 S. 4 KSchG darzulegen und zu beweisen hat. Zwar kommt es bei Alkoholabhängigkeit relativ häufig zu Pflichtverletzungen, wie z.b. zu unentschuldigtem Fehlen, verspäteter Arbeitsaufnahme oder Beschädigung von Sachen, doch wird in ständiger Rechtsprechung angenommen, dass Alkoholabhängigkeit mit Krankheitswert das erforderliche Verschulden ausschließt (anschaulich LAG Berlin-Brandenburg 17.8.2009 – 10 Sa 506/09, LAGE § 1 KSchG Personenbedingte Kündigung Nr. 24). Auch eine fehlende Therapiebereitschaft des alkoholabhängigen Beschäftigten rechtfertigt keine verhaltensbedingte Kündigung, weil die Therapie die persönliche Sphäre dieser Person betrifft. Arbeitnehmer und Arbeitnehmerinnen haben gegenüber dem Arbeitgeber keine Rechtspflicht, eine solche Therapie durchzuführen (Künzl 1999).

Möglich sind allerdings personenbedingte Kündigungen nach § 1 Abs. 2 KSchG, denn Alkoholabhängigkeit kann im Einzelfall dazu führen, dass die betrieblichen Tätigkeiten dauerhaft nicht mehr vertragsgerecht ausgeführt werden können. Die Voraussetzungen der personenbedingten Kündigung unterscheiden sich jedoch von denjenigen der verhaltensbedingten Kündigung. Dies hat Bedeutung im Rahmen der Anhörung nach § 102 BetrVG (LAG Chemnitz 16.2.2006 – 8 Sa 968/04) sowie vor allem für die gegenüber der verhaltensbedingten Kündigung strengeren materiellrechtlichen Anforderungen an eine solche Kündigung. Eine solche Kündigung ist allerdings nur als letztes Mittel (»ultima ratio«) zulässig, sodass bei Kenntnis von der Suchtabhängigkeit zunächst die Möglichkeit einer Rehabilitationsmaßnahme als »milderes Mittel« zu nutzen ist. Die Gerichtspraxis hat diese Sichtweise inzwischen weitgehend akzeptiert. Wenn in das Gerichtsverfahren die Alkoholabhängigkeit und die Therapiebereitschaft eingeführt werden, dann ist regelmäßig eine trotz vorhandener Therapiebereitschaft ausgesprochene Kündigung unwirksam, denn zunächst ist das Ergebnis der Entwöhnungsbehandlung abzuwarten (LAG Hamm 21.9.2007 – 7 Sa 916/07).

Der Arbeitgeber darf in einem solchen Fall noch nicht kündigen und hat auch den Erfolg einer solchen Maßnahme abzuwarten. Kommt es nach einer solchen Maßnahme zu einer erneuten Auffälligkeit (»Rückfall«), dann lehnt die Rechtsprechung der Arbeitsgerichte eine schematische Lösung ab. Auch in solchen Fällen können weitere Entziehungsmaßnahmen vorrangig und geboten sein und einer zügigen Kündigung entgegenstehen (LAG Hamm – 4.9.2001 – 11 Sa 1918/00, LAGE § 1 KSchG Krankheit Nr. 33; Fleck/Körkel 1995). In diesen Fällen kommt in der Gerichtspraxis den Aussagen der Suchtberater und -beraterinnen bzw. den behandelnden Ärzten und Ärztinnen eine hohe Bedeutung zu. Insgesamt zeigen diese Beispiele jedoch, dass Arbeitgeber und -geberinnen, die erstmals mit Alkoholproblemen der Beschäftigten konfrontiert werden, keinen Erfolg haben, wenn vorschnell zum Mittel der Kündigung gegriffen werden sollte.

Eine verhaltensbedingte Kündigung scheitert regelmäßig am fehlenden Verschulden, bei einer personenbedingten Kündigung wird eine Rehabilitationsmaßnahme zur Entziehung und Gewöhnung im ersten Fall regelmäßig und nicht selten auch im Wiederholungsfall vorgehen und auf diese Weise zur Unwirksamkeit der Kündigung führen. Für die Rechtsstellung der Beschäftigten ist es sehr hilfreich, wenn der Betriebsrat solchen Kündigungen widerspricht und den Weg zu Reha-Maßnahmen fördert. Dies sind wichtige und vertrauensbildende Maßnahmen, um die Betroffenen zu aktiven Reha-Maßnahmen motivieren zu können.

3. Sucht und Betriebliches Eingliederungsmanagement (BEM)?!

In den Fällen nachhaltiger Suchtabhängigkeit wird typischerweise auch Arbeitsunfähigkeit in nicht geringem Umfang vorliegen, sodass die allgemeinen Arbeitgeberpflichten bei Arbeitsunfähigkeit der Beschäftigten zu beachten sind. Daher muss nach sechs Wochen Arbeitsunfähigkeit innerhalb der letzten zwölf Monate vom Arbeitgebenden ein Betriebliches Eingliederungsmanagement (BEM) nach § 84 Abs. 2 SGB IX angeboten werden.

Das BEM ist ein Verfahren der Gesundheitsprävention, das 2001 in § 84 Abs. 2 SGB IX normiert und 2004 präzisiert und verbessert worden ist. Es ist jedem Beschäftigten, der innerhalb von zwölf Monaten wenigstens sechs Wochen arbeitsunfähig war, anzubieten. Auf die Ursachen der Arbeitsunfähigkeit kommt es nicht an, sodass es auch bei suchtbedingter Arbeitsunfähigkeit anzubieten ist (ArbG Naumburg

6.9.2007 – 1 Ca 956/07; ArbG Oberhausen 10. 9.2008 – 3 Ca 536/08). Es ist unabhängig von der Größe des Betriebes und von der Dauer des Beschäftigungsverhältnisses einzusetzen. Es kommt auch nicht darauf an, ob in dem jeweiligen Betrieb das Kündigungsschutzgesetz gilt oder ob überhaupt ein Betriebsrat in diesem Betrieb besteht (BAG 30. 9.2010 – 2 AZR 88/09, NZA 2011, 39). In der Begründung für den Regierungsentwurf des SGB IX ist als Ziel die möglichst dauerhafte Sicherung des Arbeitsverhältnisses sowie die Überwindung der Arbeitsunfähigkeit genannt worden, da zu viele Abgänge in die Arbeitslosigkeit immer noch aus Krankheitsgründen erfolgten (BT-Drs. 15/1783, S. 16). Mit dieser präventiven Orientierung auf eine frühzeitige Intervention entspricht die Norm den allgemeinen gesundheitswissenschaftlichen Erkenntnissen, dass Prävention und Rehabilitation möglichst früh erfolgen sollen. Die Erfahrungen der Suchtberatung bestätigen diesen Grundsatz nachhaltig, sodass er gerade für Suchtabhängigkeit auch in der Literatur zum BEM besonders betont wird (Mehrhoff/Schian 2009: 170). Es ist daher auch verfehlt, mit dem BEM abzuwarten, bis die Betroffenen wieder arbeitsfähig sind. Die Rechtspflicht des Arbeitgebers setzt ein, sobald die Arbeitsunfähigkeit die Sechswochengrenze erreicht hat.

Die Pflicht, ein BEM anzubieten, ist eine Verfahrenspflicht. § 84 Abs. 2 SGB IX enthält keine neuen materiellrechtlichen Pflichten des Arbeitgebenden; verlangt wird die Organisation eines innerbetrieblichen »Suchprozesses« (Kohte 2008: 582, 585, zustimmend BAG NZA 2010, 389), der für die Beteiligten in seiner offenen Struktur nicht selten ungewohnt ist (Kohte 2010b). In großer Realitätsnähe ging die Gesetzgebung davon aus, dass bei einer so frühen Intervention noch nicht hinreichend klar sein kann, welcher Weg richtig sein wird. Die Beteiligten werden erfolgreich sein, wenn sie möglichst genau betriebliche Ursachen ermitteln, denn die zentralen Maßnahmen eines Betrieblichen Eingliederungsmanagements sind die Anpassung des Arbeitsplatzes bzw. der Arbeitsbedingungen sowie die Suche nach einem anderen, besser geeigneten Arbeitsplatz (BAG 12.7.2007 – 2 AZR 717/06, NZA 2008, 173; Deinert 2010).

Daneben kann das BEM aber auch dazu eingesetzt werden, dass die Möglichkeiten der medizinischen Rehabilitation frühzeitig und kompetent genutzt werden. Dazu besteht in den entsprechenden Fällen nach § 84 Abs. 2 S. 4 SGB IX die weitere Verfahrenspflicht, die jeweiligen Rehabilitationsträger heranzuziehen und auf diese Weise auch exter-

Suchtgefährdung – Erkrankung – Einglïederung und Prävention im Betrieb 137

nen Sachverstand zu mobilisieren. Mit dieser wichtigen, in der Praxis nicht immer beachteten Pflicht sollen Beratungs- und Vollzugsdefizite – hier der rechtzeitigen medizinischen Rehabilitation – verringert werden. Gerade für Betroffene, die an einer Suchtabhängigkeit leiden, ist es elementar, rechtzeitig eine fachkundige Beratung zu erhalten und zur aktiven Teilnahme an solchen Rehabilitationsmaßnahmen motiviert zu werden. Die Rehabilitationsträger haben sich in einer gemeinsamen Empfehlung vom 16.12.2004 zum Thema »Prävention« verpflichtet, nicht nur Arbeitgeber, sondern auch Betriebs- und Personalräte sowie Schwerbehindertenvertretungen bei der Auswahl geeigneter BEM-Verfahren und Verfahrensschritte zu beraten. Auf diese Weise kann ein BEM-Verfahren, das auch für Fragen der Suchtabhängigkeit aufmerksam und sensibel ist, dazu beitragen, dass die Zahl der Betroffenen, die sich frühzeitig in Beratung, Behandlung, Entgiftung und Rehabilitation begeben, größer wird.

Das BEM ist ein freiwilliges Angebot. Wenn Beschäftigte die Durchführung ablehnen, dürfen ihnen dadurch keine Rechtsnachteile entstehen. Falls Beschäftigte freiwillig am BEM teilnehmen, verbessern sich gerade für suchtabhängige Menschen die Chancen einer frühzeitigen Integration deutlich. Wenn das BEM-Verfahren aufmerksam und suchtsensibel durchgeführt wird, dann werden sich nicht selten Indizien für Suchtabhängigkeit zeigen, auf die mit entsprechenden Angeboten zu reagieren ist. Dazu kann eine umfassende Reha-Maßnahme gehören, die Entgiftung, Entwöhnung sowie eine stufenweise Wiedereingliederung umfasst. Es kann auch sein, dass die Wiedereingliederung durch zusätzliche Unterstützungsmaßnahmen flankiert werden muss. Das BEM-Verfahren wirkt daher in der Regel kündigungsretardierend und bei Erfolg sogar kündigungsausschließend. Es ist daher deutlich zu unterscheiden von dem Konzept des Stufenplans, der in den letzten 30 Jahren in der betrieblichen Praxis entwickelt und von der deutschen Hauptstelle für Suchtfragen (www.dhs.de) dokumentiert und präzisiert worden ist.

4. BEM und Stufenplan

Der Stufenplan beruht auf dem System des »konstruktiven Drucks«. Auf jede suchtmittelgeprägte Auffälligkeit des Arbeitnehmenden wird mit klar strukturierten, in der Regel durch Betriebs- oder Dienstvereinbarung verabredeten Verhaltensweisen geantwortet (Ohm 2006). Es beginnt mit intensiven Gesprächen und setzt sich fort mit der Androhung von Abmahnungen, der Durchführung von Abmahnungen und schließlich, wenn weitere gravierende Auffälligkeiten auftreten, auch mit einer Kündigung, sodass bei einem Abbruch einer Stufe jeweils die nächste intensivere Stufe eingesetzt wird. Daher wird hier auch mit der Perspektive einer möglichen Kündigung gearbeitet, die allerdings wiederum nur ausgesprochen werden kann, wenn die personenbedingten Voraussetzungen vorliegen. Die Verletzung von Zusagen, die von suchtabhängigen Menschen zur Mitwirkung erteilt worden sind, rechtfertigt keine verhaltensbedingte Kündigung (Kohte 2009).

Die Nutzung des Stufenplans bedarf einer sehr sorgfältigen und zeitnahen arbeitsrechtlichen Beratung, weil in der betrieblichen Praxis oft der Eindruck – und auch die Tendenz – besteht, dass die Auffälligkeit auf der letzten Stufe »natürlich« eine Kündigung nach sich ziehen müsse. Der Stufenplan kann jedoch die oben dargelegten Vorraussetzungen einer personenbedingten Kündigung nicht ersetzen. Allen Beteiligten muss weiter vermittelt werden, dass nach der neueren arbeitsgerichtlichen Judikatur eine erneute Auffälligkeit (»Rückfall«) nicht per se eine Kündigung legitimiert (LAG Berlin-Brandenburg 17.8.2009 – 10 Sa 506/09, LAGE § 1 KSchG Personenbedingte Kündigung Nr. 24). Wie oben bereits angesprochen, gelten nach der neuesten Gerichtspraxis diese Grundsätze im Regelfall auch bei anderen Suchtkrankheiten, wie z.B. Internet- und Spielsucht (LAG Hamm 3.2.2011 – 8 Sa 1373/10 sowie Kohte 2011).

Selbst wenn es zu einer Kündigung kommt, ist der Stufenplan nicht notwendig mit einer solchen Kündigung beendet. In Suchtfällen sollte eine solche Kündigung regelmäßig mit einer Wiedereinstellungszusage bei Durchführung einer Entziehungsmaßnahme verbunden werden. Nicht selten haben Betroffene den Weg in die Entziehung erst nach einer konkreten Kündigungserfahrung gefunden. In solchen Konstellationen muss gewährleistet werden, dass den Betroffenen auch nach der Kündigung geeignete Beratungsmöglichkeiten zur Verfügung stehen.

Wegen der unterschiedlichen Strukturen von BEM und Stufenplan war zeitweilig diskutiert worden, dass bei Arbeitsunfähigkeit (AU), die durch suchtmittelbedingte Abhängigkeit verursacht ist, ein BEM ungeeignet und damit auch verzichtbar wäre. Die Arbeitsgerichte sind dieser Position zutreffend nicht gefolgt (ArbG Naumburg 6.9.2007 – 1 Ca 956/07; ArbG Oberhausen 10.9.2008 – 3 Ca 536/08). Die Norm des §

84 Abs. 2 SGB IX gilt umfassend und darf für keine Beschäftigtengruppe ausgeklammert werden. Es kommt dagegen darauf an, in entsprechenden Situationen die beiden unterschiedlichen Verfahren miteinander sachgerecht zu verzahnen.

In der betrieblichen Praxis wird typischerweise zuerst das freiwillige BEM-Angebot auf der Tagesordnung stehen. Es ist ein niedrigschwelliges Angebot, weil bereits sechs Wochen Arbeitsunfähigkeit innerhalb eines Jahres ausreichen, damit der Arbeitgeber dieses Angebot zu unterbreiten hat. Zumindest bei Alkohol- und Drogenabhängigkeit, aber nicht selten auch bei der Medikamentenabhängigkeit, ist der Weg in die Abhängigkeit verbunden mit zumindest kurzzeitigen AU-Perioden, die in ihrer Summe in zwölf Monaten häufig die Sechswochengrenze erreichen und überschreiten können. Es ist anzustreben, dass im Betrieb ein Integrationsteam gebildet wird und dass mindestens ein bis zwei Personen im Integrationsteam Grundkenntnisse in Fragen der Suchtabhängigkeit haben. Dies gibt die Chance, dass in einem »einfachen« BEM-Verfahren Anhaltspunkte für Suchtabhängigkeit rechtzeitig erkannt und die entsprechenden Angebote unterbreitet werden. Dabei kann es sich um frühzeitige Reha-Maßnahmen ebenso handeln wie um die Vermittlung in Selbsthilfegruppen, die zur Stabilisierung der Betroffenen beitragen können. Auf diese Weise kann in Einzelfällen bereits im Stadium der Suchtgefährdung mit geeigneten Hilfen geantwortet werden. Diese Beispiele zeigen zugleich, wie wichtig in diesen Fällen ein effektiver Datenschutz im BEM-Verfahren (dazu Reuter/Giesert/Liebrich 2011) ist, weil diese Informationen zumindest in einem frühen Stadium ohne die Zustimmung des Betroffenen weder den betrieblichen Vorgesetzten noch der Personalabteilung mitgeteilt werden dürfen. Individuelle Informationen, wie z.B. die Vermittlung in eine Selbsthilfegruppe, sind dieser Personengruppe generell nicht mitzuteilen.

Möglich ist es auch, dass das BEM zu einem Zeitpunkt angeboten wird, in dem sich die Suchtabhängigkeit bereits verfestigt hat. Hier kann es dazu beitragen, dass die Betroffenen frühzeitig über ihren Reha-Träger die Chance zur Entgiftung sowie zu einer Entziehungsmaßnahme erhalten. Die Vorteile des BEM-Verfahrens in dieser Situation liegen in der Rechtzeitigkeit der Hilfsangebote sowie in der Möglichkeit von stabilisierenden Hilfen der betrieblichen Sozialarbeit, die motivieren können, solche Maßnahmen zu nutzen und die auch gerade in der ersten Zeit schwieriger Umstellung eine wichtige persönliche Begleitung vermitteln können.

Wenn eine Reha-Maßnahme durchgeführt worden ist, dann stellt sich die schwierige Aufgabe der Re-Integration in den Betrieb. Hier ist regelmäßig das Verfahren der stufenweisen Wiedereingliederung nach § 28 SGB IX zu wählen. Diese wichtige Rehabilitationsmaßnahme erleichtert betriebliche Eingliederungen deutlich, weil vor allem nach Entgiftung und Entzug ein sofortiger und umfassender Einstieg in das Arbeitsverhältnis nur selten gelingen kann. Für die Betroffenen ist es in aller Regel erforderlich, Schritt für Schritt in die betriebliche Tätigkeit hineinzuwachsen, sodass sowohl Arbeitszeit als auch Arbeitsaufgabe in mehreren Schritten zu steigern sind. Die Wiedereingliederung ist dadurch gekennzeichnet, dass sie als Prozess angelegt wird. Typischerweise wird für einen Zeitraum von ca. vier Wochen in einem Eingliederungsplan festgelegt, welche Tätigkeiten übertragen und ausgeübt werden sollen. Dieser Prozess ist fachkompetent zu beobachten und zu evaluieren; nicht selten bedarf es mehrfacher Modifikationen des Plans (dazu BAG 13.6.2006 – 9 AZR 229/05, NZA 2007, 91), bevor die endgültige Eingliederung wieder erreicht ist. Dieses Eingliederungsverfahren kann mit den Mitteln des Stufenplans nicht sinnvoll gesteuert werden; der »runde Tisch« des BEM ist hier wesentlich besser geeignet (Nebe 2008). Für den runden Tisch ist die Nutzung externen Sachverstands bereits im Gesetz vorgeschrieben und in der Mehrzahl der Betriebe in einer solchen Konstellation auch geboten. Gerade Integrationsfachdienste haben hier eine hohe Kompetenz.

Wenn entsprechende Verschwiegenheitspflichten real gelebt werden, dann kann der runde Tisch des BEM regelmäßig zur Überprüfung und Evaluation dieser Zeiten genutzt werden. Im Einverständnis mit den Betroffenen können Arbeitgeber auf die Ressourcen der Rehabilitationsträger zurückgreifen, die nach § 33 Abs. 6 Nr. 3 SGB IX verpflichtet sind, in geeigneten Fällen Informationen und Fortbildungen für Vorgesetzte und Beschäftigte zur Verfügung zu stellen, wenn die Betroffenen damit einverstanden sind. Diese Unterstützungsmaßnahmen können sehr hilfreich sein, weil in der betrieblichen Praxis eine hohe Unsicherheit besteht, wie Beschäftigten, die an einer Entziehungsmaßnahme teilgenommen haben, in Zukunft zu begegnen ist. Oft können bereits im BEM-Verfahren die Grundlagen dafür gelegt werden, dass eine erfolgreiche Reintegration in den Betrieb stattfinden kann.

Eine weitere Aufgabe der BEM-Evaluation besteht darin, die Erfahrungen des BEM für die Einhaltung und Verbesserung des Arbeitsschutzes im Betrieb zu nutzen (Giesert/Wendt-Danigel 2011: 30ff.). Es ist heute anerkannt, dass es auch suchtförderliche Arbeitsbedingungen im Betrieb gibt, wenn z.b. deutliche Über- oder Unterforderung festgestellt werden kann oder wenn unklare soziale Beziehungen bestehen, die zur Verunsicherung beitragen können. Es ist dann z.b. Aufgabe der Beratungen im Arbeitsschutzausschuss, diese BEM-Erfahrungen auszuwerten und mögliche Abhilfemaßnahmen zu ermitteln und einzuleiten.

5. Mitbestimmung – eine wichtige Voraussetzung effektiver Integration

Die Einführung eines Stufenplans mit seinen klaren Ordnungselementen ist nach allgemeiner Ansicht nach § 87 Abs. 1 Nr. 1 BetrVG mitbestimmungspflichtig (Ohm 2006). Bis heute ist dagegen umstritten, ob die Einführung eines BEM-Verfahrens mitbestimmungspflichtig ist. Mehrere Verfahren am Bundesarbeitsgericht kamen aus formellen bzw. prozessrechtlichen Gründen noch nicht zu einem endgültigen Ergebnis. In der Zwischenzeit hat sich jedoch die Rechtsprechung des BAG zu § 87 Abs. 1 Nr. 7 BetrVG deutlich verfestigt (zuletzt BAG 8.11.2011 – 1 ABR 42/10), sodass inzwischen eindeutig anerkannt ist, dass auch Regelungen, die mittelbar dem gesetzlich vorgeschriebenen Gesundheitsschutz dienen, diesem Mitbestimmungsrecht zuzuordnen sind.

Dieses Mitbestimmungsrecht kann sich nur auf konkrete und hinreichend bestimmte Regelungen beziehen; dazu gibt es inzwischen anschauliche Vereinbarungsmuster (Giesert/Wendt-Danigel 2011: 44ff.) und Analysen der Regelungsschwerpunkte, die auf jeden Fall § 87 BetrVG zugeordnet werden können (Faber 2010; Oppolzer 2010: 218f.). Natürlich kann das BEM auch für Maßnahmen der betrieblichen Gesundheitsförderung genutzt werden – diese sind allerdings typischerweise § 88 BetrVG zuzuordnen und daher in der Einigungsstelle nicht erzwingbar. Da allerdings für wichtige Verfahrensregeln des BEM überwiegend die Mitbestimmung bejaht wird, ist auf jeden Fall eine Einigungsstelle nach § 98 ArbGG zu bilden, in der geeignete Lösungen gefunden werden können (LAG Hamm 18.12.2009 – 13 TaBV 52/09; Faber 2010 S. 39).

Literatur

Deinert, Olaf (2010): Kündigungsprävention und betriebliches Eingliederungsmanagement, in: Neue Zeitschrift für Arbeitsrecht (NZA), Heft 17, S. 969-975.
Faber, Ulrich (2010): Mitbestimmung des Betriebsrats bei der Ausgestaltung des betrieblichen Eingliederungsmanagements, in: Gute Arbeit 4, S. 36ff.
Fleck, Jürgen/Körkel, Joachim (1995): Der Rückfall alkoholabhängiger Arbeitnehmer als Kündigungsgrund, in: Betriebs-Berater, Heft 14, S. 722ff.
Giesert, Marianne/Cornelia Wendt-Danigel (2011): Handlungsleitfaden betriebliches Eingliederungsmanagement, 2. Aufl., Düsseldorf
Graefe, Bernd (2001): Arbeitsrechtliche Gestaltungsmöglichkeiten in Zusammenhang mit Alkoholerkrankungen, in: Betriebs-Berater, Heft 24, S. 1251ff.
Heilmann, Joachim/Wienemann, Elisabeth/Thelen, Wolfgang (2001): Drogenprävention durch Drogen-Screening, in: Arbeitsrecht im Betrieb (AiB), Heft 8, S. 465ff.
Kohte, Wolfhard (2008): Betriebliches Eingliederungsmanagement und Bestandsschutz, in: Der Betrieb (DB), 14.3., Heft 11, Seite 582-587.
Kohte, Wolfhard (2009): Negativprognose für personenbedingte Kündigung bei Alkoholabhängigkeit, in: jurisPR-ArbR 14, Anm. 6
Kohte, Wolfhard (2010a): Das Betriebliche Eingliederungsmanagement – ein doppelter Suchprozess, in: WSI-Mitteilungen, Heft 7, S. 374ff.
Kohte, Wolfhard (2010b): Betriebsärzte zwischen Reduktion, Prävention und Integration, in Gerlinger, Thomas u.a., Politik für Gesundheit, Fest- und Streitschriften zum 65. Geburtstag von Rolf Rosenbrock, Bern, S. 280ff.
Kohte, Wolfhard (2011): Wirksamkeit einer außerordentlichen verhaltensbedingten Kündigung wegen Spielsucht, in: jurisPR-ArbR 20/2011, Anm. 3
Kohte, Wolfhard/Faber, Ulrich (2011): Kündigung nach Rückfall bei Alkoholabhängigkeit, in: jurisPR-ArbR 15/2011, Anm. 6
Künzl, Reinhard (1999): Letztmals: Verhaltensbedingte Kündigung bei Verweigerung einer Alkoholtherapie, in: NZA, S. 744ff.
Mehrhoff, Friedrich/Schian, Hans-Martin (Hrsg.) (2009): Zurück in den Beruf, Berlin
Nebe, Katja (2008): Stufenweise Wiedereingliederung und Betriebliches Eingliederungsmanagement – ein neues Kooperationsverhältnis, in: DB, Heft 33, S. 1801ff.
Ohm, Thomas (2006): Suchtprobleme in der Arbeitswelt, in: Der Personalrat (PersR) 2006, Heft 5, S. 204-207
Oppolzer, Alfred (2010): Gesundheitsmanagement im Betrieb, 2. Aufl., Hamburg
Reuter, Tobias/Giesert, Marianne/Liebrich, Anja (2011): Datenschutz im Betrieblichen Eingliederungsmanagement, in: AiB, S. 676ff.
Romahn, Regine (2010): Betriebliches Eingliederungsmanagement, Betriebs-

und Dienstvereinbarungen, Frankfurt a.M.

Schmidt, Anke (2011): Zielgruppenspezifische Suchtprävention, Prev@Work – Suchtprävention in der Ausbildung, http://www.gesundheit-nds.de/CMS/images/stories/PDFs/Suchtdokumentation2011-web.pdf

Schubert, Reiner (2007): Alkoholkonsum in den 10. Klassen, Braunschweig 2006, http://www.akademie-sozialmedizin.de/downloads/18.10.07.vortrag.schubert.pdf

Wienemann, Elisabeth (2011): Süchte und Suchtprävention in der Arbeitswelt, http://www.gesundheit-nds.de/CMS/images/stories/PDFs/Suchtdokumentation2011-web.pdf

Elisabeth Wienemann
Verschiedene Eingliederungsverfahren bei Suchtproblemen im Überblick

1. Einführung

Suchtprobleme am Arbeitsplatz werden seit langem in den Betrieben systematisch aufgegriffen. In der privaten Wirtschaft, im öffentlichen Dienst oder in Verbänden werden seit den 1970er Jahren dazu Betriebs- bzw. Dienstvereinbarungen (BV/DV) abgeschlossen. Ein verbindliches Suchtpräventionsprogramm, das Informationen und Aktionen zur Vorbeugung eines riskanten Suchtmittelgebrauchs wie verhaltensbedingter Abhängigkeitsprobleme vorsieht, das erprobte Leitfäden zur Intervention bei Auffälligkeiten am Arbeitsplatz bereitstellt und die Schulung der Personalverantwortlichen dafür regelt und schließlich gezielte interne und/oder externe Beratungs- und Hilfeangebote vorhält, ist heute eine wichtige Säule des betrieblichen Gesundheitsmanagements.

Bezogen sich die Programme in der Anfangszeit allein auf die Hilfe für alkoholkranke Mitarbeiter/innen, so wurden sie später breiter angelegt und zu Suchtprogrammen ausgebaut. Seit Ende der 1990er Jahre gewinnt nun deren präventive Ausrichtung zunehmend an Bedeutung (Wienemann 2011). Gestützt wurde diese Entwicklung zum einen durch verstärkte Aktivitäten in der betrieblichen Gesundheitsförderung. Zum anderen hat der Gesetzgeber den betrieblichen Präventionsauftrag erheblich erweitert, ihn sogar 1996 im Arbeitsschutzgesetz und in der Folgezeit ebenso im Sozialrecht mehrfach verankert. Dadurch haben Programme zur Suchtprävention und Suchthilfe ihre betriebliche »Nische« verlassen können. Sie bestehen heute nicht mehr nur aus einer freiwilligen Sozialleistung, die oft »ehrenamtlich« ausgefüllt werden musste, sondern sind auf der Basis gesicherter arbeitswissenschaftlicher und sozialmedizinischer Erkenntnisse als Maßnahme des präventiven Arbeitsschutzes anzusehen.

Sucht*präventions*programme haben in den letzten Jahren einen deutlich stärkeren Stellenwert in der betrieblichen Gesundheitspolitik und im

Personalmanagement erhalten. Sie sind damit aber auch anspruchsvoller geworden, wie sich an den Qualitätsstandards und den neueren Veröffentlichungen der Deutschen Hauptstelle für Suchtfragen zur betrieblichen Suchtprävention und Suchthilfe ersehen lässt (DHS 2011). Diese wie auch das aktuelle Handbuch der IG Metall (Rehwald et al. 2012) halten für alle, die sich in der betrieblichen Suchtarbeit engagieren – insbesondere Interessenvertreter/innen, Suchtbeauftragte und -berater sowie Fachkräfte im Gesundheitsmanagement – die erforderlichen Informationen bereit und stellen Instrumente für eine gesundheitsorientierte Personalführung nach aktuellen rechtlichen und fachlichen Standards zur Verfügung.

2. Wiedereingliederung als Teil des Präventionskonzeptes

Die Wiedereingliederung ist seit jeher ein fester Bestandteil der im Betrieb geregelten Hilfe in der BV/DV gewesen. Sie wird als Angebot für suchtkranke Beschäftigte vorgehalten, wenn diese nach einer längeren stationären Therapie in den Betrieb zurückkehren. Ziel ist es erstens, die betreffenden Beschäftigten bei der Wiederaufnahme der Arbeit an ihrem Arbeitsplatz zu unterstützen und Absprachen zu treffen, die dazu beitragen können, den Therapieerfolg zu stabilisieren. Auf der anderen Seite wird auch das betriebliche Umfeld darauf vorbereitet, die Kollegin oder den Kollegen wieder zu integrieren und den Verlauf des Stabilisierungsprozesses nicht unbedacht zu gefährden. Zudem geht es aber auch jeweils um den Abgleich mit den berechtigten Erwartungen des Betriebs bzw. des Teams an zuverlässiger Zusammenarbeit. Aus dieser Perspektive stellt die Wiedereingliederung eine Maßnahme der so genannten tertiären Prävention dar, die dazu dient, das Wiederaufleben der Krankheitssymptome z.B. durch einen Rückfall zu vermeiden.

Seit einigen Jahren haben sich jedoch die Rahmenbedingungen für betriebliche Eingliederungsprozesse verändert:

- Für betriebliche Interventionen wird in den aktuellen Konzepten empfohlen, die Zeitpunkte tatsächlich frühzeitig – *nicht erst bei Anzeichen von Suchtkrankheit* – zu wählen, sondern schon bei ersten Auffälligkeiten im Arbeits- und Leistungsverhalten aufmerksam zu werden. Gesundheitliche, insbesondere psychische, oder soziale Probleme können durch ein fürsorgliches oder klärendes Gespräch mit den Beschäftigten angesprochen und Hilfe bei der Lösung angeboten werden, bevor weitergehende Vernachlässigungen arbeitsvertraglicher Pflichten eintreten. Falls Auffälligkeiten mit dem Gebrauch von Suchtmitteln in Verbindung stehen, wird ein erstes Stufengespräch geführt und der Hinweis gegeben, dass zukünftiges Fehlverhalten in weiteren Stufengesprächen verhandelt wird. Zu den *Hilfemöglichkeiten* bei krankheitsbedingten Fehlzeiten können heute auch die betrieblichen Eingliederungsverfahren gezielt angeboten werden. Voraussetzung dafür ist allerdings, dass sie *nicht als verkappte Fehlzeiteninstrumente,* sondern im Sinne des Gesetzes genutzt werden. Auf diese Weise kann der Verstärkung oder Verfestigung von gesundheitlichen Einschränkungen viel früher vorgebeugt werden. Psychische Fehlbelastungen lassen sich so bereits vor Eintritt längerer Erkrankungsphasen abbauen, langjährige Krankheitsphasen vermeiden und Suchtkarrieren sehr viel früher unterbrechen.

- In Verbindung mit psychischen Störungen werden Therapien und Rehabilitationsmaßnahmen allgemein frühzeitig angestrebt, um die Arbeitsbewältigungsfähigkeit zu erhalten und der Chronifizierung von Erkrankungen vorzubeugen. Stationäre Therapiemaßnahmen werden dabei verstärkt durch ambulante oder kombinierte Angebote ergänzt oder ersetzt. Das gilt insbesondere bei Suchtgefährdung und Erkrankung. Diese Therapieformen erfordern am Arbeitsplatz aber keine Wiedereingliederung im traditionellen Verständnis, sondern eine gute Begleitung während des gesamten Therapieprozesses auf der betrieblichen Seite.
- In jedem Fall sind die aufgrund sozialrechtlicher Bestimmungen eingeführten Regelungen für Eingliederungsverfahren in der betrieblichen Suchtarbeit zu berücksichtigen (Rehwald et al. 2012: 130ff.). Die Rede ist hier von der stufenweisen Wiedereingliederung nach § 74 des Sozialgesetzbuchs (SGB) V sowie dem betrieblichen Eingliederungsmanagement (BEM) nach § 84 SGB IX. Sie verpflichten den Betrieb, auf das Ziel präventiv sowie unterstützend zu wirken und einen Beitrag zu leisten, damit bei Krankheit die frühzeitige Rückkehr an den Arbeitsplatz möglich wird und die Vorbeugung erneuter Erkrankung in den Blick genommen werden kann. Sie können hervorragend als Präventivinstrumente wirken, wenn die Verfahren in diesem Sinne ausgestaltet und nachhaltig im Betrieb verankert werden.

3. Stufenweise Wiedereingliederung nach § 74 SGB V

Bei der stufenweisen Wiedereingliederung nach dem so genannten Hamburger Modell nimmt der oder die erkrankte Beschäftigte während oder nach einer Therapie die bisherige Tätigkeit schon *teilweise oder zeitweise* wieder auf. In dieser Phase bleibt die Arbeitsunfähigkeit weiter bestehen, aber der Erkrankte wird nach einem vom behandelnden Arzt oder der Klinik vorgeschlagenen Stufenplan schrittweise an die Belastungen des alten Arbeitsplatzes herangeführt. Der Zeitrahmen des Wiedereingliederungsprozesses wird vom Genesungsverlauf abhängig gemacht. Die Krankenkasse, der Arbeitgeber und der bzw. die an den Arbeitsplatz zurückkehrende Beschäftigte müssen der Wiedereingliederung zustimmen.

Eine gute Wiedereingliederung von Suchtkranken an ihrem Arbeitsplatz, die in manchen Therapiekonzepten schon während der Therapie erfolgt, sonst danach, ist am besten gewährleistet, wenn die betroffene Person, das Team und der Vorgesetzte durch den Suchtbeauftragten, die Schwerbehindertenvertretung, den Betriebsrat oder den Betriebsarzt fachlich begleitet werden.

4. Betriebliches Eingliederungsmanagement nach § 84, 2 SGB IX

»Prävention« ist die Überschrift des Paragraphen 84 im SGB. Sie gibt die Orientierung für die Ausrichtung des BEM vor. Ziel ist es, Beschäftigte, die innerhalb eines Jahres länger als sechs Wochen ununterbrochen oder wiederholt arbeitsunfähig sind, durch ein verbindliches Eingliederungsverfahren zu unterstützen, die Arbeitsfähigkeit zu erhalten oder wiederherzustellen. Mit Zustimmung der betroffenen Person und in Abstimmung mit der Personalvertretung ggf. unter Hinzuziehung der Schwerbehindertenvertretung und des Betriebsarztes sollen Maßnahmen entwickelt und durchgeführt werden, um erneuter Arbeitsunfähigkeit und Schwerbehinderung vorzubeugen und so den Arbeitsplatz zu erhalten. Suchtgefährdete oder -kranke Beschäftigte sind bei längerer Arbeitsunfähigkeit oder nach einer stationären Therapie eindeutig eine Zielgruppe für das Angebot des BEM (ArbG Naumburg, Urt. vom 6.9.2007 Az 1 Ca 956/07).

Das *für den Arbeitgeber rechtlich verbindliche Angebot* des BEM *ist aber freiwillig für die Beschäftigten* und kann deshalb von den

Anspruchsberechtigten abgelehnt werden, ohne dass dadurch unmittelbar Nachteile entstehen dürfen. Deshalb kann auf diesem Wege die Wiedereingliederung von suchtgefährdeten oder -kranken Beschäftigten nicht sichergestellt werden. Es ist aber darauf hinzuweisen, dass die Nichtteilnahme am BEM die negative Prognose bei einer später möglicherweise eingeleiteten krankheitsbedingten Kündigung stützen kann.

5. Betriebliche Regelungen der Wiedereingliederung in einer Betriebsvereinbarung (BV)/Dienstvorschrift (DV)

In den schriftlich fixierten betrieblichen Programmen sollte das Verfahren der Wiedereingliederung nach Beendigung einer stationären Suchttherapie geregelt sein. Nur auf diese Weise ist ein für alle Beteiligten verbindliches Verfahren zu gewährleisten. Ein Beispiel für eine Formulierung findet sich in den Qualitätsstandards:
1) »Unmittelbar vor oder nach Abschluss einer Therapie führt der/die Vorgesetzte zusammen mit der internen Beratung bzw. der Fallmanager/in mit der betroffenen Person ein Gespräch, in dem es um die Möglichkeiten für eine erfolgreiche Wiedereingliederung am Arbeitsplatz geht. Ein Vertreter des Betriebsrats oder eine andere Person des Vertrauens können am Gespräch teilnehmen. Gegebenenfalls sind für die Wiedereingliederung noch weitere Fachkräfte oder Mitglieder des Eingliederungsteams hinzuzuziehen.
2) Über die Wiedereingliederung am Arbeitsplatz hinaus kann ein Anspruch auf ein Betriebliches Eingliederungsmanagement nach § 84 (2) SGB IX bestehen und/oder dieses von dem/der Beschäftigten gewünscht werden.
3) Der/die Vorgesetzte führt in den folgenden zwei Jahren mindestens halbjährlich Bilanzgespräche mit dem/der Mitarbeiter/in.
4) Bewerben sich wegen Suchtproblemen entlassene Beschäftigte, die eine erfolgreich abgeschlossene Therapie nachweisen, erneut bei der GmbH, so wird die Bewerbung wohlwollend geprüft. Bei Neueinstellung sollte analog zum Wiedereingliederungsverfahren vorgegangen werden.« (DHS 2011: 117f.)

In der Praxis finden sich noch weitere Vorgehensweisen. Viele Fachkliniken laden zum Beispiel betriebliche Vertreter (Suchtberater, Vorgesetzte, Kollegen) in die Klinik ein, sofern die betroffene Person damit einverstanden ist. Häufig wird ein gemeinsames Gespräch mit dem zuständigen Therapeuten geführt, in dem über die Therapie informiert und über konkrete Schritte der Wiedereingliederung beraten wird (Lukas Werk 2007).

Wenn der Kontakt zu suchtkranken Beschäftigten auf deren Wunsch hin während der Therapie unterbrochen war, sollte eine Ansprechperson im Betrieb beauftragt werden, zeitnah zum Abschluss der therapeutischen Maßnahme Kontakt zu dem/der betroffenen Mitarbeiter/in aufzunehmen und ein Integrationsgespräch zu vereinbaren. In dem Gespräch, das entweder (mit Einverständnis der betroffenen Person) in der Therapieeinrichtung stattfindet oder erst nach ihrer Rückkehr vor Ort im Betrieb durchgeführt wird, werden Möglichkeiten zur Unterstützung und konkrete Schritte für eine erfolgreiche Wiedereingliederung am Arbeitsplatz abgesprochen.

Das Gespräch sollte von dem/der Vorgesetzten gemeinsam mit der Ansprechperson vorbereitet werden. Auf Wunsch der betroffenen Person nehmen ein Mitglied der Personalvertretung oder ggf. noch weitere Personen an diesem Gespräch teil.

Es zählt zu den Stärken betrieblicher Suchtpräventions- und -hilfekonzepte, dass sie unter Berücksichtigung der Besonderheiten der Suchtgefährdung und -erkrankungen über die Interventionen des Stufenplans sowie der Wiedereingliederungs-Regelung eine Verbindlichkeit für beide Seiten – Betrieb und betroffene Person – herstellen können. Es ist daher zu empfehlen, die gesetzlichen Regelungen zur Eingliederung weiterhin durch ein in einer Betriebsvereinbarung bzw. Dienstvorschrift geregeltes Verfahren zu konkretisieren und zu ergänzen.

Literatur

DHS (2011): Qualitätsstandards in der betrieblichen Suchtprävention und Suchthilfe der Deutschen Hauptstelle für Suchtfragen (DHS); www.dhs. de/arbeitsfelder/arbeitsplatz.html (Zugriff 30.4.2012).
Lukas-Werk (2007): Patienteninformation über die Stationäre Rehabilitation in der Fachklinik Erlengrund, Lukas-Werk Suchthilfe gGmbH Salzgitter.
Rehwald, Rainer/Reineke, Gaby/Wienemann, Elisabeth/Zinke, Eva (2012): Betriebliche Suchtprävention und Suchthilfe. 2. aktualisierte Auflage. Frankfurt am Main: Bund Verlag.
Wienemann, E. (2011): Der betriebliche Auftrag heißt Prävention. Zur Aktualität betrieblicher Suchtpräventionsprogramme, in: Konturen. Fachzeitschrift

zu Sucht und sozialen Fragen 32. Jg. 2/2011, S. 8-13.
Wienemann, E. (2008): Betriebliche Suchtprävention und Suchthilfe, in: Handbuch betriebsärztlicher Dienst. Grundlagen-Praxis-Organisation, 95. Ergänzungslieferung, Juni 2008, ecomed, XI-5.1.4, S. 1-38.

Tobias Reuter/Marianne Giesert/Cornelia Danigel
Von der Suchtgefährdung über die Erkrankung zur Eingliederung und Prävention im Betrieb
Das Projekt »Neue Wege im BEM«

Im Jahr 2004 wurde in Deutschland das Betriebliche Eingliederungsmanagement (BEM) im § 84 Abs. 2 SGB IX gesetzlich verankert. Ziel des BEM ist es, die Arbeits- und Beschäftigungsfähigkeit von Mitarbeiterinnen und Mitarbeitern wiederherzustellen, zu erhalten und zu fördern. Durch dieses Gesetz ist der Arbeitgeber verpflichtet, Beschäftigten, die länger als sechs Wochen innerhalb eines Jahres ununterbrochen oder wiederholt arbeitsunfähig waren, ein BEM anzubieten. Das Recht auf ein BEM ist nach dem Gesetz unabhängig von der Art der Erkrankung bzw. Arbeitsunfähigkeit und somit auch auf Suchterkrankte anzuwenden. Die genaue Ausgestaltung des Eingliederungsprozesses ist allerdings der Geschäftsführung und der betrieblichen Interessenvertretung überlassen und wird im Gesetz nicht vorgeschrieben. Neuere Urteile des Bundesarbeitsgerichtes lassen jedoch auf einige Mindeststandards schließen (Feldes 2011). Beispielsweise müssen im Mittelpunkt der Maßnahmenplanung die Anpassung und Änderungen an den Arbeitsplätzen bzw. die Weiterbeschäftigung des/der Beschäftigten durch die Versetzung an einen anderen Arbeitsplatz stehen. Auch sind die gesetzlich vorgesehenen externen Stellen und Personen (z.B. Rehabilitationsträger) bei der Klärung geeigneter Maßnahmen zu beteiligen.

Im Folgenden möchten wir zum einen aufzeigen, was beim BEM zu beachten ist, und einen Coachingansatz vorstellen, der die Ein- und Durchführung des BEMs optimiert und professionalisiert. Des Weiteren wird die besondere Problematik von Suchterkrankungen thematisiert und mit dem BEM verknüpft.

Zehn Schritte zum Ziel

Eine Handreichung zur Ein- und Durchführung des BEM ist der »Handlungsleitfaden für ein Betriebliches Eingliederungsmanagement« des DGB Bildungswerks (vgl. Giesert/Wendt-Danigel 2011). Dort sind zehn idealtypische Schritte beschrieben, die auf die spezifische Situation der Betriebe bzw. Organisationen mit ihren Beschäftigten angepasst werden müssen:
1. Orientierungsphase
2. Durchführung einer Gefährdungsbeurteilung körperliche und psychische Belastungen
3. Unterweisung im Dialog
4. Feststellung der Arbeitsunfähigkeit von mehr als sechs Wochen zusammenhängend oder über ein Jahr verteilt
5. Kontaktaufnahme zu den Betroffenen
6. Erstgespräch führen
7. Analyse des Arbeitsplatzes: Einbeziehung Gefährdungsbeurteilung, Analysen und Begehungen
8. Fähigkeiten und Anforderungen des Beschäftigten erfassen und abgleichen
9. Entwicklung und Durchführung von Maßnahmen zur Eingliederung an den Arbeitsplatz, Begleitung der Betroffenen
10. Wirksamkeitsüberprüfung, Evaluation und Dokumentation

Im Folgenden werden diese zehn Schritte kurz erläutert und um Aspekte der Suchtprävention sowie Suchterkrankungen ergänzt.

Voraussetzungen für das BEM schaffen, Integration in das Betriebliche Gesundheitsmanagement und Berücksichtigung der Betrieblichen Suchtprävention

Die Schritte 1-3 beinhalten die Schaffung wesentlicher Voraussetzungen, um den eigentlichen BEM-Prozess (Schritte 4-10) erfolgreich durchführen zu können. In der Orientierungsphase müssen die betrieblichen Akteure (Arbeitgeber, Betriebs-/Personalrat, Schwerbehindertenvertretung, Personalabteilung etc.) sich umfassend zum Thema BEM informieren und sich vor allem mit den gesetzlichen Rechten und Pflichten vertraut machen. Insbesondere die Ziele des BEMs – Wiederherstellung, Erhaltung und Förderung der Arbeitsfähigkeit, Erhalt des

Das Projekt »Neue Wege im BEM«

Arbeitsplatzes sowie Gestaltung eines menschengerechten Arbeitsplatzes – sind dabei zu beachten. Im Beitrag von Wolfhard Kohte (vgl. S. 130ff. in diesem Buch) wird zudem deutlich, dass BEM in jedem Betrieb unabhängig von der Größe angeboten werden muss und es egal ist, ob ein Betriebs- bzw. Personalrat besteht. Besonders wichtig ist in diesem Zusammenhang auch der Zeitpunkt und Anlass, an dem das BEM beginnt. So muss das BEM direkt im Anschluss an die Feststellung der Arbeitsunfähigkeit von mehr als sechs Wochen ansetzen und nicht erst, wenn der Beschäftigte wieder »voll« arbeitsfähig im Betrieb erscheint. Zudem ist das BEM unabhängig von der Ursache der Arbeitsunfähigkeit. Die Suchterkrankung als anerkannte Krankheit kann daher ebenfalls Auslöser für einen BEM-Prozess sein.

Um ein BEM mit den Berechtigten durchführen zu können, müssen in der Orientierungsphase geeignete sachliche/materielle, finanzielle, personelle und organisatorische Ressourcen bereitgestellt bzw. Voraussetzungen geschaffen werden (vgl. Giesert/Wendt-Danigel 2011). Hierzu gehören:

- die Festlegung einer Vorgehensweise für das BEM in einer Betriebsvereinbarung sowie die Klärung von Verantwortlichkeiten und Entscheidungskompetenzen,
- die Kommunikation mit der Belegschaft (z.B. bei Betriebsversammlungen, im Intranet, über Infoblätter, Aushänge …) und die Schaffung von Transparenz beim BEM,
- die Berücksichtigung bereits existierender Abläufe im Bereich Prävention, Integration und Rehabilitation, die mit dem BEM verzahnt werden müssen, um Synergien zu nutzen. Bestenfalls sind solche Prozesse bereits in einer geeigneten Betriebs- oder Dienstvereinbarung geregelt. Im Falle von Suchterkrankungen sind Vereinbarungen zur Sucht und zur Gefährdungsbeurteilung besonders wichtig. Im Falle der Betriebs- bzw. Dienstvereinbarung Sucht ist der Stufenplan das Kernstück: Er gibt verbindlich vor, wie im Fall einer Auffälligkeit mit der/dem Betroffenen umzugehen ist (vgl. Abbildung 1).

Heegner und Danigel (2012) beschreiben in diesem Kontext die Handlungsfelder der betrieblichen Suchtarbeit (vgl. Abbildung 2).

Insgesamt muss das BEM in das bestehende Betriebliche Gesundheitsmanagement mit den weiteren Handlungsebenen Arbeitsschutz und Betriebliche Gesundheitsförderung eingeordnet werden (vgl. hierzu Abbildung 3 sowie Giesert 2012 und den Beitrag von Günter Schumann in diesem Buch, S. 111ff.).

Abbildung 1: 5-Stufenplan nach Heegner und Danigel

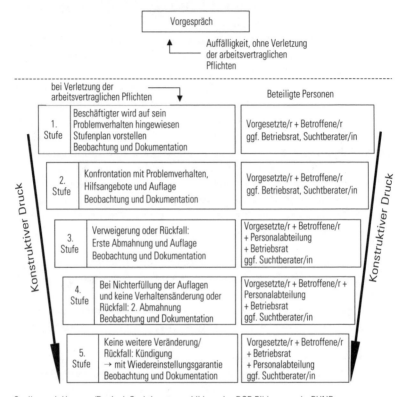

Quelle: nach Heegner/Danigel: Suchtberaterausbildung des DGB Bildungswerks BUND

Abbildung 2: Handlungsfelder der betrieblichen Suchtarbeit

Quelle: Heegner/ Danigel 2012

Das Projekt »Neue Wege im BEM«

Abbildung 3: Betriebliches Gesundheitsmanagement

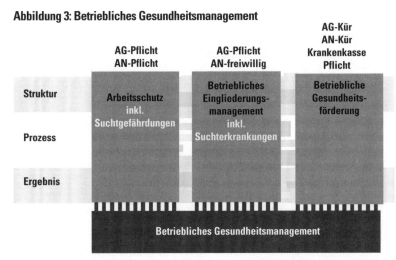

Quelle: Giesert 2012

Außerdem muss in der Orientierungsphase ein Netzwerk mit externen Akteuren aufgebaut werden, um die konstruktive Zusammenarbeit auch auf überbetrieblicher Ebene zu fördern. Hier sind zunächst die auch im Gesetz vorgesehenen Rehabilitationsträger zu nennen. Um der Suchtproblematik zu begegnen, ist auch die Vernetzung mit externen Suchtberatungsstellen, ambulanten und stationären Rehabilitationseinrichtungen wichtig.

Der oben genannte Punkt – die Gefährdungsbeurteilung – ist Inhalt von Schritt 2. Die Verzahnung zum Betrieblichen Gesundheitsmanagement wird an dieser Stelle besonders deutlich, da mit der Gefährdungsbeurteilung körperliche und psychische Belastungen das zentrale Instrument des Arbeitsschutzes (vgl. § 5 ArbSchG) in das System des BEMs integriert wird und auf breiter Basis präventiv der Arbeitsunfähigkeit der Belegschaft begegnet wird. Mit dieser ganzheitlichen Gefährdungsbeurteilung müssen auch Suchtgefährdungen identifiziert und durch geeignete Maßnahmen abgestellt werden. In Schritt 3 – Unterweisung im Dialog – steht die Informationsdistribution, Kommunikation und Diskussion über körperliche und psychische Belastungen, damit auch über Suchtgefährdungen und deren Vermeidung, die u.a. aus der Gefährdungsbeurteilung resultieren, im Vordergrund. Diese Schritte (2 und 3) unterstreichen den präventiven Charakter des BEMs.

> **Ein Fallbeispiel**
> Das folgende kurze Fallbeispiel, bei dem ein trockener Alkoholiker von seinen Erfahrungen in einem Verkehrsunternehmen berichtet, unterstreicht den präventiven Charakter des BEMs nochmals. Besagter Mitarbeiter erzählt, wie es bei ihm zur Alkoholsucht kam. Als Mitarbeiter im Fahrdienst ist er in ein System mit Wechselschichten eingebunden, die sich wöchentlich verändern. Es wird rückwärts rolliert (Nachtschicht zur Spätschicht zur Frühschicht), was nachweislich arbeitswissenschaftlich nicht optimal ist. Insbesondere die Nachtschichten verursachten bei ihm Schlafstörungen, die er zunächst mit einem, dann mit zwei, drei und mehr Bieren wegzutrinken versuchte. Verstärkt wurde diese Situation durch die zunehmende negative psychische Beanspruchung, die durch den zunehmenden Verkehr, aggressive Fahrgäste und auch Probleme im privaten Bereich verursacht wurde. Den Ausgang der Geschichte kann man sich denken. Im Weiteren berichtet er von Kolleginnen und Kollegen, bei denen seine Geschichte fast eins zu eins übertragbar ist.
>
> Was hat dies mit der Gefährdungsbeurteilung zu tun? Offenbar ist der Mitarbeiter kein Einzelfall und die Gefährdungen wurden nur unzureichend zur Kenntnis genommen. Die beschriebenen Gefährdungen (Schichtarbeit, zunehmender Verkehr, aggressive Fahrgäste) müssen im Rahmen der ganzheitlichen Gefährdungsbeurteilung erfasst und Strategien bzw. Gegenmaßnahmen entwickelt werden, um die Gefährdungen zu beseitigen bzw. einzudämmen. Hierfür ist eine arbeitsplatzbezogene Analyse mit einem geeigneten Instrument erforderlich. Darauf aufbauend sind bspw. durch einen Workshop mit den wesentlichen betrieblichen und außerbetrieblichen Akteuren (Führungskräfte, Beschäftigte, Betriebsrat, Arbeitssicherheit, Betriebsärzte, Berufsgenossenschaft etc.) Maßnahmen abzuleiten und umzusetzen. Darüber hinaus ist durch die Unterweisung im Dialog (§ 12 ArbSchG) auf die identifizierten Gefährdungen sowie die Maßnahmen hinzuweisen und die Meinung der Beschäftigten hierzu einzuholen.

Der BEM-Prozess und der Umgang mit Suchterkrankten

Ab Schritt 4 – Feststellung der Arbeitsunfähigkeit von mehr als sechs Wochen – beginnt der BEM-Prozess, sprich die Arbeit der inner- und überbetrieblichen Akteure sowie der/des BEM-Berechtigten, um Lösungen zu entwickeln, »wie die Arbeitsunfähigkeit möglichst überwunden werden und mit welchen Leistungen oder Hilfen erneuter Arbeitsunfähigkeit vorgebeugt und der Arbeitsplatz erhalten werden kann« (SGB IX § 84, Abs. 2). Wie bereits oben erläutert, wird auch die/der

Das Projekt »Neue Wege im BEM« 157

Suchterkrankte zur/m BEM-Berechtigten, wenn sie/er länger als sechs Wochen im Zeitraum von zwölf Monaten wiederholt oder zusammenhängend arbeitsunfähig waren. Nach der Feststellung der Arbeitsunfähigkeit wird die/der BEM-Berechtigte kontaktiert (Schritt 5), um sie/ihn über die Ziele und Vorgehensweisen eines BEMs zu informieren und ihr/ihm die Möglichkeit der Teilnahme anzubieten. Stimmt diese/r zu, kommt es zu einem Erstgespräch (Schritt 6), in dem die individuelle Situation des Beschäftigten vertrauensvoll analysiert wird. In diesem Zusammenhang ist auf die Einhaltung des Datenschutzes hinzuweisen (Reuter/Giesert/Liebrich 2011). Der Schritt 6 ist bei Suchterkrankten besonders problematisch und es wird auch ein Widerspruch zum Stufenplan deutlich. BEM ist zu jedem Zeitpunkt freiwillig und – wie Kohte (vgl. S. 130ff.) in diesem Band zu Recht beschreibt – dürfen dem BEM-Berechtigten keine rechtlichen Nachteile aus der Ablehnung entstehen. Unstrittig ist, dass durch einen geeigneten BEM-Prozess Suchterkrankten eine bessere Perspektive zur Eingliederung im Betrieb gegeben wird. Jedoch stellt sich die Frage, ob sich ein/e Suchterkrankte/r auf das freiwillige BEM einlassen wird, da die Verleugnung der Krankheit ein Teil des Krankheitsbildes ist. Beim oben gezeigten verbindlichen Stufenplan wird nicht umsonst auf den steigenden »konstruktiven Druck«, d.h. keine Freiwilligkeit, hingewiesen. Im Gegensatz zum BEM hat sich bei Suchterkrankten gerade diese Steigerung von Sanktionen bis hin zur Kündigung in der Praxis bewährt. Kothe beschreibt aber in seinem Beitrag, dass zuerst das »niedrigschwelligere BEM« angeboten werden muss, was bedeutet, dass eine mögliche Betriebs- oder Dienstvereinbarung zur Sucht erst einmal hinten anstehen muss und damit auch der auf Grundlage des Arbeitsvertrages aufzubauende Druck. Es wäre jedoch notwendig, das bewährte Vorgehen bei Suchterkrankten mit dem BEM zu verknüpfen und die Betriebs- bzw. Dienstvereinbarungen so zu gestalten, dass die Widersprüche aufgelöst werden und auch Handlungssicherheit bei den betrieblichen Akteuren herrscht. Dies bedarf aber einer weiteren, insbesondere auch juristischen Auseinandersetzung.

Das Vorgehen im Stufenplan sieht die Unterstützung und Begleitung der/des Süchtigen vor. Dabei spielt die/der betriebliche Suchtberater/in eine besonders große Rolle. Des Weiteren wird in diesem Rahmen auch auf die externen Hilfsangebote verwiesen (vgl. hierzu z.B. Wienemann/Schumann 2011). Was in den Stufenplänen nicht oder nur unzureichend vorgesehen ist, ist die Analyse des Arbeitsplatzes, wie sie in Schritt 7 des Handlungsleitfadens zum BEM zu finden ist. Hintergrund dieses Schrittes ist die genaue Feststellung der Anforderungen und insbesondere der Gefährdungen, die sich aus der Tätigkeit bzw. dem Arbeitsplatz ergeben. Vor allem die Einbeziehung der Gefährdungsbeurteilung körperliche und psychische Belastung, wie sie in Schritt 2 skizziert wurde, ist hier notwendig und damit auch die Identifikation der Suchtgefährdungen. In Schritt 8 werden Fähigkeiten und Anforderungen des Beschäftigten erfasst und abgeglichen. Die Ergebnisse und Analysen fließen dann in Schritt 9, »Entwicklung und Durchführung von Maßnahmen zur Eingliederung an den Arbeitsplatz«, zusammen. Die/der BEM-Berechtigte wird begleitet, Maßnahmen werden entwickelt und umgesetzt. Im letzten Schritt 10 folgt die Wirksamkeitsprüfung der Maßnahmen, die Evaluation auf struktureller, prozessualer und Ergebnisebene sowie die Dokumentation des BEMs. Dadurch lassen sich Stärken und Verbesserungspotenziale für den einzelnen BEM-Prozess, aber auch für das BEM insgesamt identifizieren und ein kontinuierlicher Verbesserungsprozess des BEMs – auch im Zusammenhang mit der betrieblichen Suchtprävention – kann in Gang gesetzt werden (vgl. hierzu auch Liebrich/Reuter 2012).

Projekt »Neue Wege im BEM« – Das Arbeitsfähigkeitscoaching

Gleich wie das BEM – auch mit Suchterkrankten – in den einzelnen Unternehmen konkret ausgestaltet wird: Im Mittelpunkt muss immer die/der Mitarbeiter/in stehen. Der Gesetzgeber hat für alle das Recht auf diesen Prozess festgeschrieben, der die Verbesserung der eigenen Arbeits- und Beschäftigungsfähigkeit zum Ziel hat. Dass den Arbeitnehmer/innen hierbei eine aktive Rolle angetragen werden sollte, wird auch im Originaltext betont: »Sind Beschäftigte innerhalb eines Jahres länger als sechs Wochen ununterbrochen oder wiederholt arbeitsunfähig, klärt der Arbeitgeber mit der zuständigen Interessenvertretung [und] mit Zustimmung und Beteiligung der betroffenen Person die Möglichkeiten, wie die Arbeitsunfähigkeit möglichst überwunden werden und mit welchen Leistungen oder Hilfen erneuter Arbeitsunfähigkeit vorgebeugt und der Arbeitsplatz erhalten werden kann.« Ein wesentliches Ziel, welches sich aus dem Gesetzestext ablesen lässt, ist die Unterstützung der Selbstbestimmung und der Partizipation insbesondere der Betroffenen selbst (Ulich/Wülser 2010).

Das Projekt »Neue Wege im BEM« 159

Das oben beschriebene Verständnis von Selbstbestimmung und Partizipation setzt voraus, dass Arbeitnehmer/innen diese aktive Rolle erkennen und folglich auch annehmen wollen und können. Ein solcher Umdenk- und Lernprozess kann nicht von heute auf morgen vollzogen werden. Um die BEM-Berechtigten in dieser Entwicklung zu begleiten, zu bestärken und zu unterstützen, bietet sich ein strukturierter Coachingprozess beim BEM an. Das hier vorgestellte Arbeitsfähigkeitscoaching (AFCoaching) wird im Rahmen des Projektes »Neue Wege im Betrieblichen Eingliederungsmanagement – Arbeits- und Beschäftigungsfähigkeit wiederherstellen, erhalten und fördern« entwickelt und in vier Unternehmen erprobt. Das Projekt läuft seit April 2010 und wird für die gesamte Laufzeit bis März 2013 durch das Bundesministerium für Arbeit und Soziales und den Ausgleichsfonds nach § 78 SGB IX in Verbindung mit § 41 SchwbAV (Schwerbehinderten-Ausgleichsabgabeverordnung) gefördert. Es hat die Strukturierung und Professionalisierung des im IX. Sozialgesetzbuch verankerten Betrieblichen Eingliederungsmanagements zum Ziel. Es ist auf der Basis des finnischen Arbeitsfähigkeitskonzeptes (Ilmarinen/Tempel 2002) als Rahmenkonzept entwickelt, das in der betrieblichen Anwendung auf die spezifische Situation des Unternehmens und der darin Beschäftigten angepasst werden kann und muss (eine detaillierte Beschreibung des AFCoachings findet sich in Liebrich/Giesert/Reuter 2011).

Drei Bausteine des AFCoachings

Das Rahmenkonzept AFCoaching besteht aus drei Bausteinen:
(1) Betriebliche Ebene: Es werden Strukturen angestrebt, um das Handlungsfeld BEM neben dem ebenfalls gesetzlich geforderten Betrieblichen Arbeitsschutz und der Betrieblichen Gesundheitsförderung als »dritte Säule« eines umfassenden Betrieblichen Gesundheitsmanagements (Giesert 2012) zu verankern (vgl. dazu auch die Ausführungen zu den Schritten 1 bis 3 oben). Ausgangspunkt ist eine umfangreiche Ist-Situationsanalyse von bestehenden Strukturen, Prozessen und Ergebnissen des im Betrieb vorhandenen Gesundheitsmanagements, wozu auch die betriebliche Suchtarbeit zählt. Darauf aufbauend wird die Schaffung bzw. Optimierung der notwendigen Strukturen und Prozesse (z.B. Bereitstellung personeller, finanzieller und materieller Ressourcen, Modellierung von Informations- und Kommunikati-

onsprozessen) unterstützt und der BEM-Prozess definiert. Ziel ist die abschließende Regelung der Vorgehensweise und Zuständigkeiten in einer Betriebs- bzw. Dienstvereinbarung, die auch den Coachingprozess auf individueller Ebene sowie die Zusammenarbeit mit externen Akteuren aufzeigt. Bei der Klärung der personellen Ressourcen sind vor allem das zuständige BEM-Team (Integrationsteam) sowie die zukünftigen Arbeitsfähigkeitscoaches zu bestimmen, welche die BEM-Berechtigten bei ihrem Eingliederungsverfahren begleiten und unterstützen. Hier sind geeignete Personen auszuwählen, die sich zunächst für ihre Position qualifizieren müssen und auch bereit sind, sich kontinuierlich zum Thema weiterzubilden. Hierzu eignet sich die Zertifizierung zum Certified Disability Management Professional (CDMP).[1] Im Falle der Arbeitsfähigkeitscoaches wird eine sechsmonatige Qualifizierung im Projekt »Neue Wege im BEM« entwickelt und durchgeführt. Daneben sollte auch das Thema Sucht und betrieblicher Umgang ein Teil der Fort- und Weiterbildung sein (vgl. hierzu den Beitrag von Giesert/Danigel/Reuter in diesem Band). Vor allem im Bereich des BEMs, aber auch bei der Zusammenarbeit mit Süchtigen, in der mit sensiblen Daten von Arbeitnehmer/innen gearbeitet wird, ist die Schaffung einer Vertrauenskultur unumgänglich. Um in diesem Punkt die Handlungssicherheit aller Akteure zu unterstützen, ist die transparente und detaillierte Regelung des Datenschutzes eine notwendige Voraussetzung (Reuter/Giesert/Liebrich 2011).

(2) Überbetriebliche Ebene: In der gesetzlichen Grundlage des BEMs wird auf Möglichkeiten externer Unterstützung hingewiesen. Um die Schnittstelle zu den externen Akteuren (z.B. Integrationsämter, Krankenkassen, Rentenversicherer, wegen der Suchterkrankungen sind aber auch Suchtberatungsstellen sowie ambulante und stationäre Einrichtungen von Bedeutung) zu optimieren, wird ein Unterstützungsnetzwerk etabliert. Dieses zielt neben der Identifikation und Vermittlung von therapeutischen Maßnahmen, finanzieller bzw. materieller Unterstützung sowie von Beratungsleistungen bei der Eingliederung auf einen kontinuierlichen Erfahrungsaustausch ab. In regelmäßigen Abständen treffen sich betriebliche Akteure mit Vertretern der unterschiedlichen externen Organisationen zu runden Tischen, welche bspw. das jewei-

---

[1] Weitere Informationen zur Ausbildung zum CDMP erhalten Sie bei Ivana Simunovic unter Tel. 0211/4301 235 oder per Mail: ivana.simunovic@dgb-bildungswerk.de

lige allgemeine Leistungspaket mit deren Voraussetzungen und die Diskussion über ganz bestimmte Fallkonstellationen zum Gegenstand haben. Somit können sich Unternehmen auch durch diesen Expertenkreis bei der Verknüpfung von Eingliederungsprozessen und den besonderen Notwendigkeiten, wenn es sich um Suchterkrankte handelt, beraten lassen.

(3) Individuelle Ebene: Auf diese Ebene richtet sich das Hauptaugenmerk des AFCoachings: Der Coach und der definierte Coachingprozess unterstützen die BEM-Berechtigten in ihrer aktiven Rolle bei der Wiederherstellung, dem Erhalt und der Förderung ihrer Arbeits- und Beschäftigungsfähigkeit und statten sie hierfür mit der nötigen Handlungskompetenz aus. Die intensive und konstruktive Zusammenarbeit im Coaching wird durch einen umfassenden Datenschutz unterstützt. Kernstück ist die gemeinsame Analyse von persönlichen Ressourcen sowie Arbeitsanforderungen und die darauf aufbauende Entwicklung von Maßnahmen in einem so genannten Maßnahmenworkshop.

Ablauf des AFCoachings auf individueller Ebene

Der Ablauf des individuellen AFCoachings ist in acht Schritte zu unterteilen (vgl. Abbildung 4):

Im (1) »Erstgespräch« lernen sich die/der BEM-Berechtigte und der Coach kennen und der zeitliche sowie inhaltliche Ablauf wird diskutiert. Ziel dieses ersten persönlichen Kontakts ist das Schaffen einer notwendigen Vertrauensbasis für die weitere Zusammenarbeit. Hierfür unterzeichnet der Coach eine Datenschutzerklärung (nach § 5 BDSG), die ihn dazu verpflichtet, das Datengeheimnis auch über das Ende des Coachings hinaus zu wahren. Darüber hinaus wird ein Coachingvertrag abgeschlossen, der wichtige Aspekte der Coachingbeziehung, wie bspw. die aktive Mitarbeit der/des BEM-Berechtigten, verdeutlicht.

Der zweite Schritt (2), »Analyse mit der/dem Berechtigten/m und eventuell mit weiteren Experten«, basiert auf dem Arbeitsfähigkeitskonzept (Ilmarinen/Tempel 2002). Es wird die Ausgangssituation der/des BEM-Berechtigten im Hinblick auf die im Arbeitsfähigkeitskonzept genannten Faktoren »Gesundheit«, »Kompetenzen und Qualifikation«, »Werte, Einstellungen und Motivation«, »Arbeitsbedingungen und Führung« sowie »familiäres bzw. privates und regionales Umfeld« erfasst. Neben der subjektiven Wahrnehmung der/des BEM-Berech-

Abbildung 4: Ablauf des Arbeitsfähigkeitscoachings

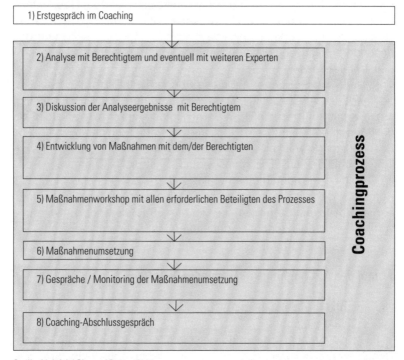

Quelle: Liebrich/ Giesert/ Reuter 2011

tigten fließen auch Gefährdungsbeurteilungen (hier auch die Beurteilung von Suchtgefährdungen) sowie weitere Analyseergebnisse, z.B. aus Arbeitsplatzbegehungen, in die Betrachtung mit ein. Es werden zudem erste mögliche persönliche und betriebliche Verbesserungsvorschläge festgehalten.

Im dritten Schritt (3) »Diskussion der Analyseergebnisse« erfolgt die Priorisierung der vorher identifizierten persönlichen und betrieblichen Ansatzpunkte, auf deren Grundlage die (4) »Partizipative Entwicklung von Maßnahmen in allen Bereichen« erfolgt. Hier werden konkrete individuelle und betriebliche Handlungsmöglichkeiten über alle oben beschriebenen Faktoren der Arbeitsfähigkeit mit dem BEM-Berechtigten diskutiert und festgehalten. Dadurch wird die/der BEM-Berechtigte als Experte für die eigenen Arbeitsbedingungen und möglicher

Das Projekt »Neue Wege im BEM«

entlastender Veränderungen in die Maßnahmenentwicklung integriert und somit die geforderte Selbstbestimmung gewährleistet.

Der (5) »Maßnahmenworkshop mit allen erforderlichen Beteiligten des Prozesses« bindet neben der/dem BEM-Berechtigten und dem Coach in moderierender Funktion wichtige und zur Umsetzung notwendige Akteure (z.b. Suchtberater/in, Führungskräfte und Interessensvertretung, ggf. außerbetriebliche ExpertInnen) ein. Ziel ist, die Maßnahmen auf ihre Umsetzbarkeit hin zu überprüfen und ggf. neue Vorschläge zu generieren. Durch dieses konsensorientierte Verfahren werden Vorgehensweisen für die Eingliederung entwickelt, die in ihrer Umsetzung den Bedarfen der/des BEM-Berechtigten und der betrieblichen Realität entsprechen. Nicht zuletzt aufgrund dieser gezielten Beteiligung aller wichtigen Entscheidungsträger – insbesondere der/des BEM-Berechtigten selbst – ist das AFCoaching ein partizipativer Ansatz, der die gesetzlich verankerte »Beteiligung der betroffenen Person« in die betriebliche Praxis umsetzt.

Die (6) »Maßnahmenumsetzung« wird durch den Schritt (7) »Gespräche/Monitoring der Maßnahmenumsetzung« begleitet, in denen die beschlossenen Maßnahmen und deren Umsetzungsprozess reflektiert werden, um, falls nötig, korrigierend eingreifen zu können.

Ist die Maßnahmenumsetzung erfolgreich beendet, findet ein (8) »Coaching-Abschlussgespräch« statt, das zur Evaluierung des Coaching-Prozesses dient. Nach Ende des Coachings verbleiben alle erhobenen Daten und Dokumente einzig und allein bei den BEM-Berechtigten. Dem Unternehmen werden lediglich die für die Dokumentation des allgemeinen BEM-Verfahrens nötigen Daten übermittelt (z.B. Beginn und Ende des Coachings).

Beschrieben ist hier ein »normaler« AFCoaching-Prozess. Der AFCoach bezieht die/den BEM-Berechtigte/n bei jeder Handlung aktiv mit ein, gestaltet den Prozess transparent und macht nichts ohne die Zustimmung der/des BEM-Berechtigten. Wie sieht aber der Prozess bei einer/einem Suchterkrankten aus? Ist sich der Suchterkrankte seiner Erkrankung bewusst oder verdrängt er sie? Ist der AFCoach in dieser Situation auf der Grundlage des vereinbarten, oben beschriebenen Prozesses überhaupt in der Lage, die/den BEM-Berechtigte/n zu unterstützen? Oder muss der Vertrag gekündigt werden und ein spezieller Interventionsplan für den AFCoach zur Unterstützung der/des BEM-Berechtigten greifen? Antworten auf diese Fragen werden im Projekt »Neue Wege im BEM« bis März 2013 gegeben.

4. Zusammenfassung

Mit dem § 84 Abs. 2 SGB IX ist der Arbeitgeber verpflichtet, Beschäftigten, die länger als sechs Wochen innerhalb eines Jahres ununterbrochen oder wiederholt arbeitsunfähig waren, ein BEM anzubieten. Dies gilt auch dann, wenn die Ursachen der AU-Tage in einer Suchterkrankung zu suchen sind. Anhand der 10-Schritte-Systematik des BEMs wird deutlich, welche Voraussetzungen geschaffen werden müssen, um einen BEM-Prozess einführen bzw. den bestehenden optimieren zu können. Die Schritte 4 bis 10 zeigen auf, welche notwendigen Elemente der BEM-Ablauf beinhalten muss. Die Diskussion um die Eingliederung von Suchterkrankten zeigt einige Besonderheiten und Herausforderungen. Bei der ganzheitlichen Gefährdungsbeurteilung physische und psychische Belastungen sind auch Suchtgefährdungen zu berücksichtigen und anschließend mit den entwickelten Maßnahmen zu unterweisen. Vor allem die Zusammenführung des freiwilligen BEMs mit dem bewährten System des Stufenplans bei Süchtigen und damit der Widerspruch zwischen Freiwilligkeit auf der einen und dem Diktat des »konstruktiven Drucks« auf der anderen Seite muss noch inhaltlich und juristisch weiter diskutiert werden.

Im Weiteren wurde das Arbeitsfähigkeitscoaching als ein umfassendes Konzept beschrieben, das auf die Professionalisierung und Strukturierung des Betrieblichen Eingliederungsmanagements abzielt. Es ist als Rahmenkonzept gestaltet, das die spezifische Situation der/des BEM-Berechtigten (damit auch die Besonderheiten des Suchtkranken) und die des Betriebes berücksichtigt. Es zeichnet sich durch eine konsequent partizipative und dialogorientierte Vorgehensweise auf individueller, betrieblicher und überbetrieblicher Ebene aus.

Auf individueller Ebene wird der/dem BEM-Berechtigten durch das Coaching Entscheidungsmacht übertragen und somit echte Partizipation am BEM-Geschehen ermöglicht. Überbetriebliche aktive Netzwerke unterstützen den Prozess. Die Aktivitäten und Maßnahmen des AFCoachings auf allen drei Ebenen tragen zu einer nachhaltigen Verankerung des Betrieblichen Eingliederungsmanagements in einem Betrieblichen Gesundheitsmanagement bei, und es besteht die Chance, auch den Notwendigkeiten bei Suchterkrankten gerecht zu werden.

5. Literatur

Feldes, W. (2011): BAG-Mindesstandards beim BEM: Rechtlich einwandfrei eingliedern, so geht's, in: Gute Arbeit. Zeitschrift für Gesundheitsschutz und Arbeitsgestaltung, 3, S. 16-18.
Giesert, M. (2012): Arbeitsfähigkeit und Gesundheit erhalten, in: Arbeitsrecht im Betrieb (AiB), Heft 5, S. 336-340.
Giesert, M./Wendt-Danigel, C. (2011): Handlungsleitfaden für ein Betriebliches Eingliederungsmanagement, Arbeitspapier 199. Düsseldorf: Hans Böckler Stiftung.
Heegner, S./Danigel, C. (2012): Präventive Strategien für eine gute Suchtarbeit im Betrieb, in: Gute Arbeit. Zeitschrift für Gesundheitsschutz und Arbeitsgestaltung, 3, S. 21-23.
Ilmarinen, J./Tempel, J. (2002): Arbeitsfähigkeit 2010 – Was können wir tun, damit Sie gesund bleiben? Hrsg. von M. Giesert im Auftrag des DGB Bildungswerks e.V. Hamburg: VSA.
Liebrich, A./Giesert, M./Reuter, T. (2011): Das Arbeitsfähigkeitscoaching im Betrieblichen Eingliederungsmanagement, in: Giesert, M. (Hrsg.), Arbeitsfähig in die Zukunft – Willkommen im Haus der Arbeitsfähigkeit! Hamburg: VSA, S. 81-93.
Liebrich, A./Reuter, T. (2012): Neue Wege im Betrieblichen Eingliederungsmanagement, in: Bruder, R./Hauff, M. v. (Hrsg.): Arbeit im Wandel. Aufgaben der Arbeitswissenschaft im 21. Jahrhundert. Stuttgart: ergonomia, S. 231-252.
Reuter, T./Giesert, M./Liebrich, A. (2011): Der Datenschutz im Betrieblichen Eingliederungsmanagement, in: Giesert, M. (Hrsg.), Arbeitsfähig in die Zukunft – Willkommen im Haus der Arbeitsfähigkeit! Hamburg: VSA, S. 173-184.
Ulich, E./Wülser, M. (2010): Gesundheitsmanagement in Unternehmen. Arbeitspsychologische Perspektiven, 4. Aufl., Wiesbaden: Gabler.
Wienemann, E./Schumann, G. (2011): Qualitätsstandards in der betrieblichen Suchtprävention und Suchthilfe der Deutschen Hauptstelle für Suchtfragen (DHS) – Ein Leitfaden für die Praxis. Herausgegeben von der Deutschen Hauptstelle für Suchtfragen (DHS), 2. aktualisierte und ergänzte Auflage.

Andreas Eckwolf
»Fit2Work« – Ein Beratungsangebot für berufliche Sekundärprävention in Österreich

Das Betriebliche Eingliederungsmanagement nach § 84 SGB IX gilt seit 2004 in den deutschen Unternehmen, um die Arbeitsfähigkeit von ArbeitnehmerInnen wieder herzustellen, zu erhalten und zu fördern. In Österreich gibt es seit dem 1.1.2011 das Arbeit-und-Gesundheit-Gesetz, bei dem »Fit2Work« als ein zentrales Element einer Gesamtstrategie zur Erhaltung der Arbeits- und Beschäftigungsfähigkeit etabliert wurde.

Mit den Budgetbegleitgesetzen wurde im Dezember 2010 das Arbeit-und-Gesundheit-Gesetz im Parlament beschlossen und am 1.1.2011 in Kraft gesetzt.

Dahinter stand die Überlegung, dass pro-aktive Sozialpolitik ein wesentlicher Ansatz für »intelligentes Sparen« ist. Das bedeutet auch, Gesundheit zu erhalten statt teure »Reparaturen« im Nachhinein vorzunehmen. Geldmittel werden eingesetzt, um gesundheitliche Schäden erst gar nicht entstehen zu lassen bzw. zu minimieren und gleichzeitig Verwaltungskosten einzusparen, ohne Leistungen zu kürzen. Forcierte Vernetzung soll für die bessere Nutzung und notwendige Weiterentwicklung bestehender Angebote der Institutionen und Träger sorgen.

»Fit2Work« ist ein zentrales Element einer – noch zu entwickelnden – Gesamtstrategie zur Erhaltung der Arbeits- und Beschäftigungsfähigkeit des österreichischen Arbeitskräftepotenzials. Damit soll das vorzeitige Ausscheiden aus dem Erwerbsprozess vermieden und so das Know-how der Beschäftigten – angesichts des demografischen Wandels – in den Betrieben gehalten werden. Ein Ziel ist die Verbesserung des Gesundheitszustandes durch die Gestaltung einer gesundheitsförderlichen Arbeitswelt. Gerade in einer erwerbszentrierten Gesellschaft hängt die menschliche Würde auch davon ab, dass es gelingt, möglichst lange gesund in der Arbeitswelt aktiv zu verbleiben.

Dazu kommt noch der ökonomische Nutzen für die Systeme der sozialen Sicherheit. Es liegt auf der Hand, dass dem öffentlichen Haushalt

»Fit2Work« – Beratung für berufliche Sekundärprävention in Österreich

Ausgaben erspart werden, wenn die Krankenstandstage verringert werden und ArbeitnehmerInnen generell länger beschäftigt sind. Gleichzeitig steigert der öffentliche Haushalt seine Einnahmen durch ein Mehr an Steuern und Sozialversicherungsabgaben.

1. Ziele

Zentrale Ziele von »Fit2Work« sind der Erhalt und die nachhaltige Verbesserung der Arbeits- und Beschäftigungsfähigkeit von ArbeitnehmerInnen sowie die Verhinderung von krankheitsbedingtem vorzeitigen Ausscheiden aus dem Erwerbsleben.

Mit Errichtung eines *niedrigschwelligen Beratungsangebotes für Personen und Betriebe* mit dem Schwerpunkt auf berufliche Sekundärprävention soll
- eine Verminderung von Invalidität bzw. frühzeitige Verhinderung von Arbeitslosigkeit aus gesundheitlichen Gründen,
- die Wiedereingliederung nach längeren krankheitsbedingten Krankenständen sowie
- die langfristige Erhaltung der Arbeitsfähigkeit durch präventive Maßnahmen

gewährleistet werden. Wesentlich dabei ist eine *frühzeitige Intervention*. Bei Auftreten krankheitsbedingter Fehlzeiten von Arbeitnehmerinnen und Arbeitnehmern bzw. schon im Vorfeld bei Auftreten von gesundheitlichen Problemen am Arbeitsplatz soll »Fit2Work« eingreifen, um eine weitere Verschlechterung der gesundheitlichen Situation bzw. der Beschäftigungssituation zu verhindern, indem auf vorhandene Angebote der Partnerorganisationen verwiesen wird und die betroffene Person oder der Betrieb die Möglichkeit hat, auf diesem Weg begleitet zu werden. Dabei soll auch festgestellt werden, ob die bestehenden Angebote der Träger ausreichen.

2. Entwicklung

Bereits im Jahr 2005 stellte der *Rechnungshof* in seinem Bericht über die »Gesundheitsförderung durch das BMGF« (Bundesministerium für Gesundheit) einen besonderen Bedarf hinsichtlich der Koordinierung der Gesundheitsförderung fest. In weiterer Folge bekräftigte der Präsident des Rechnungshofes im September 2009 diese Kritik und sprach von einer »mangelhaften Koordinierung der Gesundheitsförderungsmaßnahmen von Gebietskörperschaften und Sozialversicherungsträgern« sowie von »Effizienzverlusten«.

Ein Ergebnis der ExpertInnengespräche zu »Invalidität im Wandel« 2007 bis 2008 waren die Notwendigkeit von Verbesserungen bei der »Sekundärprävention« sowie die Einführung von »Early-Intervention-Strategien«. Konkret wurde der flächendeckende Aufbau von Beratungsstellen für Arbeitsfähigkeit, Gesundheit und Arbeitsplatzerhalt gefordert. Parallel dazu wurden in Wien (»Service Arbeit und Gesundheit«), der Steiermark (»Präventionsmanagement«) und Niederösterreich (»Work-Fit«) erfolgreiche Pilotversuche eingerichtet bzw. fortgeführt.

Im »Fehlzeitenreport 2009« stellte das Österreichische Institut für Wirtschaftsforschung (WIFO) einen Bedarf für Maßnahmen der Gesundheitsförderung und Prävention fest und empfahl die Entwicklung eines diesbezüglichen Angebots: Dieses sollte die Verknüpfung von Elementen der primären Prävention mit diagnostischen, therapeutischen und rehabilitativen Maßnahmen der sekundären und tertiären Prävention leisten.

Ende 2009 wurde vom österreichischen Bundesarbeitsminister Rudolf Hundstorfer ein entsprechender Projektauftrag erteilt und von Februar bis Juni 2010 gemeinsam von den Sozialpartnern mit den geplanten künftigen Umsetzungspartnern (Trägern) Allgemeine Unfallversicherungsanstalt, Arbeitsinspektion, Arbeitsmarktservice, Bundessozialamt, Gebietskrankenkassen, Hauptverband der Sozialversicherungsträger und Pensionsversicherungsanstalt entwickelt. Am 20. Dezember 2010 war die parlamentarische Behandlung abgeschlossen, am 1.1.2011 trat das AGG in Kraft. »Fit2Work« wird stufenweise ab 2011 bis zum Jahr 2013 in allen Bundesländern eingerichtet werden.

Mit der Koordinierung dieses Programms wurde das Bundessozialamt (BSB) beauftragt. Beim BSB wurden eine Steuergruppe und ein Beirat eingerichtet, mit der Aufgabe, die Umsetzung dieses Programms zu überwachen. Am 1.7.2011 wurde das Programm in Niederösterreich, Steiermark und Wien gestartet, da in jenen Bundesländern – zum Teil schon seit 2002 – Pilotprojekte erfolgreich gelaufen sind. Am 1.7.2012 erfolgt die Umsetzung in Oberösterreich, Salzburg und Tirol.

3. Grundsätzliches

»Fit2Work« ist in seiner Grundfunktion eine Art *Navigationshilfe* durch die zahlreichen Angebote der Partnerorganisationen. Im Betreuungsverlauf wird das gesamte Maßnahmenangebot der Partner sinnvoll und auf die jeweilige Problemlage abgestimmt zum Einsatz gebracht. Bei Bedarf werden betroffene Personen auf ihrem Weg durch die Angebotsvielfalt unterstützt und z.b. im Wege von Case-Management begleitet.

Als Eckpfeiler von »Fit2Work« stehen die folgenden Grundsätze im Mittelpunkt:
- Aufbau auf Pilotprojekten – auf erprobtem Bestehenden
- Optimierung des Maßnahmeneinsatzes – Verknüpfung der bestehenden Angebote der Partner zu sinnvollen, wechselweise abgestimmten Maßnahmenplänen und damit Vermeidung von Überkapazitäten und Doppelgleisigkeiten
- Koordination/Moderation/Organisation, Sammlung und Bewertung von Erfahrungen als Wissensdrehscheibe für Partnerorganisationen
- Frühzeitige Intervention
- Selbstverantwortung der Betroffenen und ihre optimale Unterstützung
- Freiwilligkeit
- Zweistufigkeit der Interventionen abhängig vom Selbsthilfepotenzial und der individuellen Problemlage
- laufendes Controlling, Prozess- und Ergebnisevaluierung
- Nachhaltigkeit
- Datenschutz

Diese Eckpfeiler stehen auf einem Gender- und Diversity-Fundament.

4. Zielgruppen

Das Dienstleistungsangebot von Fit2Work richtet sich an
- Erwerbstätige
- arbeitslose Personen und
- Unternehmen sowie Belegschaftsvertretungen.

Die Personen, die der Zielgruppe angehören, sind entweder angestellt, selbstständig oder arbeitslos und aus gesundheitlichen Gründen von (Langzeit-)Arbeitslosigkeit bzw. Invalidität bedroht. Dabei gibt es einen

institutionellen Zugang z.B. über die Krankenversicherung (ab einer bestimmten Zahl von Krankenstandstagen bzw. Diagnosen) oder den Arbeitsmarktservice (AMS). Davon unabhängig besteht die Möglichkeit des individuellen Zugangs, es steht jedem/r offen, der/die selbst ein mit der Arbeit korrespondierendes gesundheitliches Problem festgestellt hat, sich an Fit2Work zu wenden. Betriebe und Belegschaftsvertretungen haben ebenfalls die Möglichkeit, die Dienstleistungen von Fit2Work in Anspruch zu nehmen, und sollen bei der Entwicklung und Festigung einer gesundheitsförderlichen betrieblichen Arbeitswelt unterstützt werden (AGG § 1 [1]). Fit2Work kann demnach in Anspruch genommen werden, wenn sich Betriebe und Belegschaftsvertretungen
- über die Leistungsspektren der verschiedenen österreichischen Institutionen zur Erhaltung der Leistungsfähigkeit von beschäftigten Personen informieren wollen,
- mit der Adäquanz von konkreten Arbeitsplätzen für Personen mit (erwartbaren) gesundheitlich bedingten Einschränkungen (z.B. begrenzte Belastbarkeit des Bewegungs- und Stützapparates, drohendes Burnout oder Depression) auseinandersetzen wollen,
- einen Beratungsbedarf für den Erhalt der Gesundheit der MitarbeiterInnen am Arbeitsplatz haben,
- Angebote zur Erhaltung der beruflichen und gesundheitlichen Leistungsfähigkeit der MitarbeiterInnen stärken möchten und/oder MitarbeiterInnen im Betrieb überdurchschnittlich hohe Krankenstände aufweisen.

5. Beratungsziele

a) Für unselbständige und selbständig erwerbstätige Personen:
- Erreichung von arbeitsplatzerhaltenden Maßnahmen (sofern möglich und zweckmäßig) und die Erhaltung der Arbeitsfähigkeit bei Erwerbstätigen mit gesundheitlichen Einschränkungen,
- nachhaltige Integration des Klienten/der Klientin auf einem gesundheitsadäquaten Arbeitsplatz,
- Verhinderung eines frühzeitigen Ausscheidens aus dem Erwerbsleben (und damit einhergehender Arbeitslosigkeit oder Invalidisierung),
- Reduzierung von Zeiten krankheitsbedingter Abwesenheit von Erwerbstätigen aufgrund gesundheitlicher Einschränkungen,

»Fit2Work« – Beratung für berufliche Sekundärprävention in Österreich

- Wiedereingliederung von Erwerbstätigen nach längerer Krankenstandsdauer.

b) für Arbeitslose:
- rasche Wiedereingliederung und nachhaltige Integration in den Arbeitsmarkt auf gesundheitlich adäquaten Arbeitsplätzen,
- Verhinderung eines frühzeitigen Ausscheidens aus dem Erwerbsleben (und damit einhergehender Invalidisierung),
- Erhalt der Arbeitsfähigkeit bei Personen mit gesundheitlichen Einschränkungen,
- Reduzierung von langen Krankenständen aufgrund gesundheitlicher Einschränkungen,
- Wiedereingliederung des/der Klienten/in nach längerem Krankenstand.

c) Betriebe:
- Erhalt der Arbeitsfähigkeit der MitarbeiterInnen,
- Reduzierung von krankenstandsbedingter längerer Abwesenheit der MitarbeiterInnen,
- Unterstützung der Gesundheit der MitarbeiterInnen durch gesundheitserhaltende Maßnahmen,
- Information über die vorhandenen Projekte und Angebote auf dem Sektor der Prävention,
- Erhalt von Know-how im Betrieb.

6. Angebotsstruktur

Das Dienstleistungsangebot Fit2Work besteht aus den Ebenen Erstinformation (IT-unterstützte Erstorientierung, »Wissensplattform«), Beratung und Case Management für Personen sowie Beratung für Betriebe. Die Intensität der Unterstützung richtet sich nach dem Selbsthilfepotenzial der Kunden.

7. Öffentlichkeitsarbeit

Die begleitende Öffentlichkeitsarbeit wird im Sommer 2012 starten und soll die Sensibilisierung der Öffentlichkeit für das Thema »Gesunde Arbeitswelt« forcieren.

8. Organisationsstruktur

Die österreichweite *Koordination* der Dienstleistungen erfolgt durch die Stabsabteilung des Bundessozialamts, die regionale Koordination erfolgt in den Landesstellen (Förderabteilungen) des Bundessozialamts.

Die eigentliche *Beratungsleistung* wird durch Auftragnehmer nach einheitlichen Vorgaben und unter Berücksichtigung regionaler Erfordernisse in den jeweiligen Bundesländern erbracht.

Zur Steuerung der Umsetzung und zur Lenkung der Maßnahme wurde beim Bundesministerium für Arbeit, Soziales und Konsumentenschutz (BMASK) eine *Steuerungsgruppe* eingerichtet, der jeweils ein Vertreter/in des BMASK (Vorsitz), des Bundesministeriums für Finanzen (BMF), des Bundesministeriums für Gesundheit (BMG), des Bundesministeriums für Wirtschaft, Familie und Jugend (BMWJF), der Pensionsversicherung, der Allgemeinen Unfallversicherungsanstalt (AUVA), Krankenversicherung (KV) und der AMS angehören.

Darüber hinaus wurde zur Mitsprache und Interessenswahrnehmung relevanter Partner ein *Beirat* eingerichtet, dem VertreterInnen der Sozialpartner, der Arbeitsinspektion und der Österreichischen Gemeinschaft für Rehabilitation angehören (Informations- und Anhörungsrecht). Vor allem die Einbindung der Sozialpartner, traditionell ein bestimmender Faktor in diesem Politikbereich, in der beratenden Funktion ist äußerst wichtig für die Akzeptanz des Projektes und ein Bekenntnis zu dem gemeinsamen Ziel einer »gesundheitsfördernden« Arbeitswelt, in der die Invalidität aktiv verringert werden soll.

9. Finanzierung

Die mittel- bis langfristig von dem Projekt finanziell profitierenden Institutionen finanzieren die Beratungsleistung. In der Startphase tragen Sozialversicherung und BMASK (zu Lasten der Gebarung Arbeits-

»Fit2Work« – Beratung für berufliche Sekundärprävention in Österreich

marktpolitik) jeweils 40%, das Bundesamt für Soziales und Behindertenwesen – Bundessozialamt (BSB) die übrigen 20% des Personal- und Sachaufwandes.

Jährlich wird festgehalten, welchem Träger oder Partner die KlientInnen und KundInnen zuzurechnen sind, danach richtet sich der Anteil des Beitrages im darauf folgenden Jahr. Nach drei Jahren erfolgt eine Evaluierung, in der – selbstverständlich anonymisiert – die (Erwerbs-)Karrieren jener Personen, die Kunden/in bei Fit2Work waren, mit Karrieren von Menschen verglichen werden, die trotz einer vergleichbaren Problemlage das Angebot von Fit2Work nicht nutzten. Die Erkenntnisse, wie verkürzte Krankenstandstage und höhere Beschäftigungstage, werden dann Personen und Trägern erst zu-, dann hochgerechnet. Aufgrund dieser Modellierung wird es möglich sein, auch die langfristigen Effekte den Trägern zuzuordnen. Auf dieser Basis kann dann ein neuer Finanzierungsschlüssel erstellt werden.

10. Rentabilität

»Fit2Work« versteht sich wie eingangs erwähnt als Musterbeispiel für intelligentes Sparen: Die Evaluierung des Pilotprojektes Service Arbeit und Gesundheit in Wien hat ergeben, dass jeder investierte Euro zumindest dreifach innerhalb eines Jahres zurückkommt. Beim Endausbau 2013 wird vorerst mit rund 19.000 Beratungsfällen (Verdoppelung bis 2016 in Planung) und damit mit Gesamtkosten von rund 27,5 Mio. Euro gerechnet. Dem steht ein zu erwartender Nutzen durch geringere Ausgaben für Transferleistungen, höhere Steuer- und Beitragseinnahmen etc. von rund 66,5 Mio. Euro gegenüber – es kann somit mit rund 39 Mio. Euro an Einsparungen pro Jahr gerechnet werden. Diese Einschätzungen sind eher sehr konservativ. Verschiedene wissenschaftliche Studien gehen von Rentabilitätsraten von bis zu 1 : 10 aus.

Allein die durchschnittliche Verzögerung des Anfalls der Invaliditätspension um ein Jahr bringt eine Ersparnis von rund 300 Mio. Euro jährlich. Zur Ersparnis durch die Verkürzung der Dauer von Arbeitslosigkeit und des damit verbundenen kürzeren Leistungsbezuges, durch Einsparung von Verwaltungskosten infolge des verringerten Beratungsaufwandes bei den Partnerinstitutionen, durch die Reduzierung von Abbrüchen von Reha- oder Kurmaßnahmen sowie durch die Vermeidung von Doppelförderungen kommen andererseits Ausgaben durch

Umsetzung des Dienstleistungsangebots, insbesondere Ausgaben für frühzeitige und nachhaltige Rehabilitation.

Mittelfristig führt die Umsetzung dieser Maßnahmen daher zu Einsparungen bei den Sozialversicherungsträgern, beim Bundesamt für Soziales und Behindertenwesen und beim Arbeitsmarktservice. Diese Träger stellen auch die Finanzierung von »Fit2Work« sicher.

Franz Pietsch
Strategien der betrieblichen (Sucht-)Prävention in Österreich

1. Die Ausgangslage

Studien weisen aus, dass beinahe 50% aller Erkrankungen arbeitsbedingt sind. Sie führen zu typischen Belastungen und Einschränkungen im Arbeitsleben. Laut einer Studie des Instituts für Höhere Studien aus dem Jahr 2004 würden die Kosten in Österreich für Krankenstandstage zwischen 300 Millionen und einer Milliarde Euro sinken, würde die betriebliche Gesundheitsförderung im ganzen Bundesgebiet selbstverständlich werden. Verschiedene Studien beziffern den so genannten Return of Investment für Gesundheitsförderungsmaßnahmen bei krankheitsbedingten Fehlzeiten zwischen 1 : 2,5 und 1 : 10,1 und bei den medizinischen Kosten zwischen 1 : 2,3 und 1 : 5,9. Diese Zahlen belegen eindrucksvoll, dass sich betriebliche Gesundheitsförderung und Prävention auch aus betriebs- und volkswirtschaftlicher Sicht rentieren.

Die von der EU ausgehende Definition (siehe dazu Luxemburger Deklaration zur betrieblichen Gesundheitsförderung u.a.) umfasst alle gemeinsamen Maßnahmen von ArbeitgeberInnen, ArbeitnehmerInnen und der Gesellschaft zur Verbesserung der Gesundheit und des Wohlbefindens am Arbeitsplatz. Sie beruht insbesondere auf der freiwilligen Mitwirkung von ArbeitgeberInnen, ArbeitnehmerInnen und der Belegschaftsvertretung auf betrieblicher Ebene. Diese Definition wurde auch vom Österreichischen Netzwerk der Betrieblichen Gesundheitsförderung und Prävention (BGF) übernommen.

Ziel aller Beteiligten ist es, gesunde MitarbeiterInnen und UnternehmerInnen in erfolgreichen Betrieben zu haben; dabei sollen die vom Europäischen Netzwerk aufgestellten Qualitätskriterien zur betrieblichen Gesundheitsförderung erfüllt werden.

2. Problemanalyse und Gründe für eine betriebliche Prävention

In einer Zeit, in der steigende Arbeitsbelastungen, enormer Arbeitsdruck und Phänomene wie Burnout etc. immer häufiger werden, bedarf es neuer Konzepte im Sinne einer Work-Life-Balance, damit einerseits sowohl MitarbeiterInnen als auch UnternehmerInnen den täglichen Herausforderungen in den Betrieben besser gewachsen sind und andererseits sich die Betriebe im zunehmenden Wettbewerb besser und nachhaltiger behaupten können.

Dieser Umstand ist seit längerem den Betroffenen aller Ebenen bekannt und hat dazu geführt, dass verantwortungsbewusste Betriebe und externe Entscheidungs- und Verantwortungsträger (von den Krankenkassen und Sozialversicherungsträgern bis hin zu WissenschaftlerInnen, PräventionsexpertInnen und der Politik etc.) diverse Maßnahmen zum Thema Gesundheit hinterfragen und gezielt im Zusammenwirken mit insbesondere betrieblichen FunktionsträgerInnen, BetriebsrätInnen, Behindertenvertrauenspersonen, ArbeitsmedizinerInnen u.a. auf die Praxis bezogen tätig werden. Waren entsprechende Aktivitäten bislang primär auf das besondere Engagement Einzelner in Unternehmen zurückzuführen, so hat sich in den letzten Jahren mehr und mehr herauskristallisiert, dass die Chancen, vor allem aber der Nutzen solcher Strategien für eine betriebliche Prävention inzwischen vielfach teils wissenschaftlich beforscht und auf Fakten beruhend nunmehr weitestgehend gebündelt in den Betriebsalltag Eingang finden. Vermehrt werden gezielte betriebliche Ausbildungen in Form von praxisfokussierten Seminaren etc. angeboten; Interessenvertretungen wie die Wirtschaftskammer, die Arbeiterkammer, Sozialversicherungen und Krankenkassen und mehr und mehr auch Universitätslehrgänge nehmen sich schwerpunktmäßig, gemeinsam und vor allem abgestimmt der Thematik betriebliche Gesundheitsförderung an (in Österreich z.B. im Wege gemeinsamer Initiativen des Fonds Gesundes Österreich, BGF Niederösterreich, Oberösterreich etc., der Karl- Franzens-Universität Graz, der Allgemeinen Unfallversicherungsanstalt usw.).

Wenn nun also die Frage gestellt wird, warum ein Betrieb gesundheitsfördernde bzw. auch suchtpräventive Aktivitäten umsetzen sollte, wäre zuerst die jeweilige Ausgangslage zu beleuchten.

Bei Problemen in einem Betrieb besteht oft ein Zusammenhang mit einem Suchtproblem der MitarbeiterInnen. Dabei steht übermäßiger Alkoholkonsum an erster Stelle. Dies ist ein Phänomen des Alltages,

Strategien der betrieblichen (Sucht-)Prävention in Österreich

das alle Berufsschichten betrifft und auch vor der Führungsebene nicht Halt macht. Unternehmen erleiden aufgrund süchtiger MitarbeiterInnen einen Umsatzverlust, da von diesen nur 75% der Arbeitsleistung erbracht werden.

Suchtkranke MitarbeiterInnen verursachen ihren Unternehmen um etwa 1,25 bis 2,5% mehr an Lohn- und Gehaltskosten. Bei etwa 30% der Arbeitsunfälle ist Alkohol im Spiel. Zahlen belegen, dass Alkoholkranke dreimal häufiger krank sind und 16-mal öfter fehlen als ihre gesunden Kollegen.

Sucht im Betrieb stellte sich lange Zeit als ein Tabuthema dar. Unternehmen reagierten oftmals mit einer Stigmatisierung der betroffenen MitarbeiterInnen, was zunächst zu einem Wegschauen führte und dann sehr häufig in einer Entlassung des Betroffenen endete. Das Problem schien damit für das erste gelöst, zumindest bis zur Konfrontation mit der Abhängigkeitsproblematik der nächsten MitarbeiterInnen. Unternehmen wiederum verloren wiederholt fachlich qualifizierte MitarbeiterInnen und mussten in der Folge oft hohe Kosten für die Ausbildung neuer MitarbeiterInnen tragen.

Ein Umdenken wurde erforderlich – die Geburtsstunde von betrieblicher Früherkennung und Frühintervention. Seither installieren Unternehmen vielfach betriebliche Suchtpräventionsprogramme, mit dem Ziel, Krankheiten am Arbeitsplatz vorzubeugen, die Gesundheit der MitarbeiterInnen zu stärken und den bereits erkrankten KollegInnen gezielt zu helfen bzw. sie wiederum in den Arbeitsalltag zu integrieren. Betriebliche Suchtprävention umfasst in den Unternehmen primär folgende Angebote:

- Rechtzeitige Früherkennung und Frühinterventionen, das heißt zeitgerechte Hilfe
- Persönliche Fachberatung und Coaching im Betrieb
- Sensibilisierungs- und Informationsmaßnahmen über betriebliche Suchtprävention
- Betriebsprojekte über Suchtprävention

Unternehmen wissen heute, dass sich insbesondere betriebliche Suchtprävention für den Betrieb rechnet, da es nicht nur zu einer erhöhten Arbeitszufriedenheit und Arbeitsproduktivität, einer verbesserten betrieblichen Kommunikation und Kooperation sowie einer langfristigen Senkung von Krankheitskosten kommt, sondern diese Maßnahmen zusätzlich auch eine Imageaufwertung für das Unternehmen nach sich ziehen.

Die MitarbeiterInnnen andererseits profitieren ebenso von diesen Maßnahmen: Durch die sich verringernden Krankenstandstage der KollegInnen kommt es in der Folge zu weniger Arbeitsbelastung für die Gesunden, im Einzelfall verringern sich gesundheitliche Beschwerden, das Wohlbefinden steigt spürbar und das Betriebsklima wird wesentlich verbessert. Insgesamt entwickeln die MitarbeiterInnen dadurch ein gesünderes Verhalten sowohl im Betrieb als auch in ihrer Freizeit, sodass man jedenfalls von einer Win-Win-Situation sowohl für den Betrieb als auch für die einzelnen MitarbeiterInnen sprechen kann.

3. Entwicklung der betrieblichen Gesundheitsförderung in Österreich

Seit 1996 besteht das Europäische Netzwerk Betriebliche Gesundheitsförderung, dessen österreichische Kontaktstelle bei der Oberösterreichischen Gebietskrankenkasse angesiedelt ist. Zu Beginn des Jahres 2000 wurde das »Österreichische Netzwerk Betriebliche Gesundheitsförderung« gegründet, um die Strategie betrieblicher Gesundheitsförderung auch regional zu verbreiten. Ziel des Netzwerkes ist es,
- gemeinsam an der Weiterentwicklung betrieblicher Gesundheitsförderung zu arbeiten,
- im gesamten Bundesgebiet ein gleiches Verständnis von betrieblicher Gesundheitsförderung zu erreichen,
- in den Bundesländern kompetente AnsprechpartnerInnen zu etablieren,
- die für die betriebliche Gesundheitsförderung wichtigen Institutionen, insbesondere die Sozialpartner, auch auf regionaler Ebene einzubinden,
- den Informations- und Wissensaustausch auch zwischen dem Europäischen Netzwerk und dem Österreichischen Netzwerk sicherzustellen.

Regionalstellen in allen Bundesländern und die Sozialpartner haben es sich dabei zur Aufgabe gemacht, gemeinsame Angebote zu entwickeln und den Betrieben in ihren Bundesländern konkrete Unterstützung anzubieten. Diese Regionalisierung des Netzwerkes bietet somit den Betrieben im gesamten Bundesgebiet kompetente AnsprechpartnerInnen, wodurch die Idee betrieblicher Gesundheitsförderung weiter verbreitet und abgestimmte Projektinitiativen besser unterstützt

Strategien der betrieblichen (Sucht-)Prävention in Österreich

werden können. Die Kooperationspartner wiederum sind Non-Profit-Organisationen bzw. Krankenkassen, die für Gesundheitsaktivitäten einen gesetzlichen Auftrag haben. Das Netzwerk strebt also eine breite Verankerung von betrieblicher Gesundheitsförderung an. Als Partner fungieren dabei die Sozialpartner (Wirtschaftskammer Österreich und regionale Kammern, Bundesarbeitskammer, Industriellenvereinigung und Österreichischer Gewerkschaftsbund) sowie die Allgemeine Unfallversicherungsanstalt, der Hauptverband der österreichischen Sozialversicherungsträger, die Sozialversicherungsanstalt der gewerblichen Wirtschaft, die Versicherungsanstalt öffentlich Bediensteter und die Versicherungsanstalt für Eisenbahnen und Bergbau.

Der heutige Entwicklungsstand betrieblicher Gesundheitsförderung und Prävention in Österreich ist maßgeblich dem Österreichischen Netzwerk Betriebliche Gesundheitsförderung zuzuschreiben. Von Anbeginn an war es eine Zielsetzung dieses Netzwerkes, im gesamten Bundesgebiet ein gleiches Verständnis von betrieblicher Gesundheitsförderung zu entwickeln und in den einzelnen Bundesländern kompetente Anlaufstellen dafür zu etablieren.

4. Beispiele erfolgreicher betrieblicher Gesundheitsförderung in österreichischen Unternehmen

Volkshilfe Wien: »Ich tu was für mich«
Folgende wesentliche Maßnahmen der betrieblichen Gesundheitsförderung wurden bei der Volkshilfe Wien eingeführt:
- ein dauerhaftes, abteilungsübergreifendes Gesundheits-Team
- Gesundheitsberatungstage für bestehende MitarbeiterInnen in Kombination mit Vorsorgeuntersuchung; die Vergabe von Gutscheinen für Gesundheitsleistungen
- für neue MitarbeiterInnen wurden Angebote von Gesundheitsberatungen bzw. individuelle Angebote eingeführt;
- Installation eines Gesundheitsbeauftragten (steht als Motor für alle gesundheitsfördernden Aktivitäten laufend zur Verfügung)
- Effektive Vernetzung aller Gesundheitsförderungsaktivitäten
- Schaffung eines eigenen Budgetpostens »betriebliche Gesundheitsförderung«
- Implementierung/Qualitätsmanagement in der Bildungsabteilung mit besonderer Berücksichtigung gesundheitsförderlicher Inhalte

Welche Ergebnisse konnten erzielt werden?

Im Bereich des körperlichen Wohlbefindens kam es zu einem Rückgang der körperlichen Beschwerden durchschnittlich um bis zu 12%; Berufsgruppen, die gezielte arbeitsspezifische Rückenschulen absolvierten, zeigten um 34% weniger Schulter- und Nackenbeschwerden.

Ältere MitarbeiterInnen, die eine wichtige Zielgruppe darstellten, konnten von den Projektangeboten am meisten profitieren. Bei 37% der MitarbeiterInnen kam es zu einer Verbesserung des Bewegungsverhaltens, bei 44% der MitarbeiterInnen zu einer Verbesserung des Ernährungsverhaltens. Im Bereich Arbeitszufriedenheit zeigten sich Verbesserungen in allen Bereichen des Arbeitsvermögens (Arbeitsbewältigung, Arbeitsinteresse, Zusammenarbeit) von plus 2% bis plus 5%. Besserungen wurden in allen Handlungsfeldern, wie etwa Stressempfinden, Kommunikation, Führungsverhalten erzielt, besonders deutlich war dies beim Frauenanteil zu beobachten.

pewag austria GmbH: »Pro-Fit@X-sund in die Zukunft« (Metallindustrie, Kapfenberg/Steiermark)

Als übergeordnete Ziele wurden definiert:
- struktureller Aufbau von betrieblichem Gesundheitsmanagement als Teil der Unternehmensstruktur und als Verantwortung aller im Betrieb tätigen Führungsverantwortlichen
- aktive Gesundheitsförderung bei MitarbeiterInnen durch adäquate Maßnahmen zur Schaffung gesünderer Arbeits- und Organisationsbedingungen, zur Stärkung der Gesundheitspotenziale sowie zur Bewusstmachung der Eigenverantwortlichkeit der MitarbeiterInnen für deren Gesundheit
- Steigerung der Wettbewerbsfähigkeit und der Arbeitsplatzsicherheit durch Anhebung der Gesundheitsquote und erhöhte Identifikation mit dem Betrieb.

Weitere Ziele der betrieblichen Gesundheitsförderung waren die Erhöhung der körperlichen Betätigung durch sportliche Aktivität und die Verbesserung des sozialen Klimas im Unternehmen.

Aufgrund einer MitarbeiterInnenbefragung zeigten sich seit Einführung der betrieblichen Gesundheitsförderung positive Veränderungen bei Gesundheitszustand, Gesundheitsbewusstsein und Gesundheitsverhalten der MitarbeiterInnen.

Als Folge dieser Maßnahmen konnte auch die Anwesenheitsquote im Betrieb erhöht werden. Nach einer Selbsteinschätzung der Mitarbei-

Strategien der betrieblichen (Sucht-)Prävention in Österreich

terInnen war der Anteil derjenigen, die ihren Gesundheitszustand als »sehr gut« bewerteten, gestiegen, das Vertrauen in die Führung erhöht worden und die Raucherquote von 45% auf 33% gesunken.

pro mente Oberösterreich: »VIVA« (Betreuung psychisch benachteiligter und beeinträchtigter Menschen)

Eine MitarbeiterInnenbefragung im Betrieb ergab klaren Handlungsbedarf. Die Geschäftsführung war sich bewusst, dass MitarbeiterInnen, die für Gesundheit und Wohlbefinden psychisch kranker und beeinträchtigter Menschen sorgen, auch Ressourcen für die eigene Gesundheit benötigen.

Als Ziele der Gesundheitsförderungsaktivitäten wurden daher definiert:

- Thematisierung von und Sensibilisierung für Gesundheitsthemen
- Bewusstmachen von gesundheitsfördernden und gesundheitsbeeinträchtigenden Faktoren (Ressourcen & Belastungen)

Als stärkste Belastungsfaktoren wurden identifiziert:

- hoher Zeitdruck
- hoher Stresspegel
- Mangel an Rückzugsmöglichkeiten (z.B. in den Beratungspausen)
- hoher Lärmpegel
- beengte Räume

Ab 2002 erfolgte eine Implementierung unterschiedlichster Maßnahmen und Angebote:

- Meine Gesundheit – Körper und Bewegung als Ressource erleben
- Jetzt esse ich mich fit
- Lehrgang für psychosoziale Gesundheit im Betrieb (Symptome von Stress, Burnout, Sucht... bei sich selbst und anderen erkennen; passende Interventionsschritte)
- Führungskräfteprogramm (Weiterbildungsprogramm/Psychohygiene, Teamkultur, MitarbeiterInnen-Führung, Zeit- und Stressmanagement etc.)
- Rauchen/Nichtrauchen in Verbindung mit den Änderungen im Tabakgesetz
- Ready4job – Früherkennung bei Suchtgefährdung
- Transparenz bei Krisen
- Erarbeitung einer Betriebsvereinbarung zur internen Konfliktregelung
- Erste-Hilfe-Auffrischungen

- Wiedereinstieg nach Langzeitkrankenstand (Betriebsrat, Personalmanagement und Gesundheitsbeauftragte erarbeiten Unterstützungsmöglichkeiten für MitarbeiterInnen, die nach langem Krankenstand zurückkommen)
- Gingko-neu (Unterstützungsmöglichkeiten für langjährige bzw. ältere MitarbeiterInnen)
- Entspanntes Sehen am Computer
- Rückenfit-Seminare
- Nordic Walking und bewusstes Essen

5. Auswirkungen einer erfolgreichen betrieblichen Gesundheitsförderung in österreichischen Unternehmen

Die angeführten Beispiele zeigen sehr deutlich, dass Maßnahmen der betrieblichen Gesundheitsförderung in allen Betrieben zur Verbesserung des Gesundheitszustandes und des Gesundheitsbewusstseins von MitarbeiterInnen führten, was in der Folge auch dem jeweiligen Unternehmen zugute kam, da sich Abwesenheiten von MitarbeiterInnen vor allem bei Krankenstandstagen verringerten und das Vertrauen in die Unternehmensführung stieg.

Gesundheit und Wohlbefinden im Arbeitsalltag sind wichtige Voraussetzungen für jede(n) einzelne(n) ArbeitnehmerIn; gleichzeitig ergeben sich daraus wesentliche Parameter für die wirtschaftliche Leistungsfähigkeit eines Betriebes und damit einhergehend für den Erfolg von Unternehmen.

Eine Investition in betriebliche Gesundheitsförderung macht sich daher für die ArbeitnehmerInnen, die Betriebe und das gesamte Sozialsystem bezahlt. Betriebliche Gesundheitsförderung reduziert die Kosten für Betriebe durch bedeutend weniger Fehlzeiten, erhöht die Lebensqualität und Zufriedenheit der/des Einzelnen und trägt wesentlich zu einer Ersparnis im Sozialsystem bei. Der Nutzen von nachhaltigen gesundheitsfördernden Initiativen und Projekten liegt auf der Hand; betriebliche Gesundheitsförderung muss daher Teil jedes gesunden Unternehmens sein.

6. Fazit und Ausblick

Betriebliche Gesundheitsförderung ist es somit wert, gezielt, gebündelt und abgestimmt als Teil von Gesundheits-Vorsorgemaßnahmen flächendeckend und in Zusammenarbeit mit allen Stakeholdern eingesetzt zu werden, um vor allem den neuen Belastungsformen der Arbeitswelt begegnen und diese nachhaltig reduzieren bzw. durch gute Arbeitsbedingungen die Gesundheit und die Arbeitsfähigkeit der MitarbeiterInnen erhalten zu können.

Die Herausforderung besteht wohl darin, als weitsichtiger und attraktiver Arbeitgeber wahrgenommen zu werden, weshalb es gilt, insbesondere die vielen Klein- und Mittelbetriebe für gesundheitsfördernde Maßnahmen zu gewinnen, wofür jedoch auch entsprechende personelle und finanzielle Ressourcen bereitgestellt werden müssen.

Denn Prävention ist heute anerkannt und unbestritten *der* Schlüssel zu noch mehr Sicherheit im Betrieb bzw. zu einem besseren Gesundheitszustand der MitarbeiterInnen. Laut AUVA (Allgemeine Unfallversicherungsanstalt) hat Österreich hier aber noch Aufholbedarf, da dort nur 1,9% der jährlichen Gesundheitsausgaben für Prävention aufgewendet werden – allerdings könnte 1 Euro, der in die Prävention investiert wird, schließlich 7 Euro an Folgekosten ersparen. Ihrem Vorsitzenden Dr. Erhard Prugger ist hier beizupflichten, wenn er meint, dass das Thema Gesundheit »gesamtheitlich« zu sehen ist und dass zwar jeder Mensch hier ein gewisses Maß an Eigenverantwortung trage, aber der Betrieb als Ort der täglichen Arbeit ein sinnvoller Anknüpfungspunkt für ein »Mehr an Gesundheit« anzusehen sei.

Eine wichtige Voraussetzung für den Erfolg eines Unternehmens sind qualifizierte, motivierte und gesunde MitarbeiterInnen. Setzen wir also mit ihnen gemeinsam auf betriebliche Gesundheitsförderung und Prävention. Die bereits gegründeten Initiativen und Plattformen sind dabei richtungsweisend und bündeln in sinnvoller Weise auf nationaler wie europäischer Ebene die Angebote der mitwirkenden Institutionen und Einrichtungen; sie entwickeln gemeinsam abgestimmte Ideen, um den Betrieben effiziente und übersichtliche Informationen und Hilfestellungen zu den Themen Gesundheit und Sicherheit in den Unternehmen zu bieten.

Eva Zinke
Suchtprävention als Teil des Gesundheitsmanagements

Betriebliches Gesundheitsmanagement ist ein Konzept, das der Prävention arbeitsbedingter Gesundheitsgefahren sowie der Förderung der Gesundheit der Beschäftigten dient und mit der Personal- und Organisationsentwicklung verknüpft wird. Die Anwendung von Managementmethoden in der betrieblichen Gesundheitspolitik wurde erforderlich, um die meist unverbundenen präventiven Handlungsfelder des Arbeits- und Gesundheitsschutzes, des betrieblichen Eingliederungsmanagements, der betrieblichen Suchtprävention sowie der betrieblichen Gesundheitsförderung miteinander zu verzahnen, Verantwortungsträger besser einzubinden und Synergieeffekte zu nutzen.

Als Management werden sowohl Leitungsfunktionen in Unternehmen und Organisationen bezeichnet, als auch Personen, die diese Funktion ausüben und entsprechende Managementkompetenz benötigen. Zu den typischen Funktionen oder Aufgaben gehören:
- die Planung,
- die Organisation,
- die Führung und
- die Kontrolle (im Sinne von Erfolgskontrolle).

Der Begriff des Managements ist zunächst sehr allgemein und wird ausgefüllt durch spezifische Zielsetzungen, Rahmenbedingungen und Qualitätsanforderungen.

Der Begriff des Gesundheitsmanagements wird in Wikipedia auf folgende Weise definiert:

»Gesundheitsmanagement ist die planvolle Organisation mehr oder weniger komplexer gesellschaftlicher und sozialpolitischer Maßnahmen zum Zweck der Erhaltung und zum Ausbau der Gesundheit der Bevölkerung. Gesundheitsmanagement beinhaltet eine Vielzahl von Aufgaben und Funktionen zum Organisieren von Gesundheit, insbesondere in Form der Gesundheitsförderung.«

Gesundheitsförderung basiert auf einem neuen Verständnis von Gesundheit und Prävention, das sich seit Beginn des 19. Jahrhunderts entwickelt und schließlich zu einem Paradigmenwechsel in der

Suchtprävention als Teil des Gesundheitsmanagements

Gesundheitspolitik, insbesondere nach 1945, geführt hat. Wichtige Meilensteine sind:
- Einfluss neuer Theorien der Entstehung von Krankheit und Gesundheit (Psychosomatik, Stresstheorie, Salutogenese),
- Definition von Gesundheit (biopsychosozial),
- Relativierung der Rolle der Medizin bei der Herstellung von Gesundheit,
- neues Menschenbild im Konzept der Gesundheitsförderung,
- Einbeziehung von »Laienwissen«, Beteiligung von Betroffenen,
- neue Strategien der Kooperation und Zusammenarbeit von Institutionen und anderen Akteuren im jeweiligen Setting,
- Entwicklung von Gesundheitszielen, Leitlinien und Qualitätsstandards.

Die Ottawa Charta zur Gesundheitsförderung hatte 1986 zum aktiven Handeln für das Ziel »Gesundheit für alle« aufgerufen und damit wesentliche Anstöße zur Entwicklung eines neuen Verständnisses in der Gesundheitspolitik gegeben. Gesundheitsförderung basiert auf dem Konzept der Salutogenese. Dabei geht es nicht einseitig um die Ursachenbekämpfung von Krankheit, sondern um die Gestaltung von Lebens- und Arbeitsbedingungen, bei denen Menschen gesund bleiben. Einen wichtigen Einfluss auf die Gesundheit haben die sozialen Lebenswelten, in denen sich der Alltag der Menschen abspielt. Gesundheitsförderung berücksichtigt sowohl das individuelle Verhalten als auch die sozialen Rahmenbedingungen und Strukturen im jeweiligen Setting, in dem sich die unterschiedlichen Zielgruppen bewegen. Das kann der Arbeitsplatz, das Wohnumfeld, die Schule oder die Gemeinde sein.

Die Staaten wurden aufgerufen, Strategien und Programme zur Gesundheitsförderung zu entwickeln und umzusetzen:
- Die Anwaltschaft für Gesundheit: Eintreten für Gesundheit durch Beeinflussung politischer, biologischer und sozialer Faktoren
- Befähigen und Ermöglichen: Kompetenzförderung mit dem Ziel, Unterschiede des Gesundheitszustands zu verringern und größtmögliches Gesundheitspotenzial zu verwirklichen
- Vermitteln und Vernetzen: Kooperation mit allen Akteuren innerhalb und außerhalb des Gesundheitswesens

Durch den Setting-Ansatz konnten der Betrieb und die am Arbeitsplatz vorfindbaren Bedingungen, Belastungen und Beanspruchungen in einem neuen Zusammenhang thematisiert werden.»Als Betriebliche Gesundheitsförderung bezeichnet man systemische Interventionen im privaten und öffentlichen Betrieb, durch die gesundheitsrelevante Belastungen gesenkt und Ressourcen vermehrt werden sollen. Die primärpräventiven und gesundheitsförderlichen Effekte werden durch gleichzeitige und aufeinander bezogene Veränderung der Ergonomie, der Organisation, des Sozialklimas und des individuellen Verhaltens erzielt.« (BZgA: Leitbegriffe der Gesundheitsförderung 1999).

Im europäischen Raum werden die Ziele der BGF durch die Luxemburger Deklaration des Europäischen Netzwerks (1997) definiert: »Betriebliche Gesundheitsförderung (BGF) umfasst alle gemeinsamen Maßnahmen von Arbeitgebern, Arbeitnehmern und Gesellschaft zur Verbesserung von Gesundheit und Wohlbefinden am Arbeitsplatz. Dies kann durch eine Verknüpfung folgender Ansätze erreicht werden:
- Verbesserung der Arbeitsorganisation und der Arbeitsbedingungen,
- Förderung einer aktiven Mitarbeiterbeteiligung,
- Stärkung persönlicher Kompetenzen.«

BGF bezeichnet eine mehrere Analyse- und Gestaltungsebenen umfassende Handlungsstrategie auf der Ebene Mensch – Organisation – Arbeit, die strategisch und methodisch darauf abzielt, Gesundheitsressourcen im Unternehmen aufzubauen. Das Konzept setzt stets auch die Entwicklung von Organisationsprozessen bzw. Managementstrukturen voraus.

Wie sieht die Praxis der betrieblichen Suchtprävention und Suchthilfe aus?

In Deutschland werden seit 1975 von der Deutschen Hauptstelle für Suchtfragen e.V. (DHS) betriebliche Alkoholprogramme empfohlen, die seit 1995 durch Betriebliche Suchtpräventionsprogramme weiterentwickelt worden sind. Betriebliche Suchtpräventionsprogramme werden in der Regel durch eine freiwillige Betriebsvereinbarung zwischen Arbeitgeber und Betriebsrat ausgehandelt. Die betriebliche Praxis zeigt, dass die Suchtprävention und Suchthilfe oft unverbunden zu den Aktivitäten des Arbeitsschutzes, zum betrieblichen Eingliederungsmanagement und der betrieblichen Gesundheitsförderung stehen. Gründe sind:
- Personalverantwortliche sind unsicher und haben Ängste im Umgang mit Suchtproblemen. Das Problem wird ignoriert, wenn Auffälligkeiten offensichtlich werden, droht Kündigung.

Suchtprävention als Teil des Gesundheitsmanagements

Abbildung 1: Integriertes Gesundheitsmanagement (IGM)

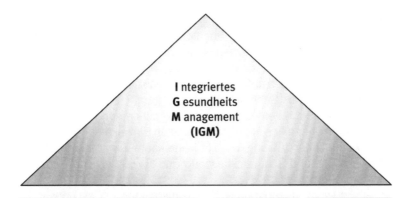

Gesundheits-förderung § 20 SGB V	Betriebliches Suchtpräventions-programm	Betriebliches Eingliederungs-management (BEM) § 84 Abs. 2 SGB IX	Arbeitsschutz ArbSchG SGB VII
Betriebs-vereinbarung	Betriebs-vereinbarung	Betriebs-vereinbarung	Betriebs-vereinbarung
z. B. • Gesundheits-beratung • Gesundheits-zirkel • gesundheits-förderliche Arbeit • Gesundheits-seminare • Gesundheitstag • Gesundheits-sport	z. B. • Vorbeugende Aktivitäten • Seminare für Personal-verantwortliche • Interventions-leitfaden • Beratung / Hilfe • Abbau Sucht-fördernder Arbeits-bedingungen	z. B. • Abstimmung des BEM-Ver-fahrens • Erhebung von AU-Daten › 6 Wochen / Jahr • Eingliederungs-team • Angepasste Maßnahmen	z. B. • Gefährdungs-analyse • Maßnahmen: › Technik, › Organisation, › soziale Beziehungen • Fachberatung: Betriebsarzt und Sicherheits-fachkraft • Arbeitsschutz-managment

Leitbild / Ziel »Gesunder Betrieb«
• Förderung persönlicher Gesundheitsressourcen und -kompetenzen
• Gesundheitsförderliche Arbeitsplatzgestaltung
• Gesundheitsgerechte Mitarbeiterführung u. Organisation

Quelle: Betriebliche Suchtprävention und Suchthilfe. Handbuch der IG Metall, 2. Auflage 2012, S. 146

- Ein Zusammenhang von psychischen Arbeitsbelastungen und Suchtrisiken wird ausgeblendet. Sucht wird als individuelles Fehlverhalten gesehen.
- Betriebsvereinbarungen zur Suchtprävention und Suchthilfe fehlen bzw. die Betriebsvereinbarung ist oft nicht auf dem aktuellen Stand und meist zentriert auf das Thema Alkohol.
- Schwerpunkte liegen auf der Suchtkrankenhilfe, oft Einzelaktivitäten – ein betriebliches Suchtpräventionsprogramm fehlt.
- Betriebliche Suchtbeauftragte und Ansprechpersonen für Suchtfragen haben eher einen Randstatus, sind oft Einzelkämpfer und erhalten wenig Unterstützung. Es gibt keine/kaum Zusammenarbeit mit dem Arbeits- und Gesundheitsschutz und der betrieblichen Gesundheitsförderung.

Um aus diesem »Randstatus« herauszukommen, ist es notwendig, dass die betriebliche Suchtprävention und -hilfe in die betriebliche Gesundheitspolitik eingebunden und vernetzt wird. Aktuelle Strategien verknüpfen daher die Suchtpräventionsprogramme mit den Strategien des Arbeitsschutzes und der Gesundheitsförderung zu einem betrieblichen Arbeitsschutzmanagement bzw. integrierten Gesundheitsmanagement.

Entwicklung der Betrieblichen Gesundheitsförderung (BGF) in Deutschland

1949	Gesundheitsbegriff der Weltgesundheitsorganisation (WHO)
1972	Novellierung des Betriebsverfassungsgesetzes (BetrVG)
1973	Arbeitssicherheitsgesetz (ASiG)
1987	WHO-Ottawa-Charta zur Gesundheitsförderung (Setting-Ansatz)
1989	EG-Rahmenrichtlinie Arbeitsschutz (89/391/ EWG)
1989	Gesundheitsreformgesetz: § 20 SGB V Prävention/Gesundheitsförderung
1996	Arbeitsschutzgesetz und Sozialgesetzbuch VII
1997	Luxemburg-Deklaration – Europäisches Netzwerk BGF
2000	§ 20 SGB V Verpflichtung Gesundheitsförderung u. Qualitätsstandards
2001	SGB IX Rehabilitation und Teilhabe am Arbeitsleben
2004	§ 84 Abs. 2 SGB IX Betriebliches Eingliederungsmanagement
2011	DGUV Vorschrift 2 Betriebsärzte und Fachkräfte für Arbeitssicherheit

Grundlagen für ein integriertes Betriebliches Gesundheitsmanagement

Arbeits- und Gesundheitsschutz

Ausgangspunkt ist die EG-Rahmenrichtlinie vom 12. Juni 1989 über die Durchführung von Maßnahmen zur Verbesserung der Sicherheit und des Gesundheitsschutzes der Arbeitnehmer bei der Arbeit (89/391/EWG). Die Richtlinie wurde in Deutschland erst 1986 durch das Arbeitsschutzgesetz (ArbSchG) umgesetzt.

Nach § 1 ArbSchG umfassen Arbeitsschutzmaßnahmen die Verhütung von Unfällen bei der Arbeit und arbeitsbedingte Gesundheitsgefahren einschließlich Maßnahmen der menschengerechten Gestaltung der Arbeit. Zu den Pflichten des Arbeitgebers gehören nach § 3 ArbSchG insbesondere:
- die Überprüfung der Wirksamkeit von Arbeitsschutzmaßnahmen und ggf. die erforderliche Anpassung.
- Zur Planung und Durchführung der Maßnahmen hat der Arbeitgeber: 1. Für eine geeignete Organisation zu sorgen und die erforderlichen Mittel bereitzustellen sowie 2. Vorkehrungen zu treffen, dass der Arbeitsschutz in die Führungsstrukturen eingebunden wird und die Beschäftigten ihrer Mitwirkungspflicht nachkommen können.

Die Prävention arbeitsbedingter Gesundheitsgefahren umfasst ein breites Spektrum von ergonomisch-technischen bis hin zu psychischsozialen Belastungen. Suchtgefährdungen können nicht isoliert vom Arbeitsschutz behandelt werden, sondern müssen, über die Unfallverhütungsvorschriften hinausgehend, die arbeitsbedingten Risiken von Suchterkrankungen in die Gefährdungsermittlung und -beurteilung nach § 5 ArbSchG einbeziehen.

> **BG-Vorschrift: Unfallverhütungsvorschrift »Grundsätze der Prävention«**
> **§ 15 Allgemeine Unterstützungspflichten und Verhalten**
> (2) Versicherte dürfen sich durch den Konsum von Alkohol, Drogen und anderer berauschender Mittel nicht in einen Zustand versetzen, durch den sie sich selbst oder andere gefährden können.
> (3) Absatz 2 gilt auch für die Einnahme von Medikamenten.

Um den Arbeitgebern Anleitungen zur Organisation des Arbeits- und Gesundheitsschutzes an die Hand zu geben, wurde von der Internationalen Arbeitsorganisation ILO ein Leitfaden zum Arbeitsschutzmanagement entwickelt, der auch in Deutschland als »nationaler Leitfaden« für die Betriebe empfohlen wird. Ein Arbeitsschutzmanagementsystem (AMS) umfasst alle rechtsverbindlichen organisatorischen Maßnahmen des Arbeitsschutzes. Diese ergeben sich insbesondere aus dem Arbeitsschutzgesetz mit den zugehörigen Verordnungen, aus dem Arbeitssicherheitsgesetz sowie aus den Unfallverhütungsvorschriften.

Betriebliches Eingliederungsmanagement (BEM)
Das Betriebliche Eingliederungsmanagement nach § 84 Abs. 2 SGB IX hat zum Ziel, Beschäftigte, die innerhalb eines Jahres länger als sechs Wochen ununterbrochen oder wiederholt arbeitsunfähig sind, durch das verbindliche Angebot eines Eingliederungsverfahrens zu unterstützen. Mit Zustimmung der betroffenen Person und in Abstimmung mit dem Betriebsrat, ggf. unter Hinzuziehung der Schwerbehindertenvertretung und des Betriebsarztes, sollen Maßnahmen durchgeführt werden, um erneuter Arbeitsunfähigkeit vorzubeugen und den Arbeitsplatz zu erhalten.

Ziel des BEM ist es, Bedingungen zu schaffen, um
- die Gesundheit und die Arbeitsfähigkeit der Beschäftigten zu erhalten, zu verbessern und wiederherzustellen,
- möglichst frühzeitig arbeitsbedingte Erkrankungen und Behinderungen zu vermeiden,
- Beschäftigten Hilfestellungen zur Wiedereingliederung nach längerer Erkrankung anzubieten,
- eine möglichst dauerhafte Teilhabe am Arbeitsleben zu gewährleisten.

Das BEM setzt im Einzelfall die Durchführung einer Gefährdungsbeurteilung voraus und es muss ggf. auch der Betriebsarzt einbezogen werden. Im Rahmen des Betrieblichen Eingliederungsmanagements sollten auch die Angebote der Rentenversicherung zur medizinischen und beruflichen Rehabilitation geprüft und auch die Beratungsangebote der Integrationsämter und -fachdienste, der Suchtberatungsstellen sowie Krankenkassen genutzt werden. Um ein abgestimmtes Vorgehen aller betrieblichen Stellen zu gewährleisten, ist der Abschluss einer Betriebsvereinbarung zu empfehlen.

Das BEM bietet auch die rechtliche Grundlage, suchtgefährdeten oder -kranken Beschäftigten bei längerer Arbeitsunfähigkeit oder nach einer stationären Therapie Eingliederungsmaßnahmen anzubieten. Das Angebot eines BEM kann vom Beschäftigten abgelehnt werden, ohne dass ihm Nachteile entstehen dürfen. Im Falle von Suchtgefährdungen oder -erkrankungen ist daher zu empfehlen, das BEM durch ein Stufenverfahren zu konkretisieren und zu ergänzen. Es ist die Stärke der betrieblichen Suchthilfekonzepte, insbesondere des Stufenplans und der Wiedereingliederungsregelungen, dass sie unter Berücksichtigung der Besonderheiten von Suchterkrankungen eine Verbindlichkeit gegenüber den betroffenen Personen konkretisieren und ergänzen.

Betriebliche Suchtprävention und Suchthilfe
Seit den 1980er Jahren werden grundlegende Standards der betrieblichen Suchtprävention und -hilfe durch Betriebliche Suchtpräventionsprogramme entwickelt. Ziel solcher Programme ist die Gesunderhaltung und Gesundheitsförderung, die Abwendung von Gefährdungen durch riskante Konsummuster und Verhaltensweisen, Hilfe bei Suchgefährdung und Suchterkrankung sowie die Erhöhung der Arbeitssicherheit. Betriebliche Suchtpräventionsprogramme umfassen sowohl Hilfe für suchtkranke Beschäftigte im Einzelfall als auch vielfältige Maßnahmen und Angebote zur Suchtprävention sowie betriebliche Vernetzung mit Suchtberatungsstellen. Ein Steuerungsgremium, z.B. ein Arbeitskreis, begleitet das Betriebliche Suchtpräventionsprogramm.

Regelungspunkte einer Betriebsvereinbarung sind:
- Ziele
- Mitglieder und Aufgaben des Steuerkreises
- Rolle und Qualifizierung der Personalverantwortlichen
- Aufgaben und Organisation der internen Suchtberatung
- Regelungen für Ansprechpersonen für Suchtfragen
- Information, Aufklärung und Schulung
- Ursachenanalyse und Maßnahmen
- Maßnahmen im Rahmen der Arbeitssicherheit
- Frühzeitige Intervention und Stufenplan bei Auffälligkeiten
- Wiedereingliederung
- Vorgehen bei erneutem Konsum
- Beschäftigte von Fremdfirmen
- Qualitätssicherung

Zur Suchtprävention bestehen Schnittstellen aufgrund gesetzlicher Grundlagen durch das Arbeitsschutzgesetz (Gefährdungsermittlung), den § 5 Unfallverhütungsvorschrift sowie den § 20 SGB V.

Betriebliche Gesundheitsförderung

Durch die gewandelte Auffassung von Gesundheit und den Setting-Ansatz hat sich auch ein neues Verständnis der Zusammenarbeit bei den unterschiedlichen Akteuren des Arbeitsschutzes und der Gesundheitsförderung entwickelt. Im Vordergrund stehen nicht mehr isolierte Präventionsmaßnahmen und Ergebnisse, sondern vielmehr ein synergiegeleiteter Prozess, bei dem die Menschen aktiv eingebunden sind. Das neue Verständnis von Gesundheit umfasst das physische und psychische Wohlbefinden, die Lebensqualität und ein lebenslanges Lernen. Es betrachtet den ganzen Menschen in seiner Entwicklung, mit allen Potenzialen, die es zu entfalten gilt.

Betriebliche Angebote zur Gesundheitsförderung haben an Bedeutung gewonnen und die Entwicklung zum betrieblichen Gesundheitsmanagement gefördert. Dies eröffnet neue Chancen für Prävention, Gesundheitsförderung und frühe Intervention bei arbeitsbedingten Gesundheitsgefahren und damit auch für die betriebliche Zusammenarbeit, in der die Suchtprävention und -hilfe integriert sein wird. Gesundheitsförderung im Betrieb ist nicht begrenzt auf Maßnahmen des Arbeits- und Gesundheitsschutzes, sondern kann ein großes Spektrum an Maßnahmen und Angeboten umfassen. Daher sind Fragen der psychisch-sozialen Belastungen, die Stärkung von Ressourcen und die Förderung der Arbeitszufriedenheit bis hin zur Förderung der Mitarbeiter durch Maßnahmen der Personalentwicklung, Teil des betrieblichen Gesundheitsmanagements. Ziel ist es, die Gesundheit der Beschäftigten zu schützen und zu fördern.

Gesundheit schützen auf der Grundlage der Arbeitsschutzgesetzgebung:
- Arbeitsschutz umfasst alle Maßnahmen, die dazu beitragen, Leben und Gesundheit der arbeitenden Menschen zu schützen, ihre Arbeitskraft zu erhalten und die Arbeit menschengerecht zu gestalten. Dazu gehören technische, ergonomische, organisatorische und verhaltensbezogene Maßnahmen.

Gesundheit fördern durch den Arbeitsschutz ergänzende Maßnahmen, z.B.:
- gesundheitsförderliche Personalentwicklung
- betriebliche Programme zur Suchtprävention und Gesundheitsförderung

Suchtprävention als Teil des Gesundheitsmanagements

- Gesundheitszirkel
- Befragungen
- Gesundheitsberichte
- Gesundheitstage/Aktionen
- weiterhin Maßnahmen und Angebote z.b.
  - Verbesserung des Betriebsklimas
  - Sozial-, Mobbing-, Suchtberatung
  - Qualifizierung der Vorgesetzten
  - Qualifizierung der Beschäftigten
  - Fördermaßnahmen für Personengruppen
  - arbeitsbezogene Rückenschulen
  - Betriebsverpflegung

Betriebliches und persönliches Gesundheitsmanagement umfasst:

Betriebliche Seite	Persönliche Seite
■ Reduzierung/Abbau von Belastungen ■ Abbau stressfördernder Arbeitsbedingungen ■ Konfliktberatung ■ Suchtprävention ■ Gesundheitsorientierte Führung	■ Bewältigung von Belastungen, Erweiterung der Kompetenzen ■ Stressmanagement, Entspannungstechniken ■ Konfliktfähigkeit ■ Abbau riskanter Konsummuster ■ Beteiligung an der Gestaltung gesundheitsförderlicher Arbeitsbedingungen

Bei der Gesundheitsförderung sind insbesondere die Krankenkassen einzubeziehen, die auf der Grundlage des § 20 SGBV die Betriebe bei der Entwicklung eines Gesundheitsmanagements unterstützen können, beispielsweise bei der Erstellung von Gesundheitsberichten, der Durchführung von Gesundheitszirkeln und Befragungen.

§ 20a SGB V Betriebliche Gesundheitsförderung
»(1) Die Krankenkassen erbringen Leistungen zur Gesundheitsförderung in Betrieben (betriebliche Gesundheitsförderung), um unter Beteiligung der Versicherten und der Verantwortlichen für den Betrieb die gesundheitliche Situation einschließlich ihrer Risiken und Potenziale zu erheben und Vorschläge zur Verbesserung der gesundheitlichen Situation sowie zur Stärkung der gesundheitlichen Ressourcen und Fähigkeiten zu entwickeln und deren Umsetzung zu unterstützen. § 20 Abs. 1 Satz 3 gilt entsprechend.

(2) Bei der Wahrnehmung von Aufgaben nach Absatz 1 arbeiten die Krankenkassen mit dem zuständigen Unfallversicherungsträger zusammen. Sie können Aufgaben nach Absatz 1 durch andere Krankenkassen, durch ihre Verbände oder durch zu diesem Zweck gebildete Arbeitsgemeinschaften (Beauftragte) mit deren Zustimmung wahrnehmen lassen und sollen bei der Aufgabenwahrnehmung mit anderen Krankenkassen zusammenarbeiten. § 88 Abs. 1 Satz 1 und Abs. 2 des Zehnten Buches und § 219 gelten entsprechend.« Von den Krankenkassen werden auch spezifische Präventionsangebote bereitgestellt, die die Betriebe nutzen können. Insbesondere sind dies Angebote zur:
- Vorbeugung und Reduzierung arbeitsbedingter Belastungen des Bewegungsapparates
- gesundheitsgerechten Verpflegung am Arbeitsplatz
- Förderung individueller Kompetenzen zur Stressbewältigung am Arbeitsplatz
- gesundheitsgerechten Mitarbeiterführung
- Suchtprävention: Rauchfrei im Betrieb, »Punktnüchternheit« (Null Promille am Arbeitsplatz) bei der Arbeit

Anforderungen an das Betriebliche Gesundheitsmanagement

Die Zahl der Betriebe mit einem Integrierten Betrieblichen Gesundheitsmanagement ist bis heute überschaubar geblieben. Erfahrungen zeigen, dass sich unter dem Logo eines betrieblichen Gesundheitsmanagements oft ein Mix aus unterschiedlichen Maßnahmen verbirgt, die meist unverbunden sind und getrennt arbeiten. Dadurch gehen Synergien verloren. Manche Maßnahmen, insbesondere im Rahmen des Fehlzeitenmanagements, können sogar kontraproduktiv sein und bewirken Ängste und Skepsis bei den Beschäftigten. Was oft fehlt, ist ein integratives und nachhaltiges Konzept, das unterschiedliche Ansätze und rechtliche Anforderungen zusammenführt, koordiniert und die Qualität und Wirksamkeit von Maßnahmen und Angeboten prüft. Im Gesundheitsmanagement muss ebenfalls die Beteiligung der Beschäftigten gewährleistet sein.

Für die langfristige Entwicklung eines betrieblichen Gesundheitsmanagements bieten sich Betriebsvereinbarungen an, die Verfahrenweisen verbindlich regeln und Transparenz herstellen und die somit zur Vertrauensbildung bei der Belegschaft beitragen, z.B.

Suchtprävention als Teil des Gesundheitsmanagements

- Arbeitsschutz- und Gesundheitsmanagement
- Durchführung der Gefährdungsbeurteilung
- Betriebliches Eingliederungsmanagement
- Suchtprävention und Suchthilfe
- Betriebliche Gesundheitsförderung
- Verbesserung des Betriebsklimas
- Vereinbarkeit von Beruf und Familie

Kriterien für ein integriertes betriebliches Gesundheitsmanagement:
- Gesundheit wird im Rahmen von Leitlinien/Betriebsvereinbarungen im Unternehmen verankert.
- In Bezug auf Gesundheit/Krankheit werden die ethischen Aspekte beachtet (Selbstbestimmungsrechte).
- Der Arbeitsschutz baut auf einer gesundheitsfördernden Gesamtkonzeption auf und verfolgt das Ziel einer ganzheitlichen Gestaltung von Technik, Organisation und Kommunikation.
- Gesundheitsmanagement ist Querschnittsfunktion im Unternehmen.
- Gesundheitsmanagement ist Führungsaufgabe.
- Mitarbeiter und Experten sind in das Managementsystem eingebunden, Zuständigkeiten sind klar definiert.
- Es werden bedarfsgerechte Ziele definiert. Die Zielerreichung wird über ein regelmäßiges Controlling überprüft.
- Die Personalpolitik verfolgt aktiv die Gesundheitsförderungsziele.
- Es werden ausreichend Ressourcen bereitgestellt.

Netzwerke der Betrieblichen Gesundheitsförderung

Im Betrieb	Über den Betrieb hinaus
Arbeitgeber und Betriebsrat	Staatliche Arbeitsschutzbehörden
Schwerbehindertenvertretung	Berufsgenossenschaften
Mitarbeiter und Vorgesetzte	Krankenkassen
Betriebsarzt	Rentenversicherung
Fachkraft für Arbeitssicherheit	Beratungsstellen z.B. für Sucht, Mobbing
Betrieblich Beauftragte, z.B.	Reha-Einrichtungen
Gesundheitsbeauftragte	Integrationsämter und -fachdienste
Suchtbeauftragte	Ärzte
Sicherheitsbeauftragte	Psychologen
	Sozialberatung

- Die Koordination erfolgt durch eine/n qualifizierten Gesundheitsmanager/in.
- Bei der Anwendung der Qualitätskriterien sowie im Vorhaben »Betriebliches Gesundheitsmanagement« insgesamt ist das Prinzip des Gender Mainstreaming zu beachten.

Was ist »gute Praxis«?

Eine Grundlage für die qualitätsgerechte, vorbildliche Umsetzung des neuen Verständnisses einer betrieblichen Gesundheitspolitik bilden die vom Europäischen Netzwerk für Betriebliche Gesundheitsmanagement entwickelten Qualitätskriterien. Diese lehnen sich an das Modell der Europäischen Stiftung für Qualitätsmanagement an und ermöglichen es, Gesundheitsförderung in das betriebliche Qualitätsmanagement einzubeziehen. Die Qualitätskriterien erstrecken sich auf die fünf Bereiche:
- Unternehmenspolitik,
- Personalwesen und Arbeitsorganisation,
- Soziale Verantwortung,
- die Planung und Umsetzung betrieblicher Gesundheitsförderung sowie auf deren
- Evaluation.

Leitlinien für die Qualitätssicherung im betrieblichen Gesundheitsmanagement können im Internet abgerufen werden:

Deutsche Hauptstelle für Suchtfragen (DHS): Qualitätsstandards in der betrieblichen Suchtprävention und Suchthilfe:
http://www.dhs.de/fileadmin/user_upload/pdf/Arbeitsfeld_Arbeitsplatz/Qualitaetsstandards_DHS_2011.pdf

Europäisches Netzwerk: Qualitätskriterien für BGF:
http://www.netzwerk-unternehmen-fuer-gesundheit.de/fileadmin/texte/fragebogen.pdf

Gemeinsame Arbeitsschutzstrategie (GDA): Leitlinie Arbeitsschutzorganisation:
http://www.gda-portal.de/de/pdf/Leitlinie-Arbeitsschutzorganisation.pdf?__blob=publicationFile&v=2

GKV-Spitzenverband: Leitfaden Prävention der GKV:
http://www.gkv-spitzenverband.de/upload/GKV_Leitfaden_Prävention_RZ_web4_2011_15702.pdf

Gesellschaft für Qualität in der betriebsärztlichen Betreuung(GQB):
http://www.vdbw.de/Qualitaetssicherung.19.0.html

Gesellschaft für Qualität im Arbeitsschutz (GQA):
http://www.gqa.de/webcom/show_article.php/_c-34/_lkm-39/i.html

Initiative Gesundheit & Arbeit (iga) Materialsammlung zum Betrieblichen Eingliederungsmanagement:
http://www.iga-info.de/betriebliche-eingliederung/bem-materialsammlung.html

Reinhard Hoch
Süchtige Helfer – helfende Süchtige
Das Dilemma betrieblicher Suchtvereinbarungen in kranken Unternehmen

Betriebliche Suchtkrankenhilfe bleibt in ihren positivsten Ansätzen, und so zahlreich sind diese ja noch immer nicht, notwendigerweise Stückwerk. Sie umfasst die Lebensrealität der Betroffenen in einem Rahmen vom 40 bzw. 38 oder 37,5 Stunden in der Woche; und sie sieht die Gefährdeten und Abhängigen als ungenügend am Produktions- oder Dienstleistungsprozess Teilhabende.

Die Wiederherstellung oder Erhaltung der individuellen Arbeitskraft, und zwar unter den gegebenen Arbeitsbedingungen, hat Priorität. Dieses Ziel ist gleichermaßen Begründung für betriebliche Suchtprogramme als auch schon Grenzmarkierung. Die Optik von Dienstherren und anderen Arbeitgebern wird so a priori als Rahmenbedingung der Arbeit mit Süchtigen akzeptiert.

In Begriffen von »Familienwirklichkeit« gesprochen heißt das: Du hast eine oder zwei »Chancen«, wenn Du sie verwirkst, wirst Du ausgesondert aus unserer »Unternehmensfamilie«. Suchtkontrolle, oder unverfänglicher formuliert, Fremdmotivation, scheinen die Mittel der Wahl zu sein.

Psycho-sozial-medizinische Beratungs- und Behandlungsangebote vernachlässigen ihrerseits wiederum häufig die Bedingungen und Beziehungen am Arbeitsplatz, sie nehmen damit eine Reduktion von Komplexität vor, auch wenn sie, wie es zunehmend geschieht, die Familie einbeziehen und ihren Blick auch auf die Co-Abhängigen richten.

Gemeinsam schaffen so Abhängige, ihre Familien, ihre Berater/ Behandler und ihre Arbeitgebenden eine gemeinsame Welt der Sucht. Ganzheitliches Leben scheint eine Illusion zu sein in Arbeits- und Familienleben. Ganzheitliche Sichtweisen in Beratung und Behandlung haben das Nachsehen gegenüber spezialisierten betrieblichen Programmen und Spezialangeboten so genannter Suchtexperten. – Sind sie deshalb illusorisch?

Sprache als Zeichen?

Besonders beobachten, Druck stufenweise verstärken, Verdacht begründen, weiterverfolgen, enttarnen, Maßnahmen unterziehen, kontrollieren, nachweisen, sanktionieren, disziplinieren, abmahnen, bewusstes Unterlassen, grob fahrlässig, vorsätzliches Verhalten, bei Rückfall Kündigung, da selbstverschuldet... Diese Formulierungsauswahl stammt nicht etwa aus dem Sprachgebrauch einer Strafverfolgungsbehörde, sondern aus betrieblichen »Hilfsprogrammen/Betriebsvereinbarungen« für alkoholkranke Mitarbeiterinnen und Mitarbeiter!

Was bewirkt eigentlich, dass sich diese verräterische Sprachregelung in betrieblichen Alkoholprogrammen mehr und mehr verfestigt und von den betrieblich »Helfenden« meist unreflektiert übernommen wird?

Gesundung oder Anpassung?

Betriebliche Alkoholkonzepte (Betriebsvereinbarungen) fordern die »Gesundung« von Alkoholkranken. Nur, welche Eigenschaften sind hiernach von einem »Gesunden« zu erwarten, und sind dies auch die Erwartungen, die wir als Helfende an Gesundheit = Ganzheit haben? Können die hohen Rückfallquoten wirklich verwundern, wenn wir die krankmachenden Arbeitseinflüsse kennen, Betroffene sich aber diesen unveränderten Arbeitsbedingungen auch nach der Therapie anzupassen haben? Hierbei ist uns wichtig zu verdeutlichen, dass auch Suchtberaterinnen und -berater ständig in Gefahr sind, Kriterien für die Diagnostik anzuwenden, die süchtiges Verhalten lediglich individualisieren.

Genügen Sanktionskataloge (die Krankheit kontrollierbar machen wollen) in einem Bereich, der besonderer Wärme und Zuwendung bedarf?

Die süchtige Organisation

Wenn man sich mit Organisationen beschäftigt, die als gestört oder dysfunktional bezeichnet werden könnten, muss man erkennen, dass diese auf vielfältige Weise ähnlich agieren wie süchtige Individuen. In komplexen Zusammenhängen von Organisationen (Unternehmen, Behörden etc.) zeigt sich die gleiche Dynamik wie in der komplexen Ganzheit des einzelnen Menschen. Die süchtige Organisation ist die natürliche Folge der Menschen, die in ihr arbeiten, und auch des Umfeldes, in das sie eingebettet ist. Suchtverhalten von Organisationen/Unternehmen zeigt sich auf vier Ebenen:

1. Kommunikation in der süchtigen Organisation
2. Denkweisen in der süchtigen Organisation
   - verzerrte Denkprozesse, Konfliktverlagerung
   - Projektion
   - Freund-Feind-Denken/Dualismus
3. Management und Personalführung in süchtigen Organisationen
   - Verleugnung und Unehrlichkeit
   - Isolation und Selbstbezogenheit
   - Richten/Verurteilen
   - Perfektionismus
   - Verführung
   - »Schein«-Alternativen aufbauen
4. Strukturelle Komponenten
   - Auseinanderfallen von Ziel und Mittel
   - Außenorientierung
   - Planung = Vorhersagbarkeit = Kontrolle

Hierbei beschränken wir uns in diesem Artikel auf die Erörterung der Ebene der Kommunikation.[1]

---

[1] Das vollständige Manuskript kann beim Autor angefordert werden (s. die Adresse im Autorenverzeichnis).

Kommunikation

Wegen ihrer zentralen Bedeutung für das »Funktionieren« in der Organisation sind Kommunikationsprozesse besonders sensitiv für alle möglichen Formen von Störung.

Kommunikation verläuft gewöhnlich indirekt: Konflikte werden nicht offen zwischen den Betroffenen angesprochen; über Probleme wird mit unbeteiligten Kollegen geredet, die ihr offenes Ohr zur Verfügung stellen, darüber hinaus aber nichts zur Lösung oder Klärung beitragen können. Diese Indirektheit existiert aber nicht nur im Konfliktfall. Generell ist in der süchtigen Organisation die Kommunikation vage, konfus und ineffektiv: Berge von schriftlichen Anweisungen, Vereinbarungen und Besprechungsprotokollen sind ein deutliches Indiz. Umständliche Prozeduren verschleiern die Unfähigkeit zu kommunizieren. Schriftliche Erinnerungen, Protokollbeschlüsse etc. helfen, Auseinandersetzungen von Angesicht zu Angesicht zu vermeiden.

»Triangulation« ist ein weiteres Merkmal süchtiger Kommunikation: A will B etwas mitteilen, spricht aber nicht mit B, sondern beauftragt C, die Mitteilung an B zu überbringen. Außer bei Routineangelegenheiten nutzt A dieses Verfahren (Triangulation), um nicht in direkten Kontakt mit B zu kommen.

Trainierte Unfähigkeit ist ein weiteres Phänomen, das wir auf den Führungsebenen von süchtigen Organisationen finden. Hochtrainierte Mitarbeiterinnen und Mitarbeiter treffen sich regelmäßig zu Strategieplanungssitzungen. Es werden endlose Tagesordnungen aufgestellt, wichtige Punkte gekennzeichnet und diskutiert. Am Ende geht man erschöpft und mit dem Gefühl, wenig erreicht zu haben, auseinander.

Gefühlsäußerungen sind unerwünscht: Gefühle werden in den Beziehungen als unangemessen erlebt. Standard ist: »Man muss seine Gefühle beherrschen!« Wer seine Gefühle zum Ausdruck bringt, wird als instabil, unzuverlässig, unbelastbar eingeschätzt und seine Arbeits- und Leistungsfähigkeit grundsätzlich in Frage gestellt.

Vielmehr müssen kommunizierte Inhalte logisch und rational begründbar sein; mit der Folge, dass die anstehenden Aufgaben lediglich oberflächlich in Angriff genommen werden. Geringe Effizienz ist somit das Ergebnis einer deprimierten, bürokratischen Atmosphäre, aus der Vergesslichkeit als wesentliches Charakteristikum in süchtigen Organisationen resultiert (vergessen werden: gemeinsam gesteckte Ziele, Verabredungen, Fehlentscheidungen in der Vergangenheit usw.).

Verzerrte Denkprozesse, auch eine Konsequenz einer lediglich auf logische und rationale Inhalte reduzierten Kommunikation, äußern sich z.B. auch in Form von Konfliktverlagerung.

Die Gefahr besteht, wie Ann Wilson-Schaef bereits 1988 feststellt, dass die Formen süchtigen Verhaltens in Organisationen/Unternehmen eine gelähmte Persönlichkeit herausbilden, die hervorragend angepasst ist und nicht die Kraft besitzt, nein zu ihren destruktiven Prozessen zu sagen.

Der Glaube der Organisation, dass ein/e »geteilte/r Mitarbeiter/in perfekt sein muss, endgültig »repariert« sozusagen (z.B. durch Anwendung betrieblicher Suchtprogramme), wird hier verbunden mit der Angst vor dem Misserfolg der Behandlung und dem Wunsch, die Krankheit zu kontrollieren.

Dennoch gilt, dass wir es nicht mit »schlechten« oder »guten« Organisationen zu tun haben, sondern mit Organisationen/Unternehmen, die krank sind – auf dem Weg zur Genesung.

Literatur

Wilson-Schaef, Ann/Fassel, Diane (1988): The addictive organization, Harper-Row, San Francisco.

Jürgen Heckel
Der Mensch ist des Menschen Arznei ...
Oder: Wie und wodurch funktioniert eine Selbsthilfegruppe?

Ich freue mich, für diesen Band einen Beitrag über Selbsthilfegruppen aus der Sicht eines Alkoholikers schreiben zu können. Ist es schon lohnend, Selbsthilfegruppen in Suchtberatung einzubeziehen, so sollte es bei Wiedereingliederungsmaßnahmen unverzichtbar sein. Wann immer es möglich ist, sollten Führungskräfte und Betriebs- und Personalräte dafür sorgen, dass bei Wiedereingliederungsmaßnahmen Selbsthilfegruppen mit einbezogen werden. Betriebliche Suchthelfer sollten sich in der örtlichen Szene informieren, Verbindungen herstellen, sich auskennen, möglichst viele Kontakte schaffen. Und die Anschriftenlisten lokaler Selbsthilfegruppen gehören ans »Schwarze Brett«, denn Selbsthilfegruppen bieten Betroffenen Unterstützung rund um die Uhr: Meetings, Sponsorschaft, Telefonnetz, Internetmeetings, Literatur. Es gilt, Ängste vor Selbsthilfegruppen zu beseitigen und Hilfe zur Gruppenhilfe zu vermitteln.

Darüber hinaus empfehle ich Suchtberatern, in Meetings zu gehen, und zwar in so genannte offene Meetings, die allen zugänglich sind. Vielleicht geht es ihnen dann wie mir, als ich das erste Mal in einer Selbsthilfegruppe war: Ich traf dort auf Menschen, die offen und ehrlich über sich sprachen, was ich in anderen Veranstaltungen so noch nie erlebt hatte. Häufig haben Suchthelfer nur Kontakt zu nassen Süchtigen, Erfahrungsaustausch mit langfristig Genesenden findet eher selten statt. Diese Chancen eröffnen sich in der Zusammenarbeit mit Selbsthilfegruppen. Durch Einbindung der örtlichen Gruppen können betriebliche Suchthilfe und Selbsthilfegruppen sich zu einer fachkundigen Dienstleistung entwickeln, die sich an den Bedürfnissen der Betroffenen orientiert.

Diese Kontakte nützen allen Suchthelfern. Vor allem auch in den Gruppen lernen sie, Chancen und Möglichkeiten der Suchtberatung realistisch einzuschätzen. Es kann gar nicht oft genug wiederholt werden: Grundlage jeder Suchthilfe ist Hilfe durch Nichthilfe. Niemals Unselbstständigkeit fördern, nichts für den Süchtigen erledigen, was er besser selber machen sollte. »Ich muss lernen, dass neben den Rauschmitteln du und ich als helfende Komplizen das größte Problem der Abhängigen sind. Weil wir sie nicht verstehen, schaden wir ihnen oft mehr, als wir nützen, und das in allerbester Absicht«, schrieb der bekannte amerikanische Suchtforscher Joseph Pursh. Dieses Zitat gehört meiner Ansicht nach in das Büro eines jeden Suchtberaters.

Nicht nur der Alkoholiker muss vor seiner Sucht kapitulieren, auch der Helfer. Es ist die Einsicht, niemanden trockenlegen zu können. Die Verantwortung für das Leben einer Kollegin oder eines Kollegen liegt nicht in unserer Hand. Wenn einer wirklich sterben will, kann niemand ihn daran hindern.

Mit den Anonymen Alkoholikern (AA) fing alles an...

Gott sei Dank gibt es viele unterschiedliche Selbsthilfegruppen mit unterschiedlichen Arbeitsweisen: die Anonymen Alkoholiker, den Kreuzbund, Blaukreuz, Guttempler, örtliche Freundeskreise und unzählige andere. Betroffene sollten sich zehn verschiedene Gruppen anschauen, bevor sie urteilen. Bei einem hilft diese Gruppe, bei anderen wiederum eine ganz andere. Die Wege in die Sucht sind individuelle, die Wege heraus auch. Wenn zwei Alkoholiker den gleichen Genesungsweg versuchen, wird einer scheitern.

Ich kenne auch andere Gruppen, aber zur Darstellung der Selbsthilfegruppen habe ich die AA gewählt, weil bei ihnen das Gruppenselbsthilfeprinzip am konsequentesten verwirklicht ist. Ohne ihre Lernerfahrungen wäre die Entwicklung der Selbsthilfebewegung, so wie sich heute weltweit zu einer Massenbewegung entwickelt hat, nicht denkbar. AA gibt es in 160 Ländern der Erde, es ist die erfolgreichste Selbsthilfegruppe überhaupt.[1]

---

[1] Die Gemeinschaft ist in keiner Weise mit meiner Veröffentlichung oder deren Inhalt verbunden. Hier schreibt kein Mitglied über die AA. Ich schreibe über meine ganz persönlichen Interpretationen, nicht über die Ansichten der Gemeinschaft. Wer AA kennen lernen möchte, der sollte in die Gruppen gehen. Über AA kann man kaum berichten, AA muss erlebt werden.

Wie und wodurch funktioniert eine Selbsthilfegruppe?

Auf keinen Fall möchte ich damit zum Ausdruck bringen, dass es die besten Gruppen sind, es geht nicht um gut oder schlecht, sondern um die Frage: Welche Gruppe ist wann für wen tauglich? Alle Gruppen in die Betrachtung mit einzubeziehen, würde den Umfang meines Beitrages sprengen.

Vorurteile halten Menschen davon ab, Hilfe in Selbsthilfegruppen zu suchen

Vorurteil: Sekte

Viele glauben oder fürchten, vor allem die AA seien eine Sekte. Doch die Anonymen Alkoholiker stehen in einem fundamentalen Gegensatz zu Sekten oder religiösen Gemeinschaften. Weder ist man einem Guru oder einem Programm zu bedingungslosem Gehorsam verpflichtet, noch ist man gezwungen, seine Identität abzugeben, um eine vorgeschriebene anzunehmen. Bei den AA bleibt es jedem selbst überlassen, seine Identität zu entwickeln. Die Macht über mein Leben bleibt in den eigenen Händen.

AA hat keine autoritäre, sondern eine basisdemokratische Struktur: Rotation, gebundenes Mandat, Minderheitenrechte und Konsensverfahren. Millionen Häuptlinge an der Basis und ein paar hauptamtliche arbeitende Indianer an der Spitze. Weltweit gibt es meines Wissens keine Organisation, die auf Mitgliederlisten und Aufnahmescheine verzichtet, keine Beiträge erhebt, staatliche Subventionen ablehnt, sich ausschließlich aus eigenen Spenden erhält und in der das Programm lediglich den Status von Empfehlungen hat.

Vorurteil: Laienhelfer

Gesundheit, so sagt man, sei zu kostbar, um sie dem Gutdünken von Laien zu überlassen. Das Selbsthilfeprinzip ist kein Laienhelferverfahren (Laien helfen Laien), sondern die Mitglieder in Selbsthilfegruppen lassen sich *ein Leben lang* auf einen seelischen Entwicklungsprozess ein, für den sie selbst die Verantwortung übernehmen. In einer Selbsthilfegruppe hilft nicht einer dem anderen, sondern jeder hilft sich selbst, und dadurch hilft er den anderen.

Vorurteil: Selbsthilfe versus professionelle Hilfe
Beide Seiten weisen respektable Leistungen auf. Statt gegenseitig Vorurteile zu verbreiten, sollten Fachleute und Betroffene einen Dialog beginnen und zusammenarbeiten. Selbsthilfegruppen sind eine wirksame, oft unverzichtbare Ergänzung zu professioneller Therapie. Ich gehe seit 26 Jahren wöchentlich in Selbsthilfegruppen, nahezu alle TeilnehmerInnen, die ich kenne, haben sich irgendwann auch einmal professionelle Hilfe geholt. Meine Einstellung lautet: Nicht Selbsthilfegruppe *oder* Therapie, sondern Selbsthilfegruppe *und* Therapie.

Gute Zusammenarbeit sollte allerdings nicht die Unterschiede verwischen: Psycho- und sozialtherapeutische Konzepte sind »Kopfkonzepte«, die wissenschaftlich entwickelt wurden, die zwölf Schritte der AA sind ein Erfahrungsprogramm, von Betroffenen entwickelt, das durch Kapitulation, Loslassen, Anvertrauen und Übergabe nacherfahren werden kann.

Vorurteil: Sprüche
Sehr gern wird auch über Sprüche, die in Selbsthilfegruppen kursieren, gelästert. Doch Sprüche und Slogans haben in den Gruppen die Funktion von Regeln, in denen Mitglieder ihre Erfahrungen konstruieren und aufbewahren. Außenstehenden mögen diese Sprüche lächerlich, schwülstig oder pseudowissenschaftlich vorkommen – Kalendersprüche eben. Doch wer versucht, sie umzusetzen, wird folgende Entdeckung machen: Wer es schafft, sein Leben danach auszurichten, wird erkennen, dass es Perlen der Weisheit sind.

Vorurteil: Christlich
Es ist wertvoll, dass der Genesungsweg der AA nicht von einer bestimmten Gottesvorstellung oder einem religiösen Dogma ausgeht. Die Anonymen Alkoholiker verlangen nicht, dass du irgendetwas glaubst. Es gibt keinen katholischen, evangelischen oder freikirchlichen Gott. AA hat eine demokratische Gottesvorstellung, was jemand sich unter höherer Macht vorstellt, bleibt ihm selbst überlassen. Für mich ist es z.B. die Gruppe.

Spiritualität wird oft gleichgesetzt mit Religion: Religion ist ein Glaubenssystem, das um einen Propheten, einen Lehrer oder um eine Reihe gemachter Grundsätze herum organisiert ist. Spiritualität dagegen ist die Fähigkeit, seine eigene, einzigartige Besonderheit zu entdecken

Wie und wodurch funktioniert eine Selbsthilfegruppe?

und zu entfalten. Ich bin froh über die Entdeckung, dass ich spirituell sein kann, ohne religiös zu sein. Auch die kirchlichen Gruppen (Kreuzbund, Blaukreuz) stehen als Helfergemeinschaft allen Alkoholikern – unabhängig von der Religionszugehörikeit – offen.

Vorurteil: Manche werden dann auf den Gruppenbesuch süchtig...
Die Gefahr einer Suchtverlagerung ist ein beliebter Vorwurf. Es gibt einfach nichts, auf das Menschen nicht süchtig werden können. Auf die AA süchtig zu sein, ist immer noch besser, als sein Gehalt zu versaufen, seine Frau zu verprügeln und die Kinder zu vernachlässigen.

Vorurteil: Die Gruppen bestehen aus alten Damen und Männern, für Jugendliche sind sie nicht attraktiv...
Dieses Vorurteil zeigt deutliche Unkenntnisse über die Krankheit Alkoholismus. Es dauert in der Regel bis zum Tiefpunkt bei Frauen um die 20 Jahre, bei Männern um die 30. Das ist der Grund für den hohen Altersdurchschnitt in den Gruppen.

Nur du allein schaffst es, aber du schaffst es nicht allein...

Das Ziel einer Suchtselbsthilfegruppe ist Suchtbefreiung. Der »Trick«, den ich anwenden muss, um mit meiner Sucht umgehen zu lernen: Mein Leben so umzuorganisieren, dass es mir ohne Droge deutlich besser gefällt als zuvor, dass ich es als einen Gewinn empfinde, trocken zu leben, nicht als Verlust. Ich verliere nichts, ich gewinne: an Menschlichkeit, Nähe, Sensibilität, Wärme, Freiheit. Das bedeutet Aufbau eines gelingenden Lebens mit neuer klarer Wert-, Sinn- und Zielorientierung. Wir Alkoholiker sind zum guten Leben verurteilt. Ich bin gezwungen, mich auf umfassende Veränderungsprozesse einzulassen.

Selbsthilfegruppen bieten ein Trainingslager an, einen geschützten Raum zum gefahrlosen Ausprobieren. Ein Gruppengespräch enthält großartige Chancen, voneinander zu lernen, füreinander da zu sein, beieinander Verständnis zu finden, untereinander offen zu reden, sich zu begegnen, sich zu berühren, sich mitzuteilen in der ursprünglichen Bedeutung des Wortes: Erfahrung, Kraft und Hoffnung miteinander teilen.

Immer wenn ich mit den Freunden in einer Gruppe beisammen bin, überkommt mich das beglückende Gefühl, dass mir dort nichts passieren kann. In Bezug auf meine Gesundheit bilde ich mich dort lebenslang zu meinem eigenen Experten aus.

Zuhören und Sprechen lernen

Selbsthilfegruppen setzen zwei für Menschen unersetzliche Medikamente ein: Zuhören und Sprechen. Dabei ist Zuhören der Anfang vom Anfang im Veränderungsprozess. Denn: Nur wer zuhören kann, ist auch in der Lage zu sprechen.

Und wer dem Hören und Zuhören einen Wert gibt, ist auf dem Weg zur Achtsamkeit sich selbst und anderen gegenüber. Wer sich dem Gruppenklima in den Gruppen kontinuierlich aussetzt, wird Zuhören als Lebenskunst entdecken.

Dazu gehört das freie Sprechdenken, die Verfertigung der Gedanken beim Reden. Im Gruppengespräch erleben wir, wie erlösend es ist, etwas in Worte fassen zu können, was schon lange in uns bohrt und sich des Nachts in unsere Träume schleicht. Nur wenn ich es auf den Begriff bringe, nur dann kann ich es begreifen, ergreifen, anpacken und Lösungen anstreben. Egal aus welchen Gründen eine Selbsthilfegruppe zusammenfindet, es sind immer auch kommunikative Fähigkeiten, die dort meist unbewusst geschult werden. Kommunikative Fähigkeiten sind es, die es uns ermöglichen, aus eigener Kraft aus ausweglosen Situationen herauszukommen, Genesung bedeutet für Süchtige soziales Lernen.

Ich war lange Zeit der festen Überzeugung, dass Gruppenarbeit in erster Linie eine Redekur ist. Aufgrund meiner Erfahrungen bin ich zu der Überzeugung gekommen, dass es überwiegend eine Zuhörkur ist. Die Gruppe hat die Funktion eines Spiegels für das eigene Verhalten und es ist meiner Meinung nach mehr ein Hörspiegel denn ein Sehspiegel.

Es genügt nicht, nur hineinzuschauen, sondern ich sollte vor allem hineinhören, damit es mir nicht ergeht wie Narziß, der durch seine Liebe zu seinem Spiegelbild, die ihn auf nichts anderes mehr achten ließ, starb. Narziß verfiel der tödlichen Faszination des Sehens, nachdem er die Nymphe Echo – also die mythische Inkarnation reinen Tons – verschmähte, sie nicht »erhört« hatte.

So führt uns der Mythos in der Geschichte des Narziß *die Doppelfigur* von *Sehprivileg* und *Hörverachtung* mitsamt ihren tödlichen Folgen vor Augen. Er verkündet dem Abendland die Tödlichkeit eines Sehens, das nur noch sehen will *und gegen das Hören sich blind verhält.*[2]

Was bewirkt die Veränderung?

Es ist nicht in erster Linie der Erfahrungsaustausch, so wichtig und bedeutsam er auch ist – schon gar nicht das erworbene Wissen über Alkoholismus. Ich kenne Leute, die wissen alles über Alkoholismus – mit einer winzigen Ausnahme: Sie wissen nicht, wie sie trocken leben können. Es ist auch nicht ein Programm, z.B. das Zwölf-Schritte-Programm der AA, so hilfreich es auch ist, sondern es ist die andere und besondere Art – überwiegend auf der Beziehungsebene – zu kommunizieren, die das Wachstumsklima und damit die Veränderung herbeiführt. Es ist das gleichberechtigte Nebeneinander von Gedanken und Gefühlen, von Wissen und Träumen, das die besondere Qualität dieser Sprechsituation ausmacht. Es ist ein fortschreitendes Erfahren und lernendes Erleben. Meistens registriere ich gar nicht, dass ich etwas lerne. Gruppenmitglied Olga drückt es so aus: Das Schöne an AA ist, dass ich dort auch mit meinem Arsch etwas lernen kann.

Die Genesung ergibt sich aus dem Gespräch von Mensch zu Mensch, sie ergibt sich aus der Art und Weise wie wir uns dort *berühren*.

Der Mensch ist des Menschen Arznei.[3]

Welches sind die Grundregeln, die die Grundordnung einer Selbsthilfegruppe begründen und ein Wachstumsklima herbeiführen?

Diese andere und besondere Art zu kommunizieren, beruht auf einem Paradoxon: Es ist der freiwillige Verzicht auf wertvolle kommunikative Verhaltensweisen wie z.B. Diskussionen, Ratschläge, Fragen, Unterbrechen, kein direktes Feedback. Ein bewährtes Mittel, den eigenen Standpunkt hervorzuheben, ist und bleibt die Kritik, trotzdem wird dar-

---

[2] Ausführlich siehe: Bernius, Volker et al., Der Aufstand des Ohrs, Göttingen 2006, S. 35ff.
[3] Ein Sprichwort des senegalesischen Stammes der Wolof: Nit nit, ay garabam.

auf verzichtet. Diese Grundordnung entwickelt zu haben, ist eine Leistung der AA.

Die Regeln

Anonymität
Es ist geschützt, was ich sage, es bleibt im Raum, es wird nicht als Gesprächsstoff missbraucht. Das gibt dem Redner Sicherheit, denn wenn er sich wohlfühlt, teilt er sich besser mit, erst dann bin ich bereit, Risiken einzugehen, denn auch beim Zuhören entstehen für uns »Gefahren« (alte Gewissheiten geraten ins Wanken).

Es wird nicht diskutiert – Konfrontationen der Meinungen finden anders statt
Ich brauche keine Angst zu haben, dass mein Beitrag verrissen wird. Auch hier gilt: Es ist geschützt, was ich sage. Ich muss mir nicht, während der andere spricht, schon überlegen, wie ich ihn widerlege.

Jeder spricht nur von sich
Meine persönlichen Erfahrungsräume sind durch diese Regel geschützt, niemand darf dort eindringen. Es geht nicht darum, ob einer Recht oder Unrecht hat, es gibt keine Gewinner und Verlierer. Was ich vorbringe, gilt als wertvoll. Die Gruppe ist ein Supermarkt, in dem sich jeder zum Nulltarif bedienen darf. Je unterschiedlicher die Auffassungen in der Gruppe, desto wertvoller für mich.

Das Prinzip Freiwilligkeit: Es gibt kein du musst oder du sollst, sondern du kannst und du darfst
In dieser Regel ist meine persönliche Integrität geschützt. Die Last der Erkenntnis und des Handelns liegt da, wo sie hingehört: beim Individuum. Ich bestimme Inhalt und Tempo des Veränderungsprozesses und ich entscheide, ob ich mich auf neue Gedanken, neue Erfahrungen einlasse und wie weit ich dabei gehe. Kümmere ich mich um mich oder fange ich an, mich therapeutisch zu betätigen?

Die Gruppe verhilft mir zu dem Mut, über bisher vertraute Grenzen hinauszugehen.

Wie und wodurch funktioniert eine Selbsthilfegruppe?

Du darfst Fehler machen – fehlerfreundlich miteinander umgehen statt Perfektionismus anstreben
Eine gute Gruppe verkraftet Fehler.

Keine Fragen
Wenn wir ängstlich sind, verschließen sie uns eher, als dass sie uns öffnen.

Kein direktes Feedback, sondern nur indirektes
Das zwingt mich, einfühlsam in die Gruppe hineinzuhorchen, ich entscheide, was ich mir zumuten will, so gewinne ich Einsichten in bisher nicht bewusste Zusammenhänge. Ich bestimme das Tempo meines Veränderungsprozesses, ich entscheide, auf welchem Gebiet ich anfange! Direktes Feedback ist vom Sponsor[4] möglich.

Keine Ratschläge
Ratschläge sind auch »Schläge«. In der Gruppe stürzt sich niemand – mit einem Bündel Ratschläge bewaffnet – auf mich. Niemand drängt mir etwas auf. Nimm das mit, was du gebrauchen kannst, und vergiss den Rest!

Ich unterbreche nicht
Gewährendes Zuhören schafft Sicherheit für den Einzelnen. Kein Therapeut greift steuernd ein.

Die Praxis zeigt: Der Verzicht auf Wertvolles in der Kommunikation lohnt sich gewaltig. Es entwickeln sich Erfahrungsräume, in denen Süchtige lernen, durch Zuhören sich und die Welt besser zu verstehen. Es ist ein Minimum an Regeln, das ein Maximum an individueller Entfaltungsmöglichkeiten garantiert. Viele Mitglieder kennen die Regeln gar nicht, halten sich aber daran. Ich kann mir das nur dadurch erklären, dass sie diese Art des Umgangs miteinander als außerordentlich wohltuend empfinden. Diese neue und andere Art, in den Selbsthilfegruppen zu

---

[4] Ein Alkoholiker, der bereits Fortschritte im Genesungsprogramm gemacht hat, fungiert für ein neues Gruppenmitglied als Sponsor, indem er mit diesem auf einer sehr individuellen Basis – häufig in Vier-Augen-Gesprächen – kontinuierlich Erfahrungen austauscht. Sponsoren werden neuen Mitgliedern nicht zugewiesen, sondern von diesen ausgewählt.

kommunizieren, verändert die Qualität der Beziehungen der Gruppenmitglieder umfassend, grundsätzlich und eröffnet den Teilnehmern die Möglichkeit des Andersseins. Eine Selbsthilfegruppe ist ein Gemischtwarenladen mit ganz besonderer Verkaufskultur. Im offenen Angebot: Jede Menge Hautnähe.

Wenn ich mich an die Regeln halte, lerne ich, in die Gruppe hineinzuhorchen und meine Aufmerksamkeit auf das sinnerschließende Zuhören zu lenken. Nicht, *wie antworte ich*, sondern *was ist wertvoll für mich* steht im Vordergrund. Das kommt einer idealen Zuhörsituation sehr nahe. Vielleicht entsteht so die von dem Philosophen Gadamer geforderte Untrennbarkeit von Hören und Verstehen?

Und all das entwickelt sich wohl nur, wenn die Gruppe jedem Einzelnen durch vereinbarte Regeln ein Höchstmaß an Sicherheit bietet.

Eine Selbsthilfegruppe ist eine Nichttherapiegruppe mit therapeutischer Qualität.

Das Wertesystem der Selbsthilfegruppen

Und im Laufe der Zeit, wenn die Gruppe laufen lernt, manifestieren sich die veränderten Beziehungen im Gruppenprozess in einem übergeordneten Wertesystem. Das Wertesystem ist die übergreifende Steuerung der Gruppe. Die Gruppenarbeit sorgt dafür, dass diese Werte kontinuierlich in Beziehung zu den realen Verhältnissen gesetzt werden. Nur dann sind sie nützlich.

Es sind vier Werte, die in einer *Wechselbeziehung* zueinander stehen und sich nicht nur summieren, sondern aufgrund ihrer Kombination verstärken.

Bonding (Verbundenheit gegen defekte Beziehungen)
Bonding bedeutet: Liebe, Intimität, Nähe, Wärme, Glauben, Vertrauen, sich verbunden fühlen, Einssein mit der Welt. Es entsteht unter Betroffenen mit gleichen Erfahrungen.

Authentizität gegen unangemessene Abwehr
Ich habe den Mut, mich so zu zeigen, wie ich bin. Mein alter Glaubenssatz: Wenn ich mich so zeige, wie ich bin, dann mögen mich die Leute nicht, gerät ins Wanken.

Wie und wodurch funktioniert eine Selbsthilfegruppe?

Abbildung 1:

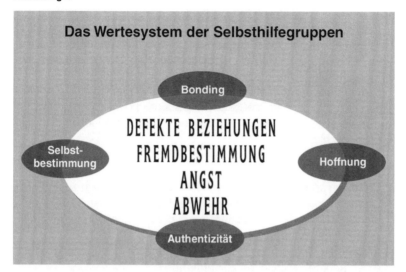

aus: Jürgen Heckel: Frei sprechen lernen, A1 Verl., 4. Aufl., München 2006

Hoffnung gegen Angst
Hoffnung ist die emotionale Basis unserer Selbstheilungskräfte. Jeder kann es schaffen, es gibt keine hoffnungslosen Fälle. Wer selbst keine Hoffnung mehr hat, hat die Hoffnung der Gruppe.

Selbstbestimmung gegen Fremdbestimmung
Dieser Wert zeigt sich in zwei Regeln. Jede Gruppe ist für sich selbst verantwortlich, ist autonom, und jeder in der Gruppe ist verantwortlich für die eigenen Defizite. Für die Anstrengung, sie zu beheben, ist jeder selbst zuständig.

Ausgangspunkt jeder Veränderung: Kapitulation und Akzeptanz

Kapitulation
Ich kämpfe nicht mehr gegen den Alkohol, sondern kapituliere und mache die Erfahrung, dass Einsicht in Machtlosigkeit Stärke erzeugt. Solange ich unter Aufbietung ungeheurer Energien versuchte, den Alkohol zu besiegen, fehlte mir die Energie zur Gestaltung eines erfüllten

Lebens. Mein Scheitern war in meinem Lösungsversuch begründet, nicht in der Unmöglichkeit der Aufgabe.

Ich habe nicht ständig gegen den Alkohol verloren, weil mein Wille zu schwach war, die versuchte Lösung, mit dem Willen dagegen anzukämpfen, war es, die sich als völlig unbrauchbar erwies und den Niedergang herbeiführte.

In der Gruppe wurde mir bewusst: Je nachhaltiger ich meine Abhängigkeit akzeptiere, desto größer ist mein Maß an Freiheit, und je bewusster ich sie akzeptiere, desto größer sind meine individuellen Entwicklungsmöglichkeiten.

Akzeptanz

- Wenn ein anderer Mensch bereit ist, mir etwas von sich zu erzählen und seine inneren Gedanken und Gefühle mit mir teilt, so liegt darin ein Wert für mich. Ich profitiere auch dann, wenn sich herausstellt, dass ich ganz andere Ansichten habe.
- Ich erfahre Zug um Zug, wie wertvoll und gewinnbringend es ist, einen anderen Menschen zu verstehen.
- Geteilte Freude ist doppelte Freude – geteiltes Leid ist halbes Leid. Teilen setzt Energien frei für Veränderungen.
- Ich lerne, mich nicht nur mit meinen, sondern auch mit den Augen der anderen wahrzunehmen.
- Ich lerne in der Gruppe, Nähe zuzulassen und Nähe zu ertragen.

So entsteht heilsame Akzeptanz, der erste Schritt in Veränderungsprozessen:

- Im Gruppengespräch lerne ich Schritt für Schritt, mich selbst zu akzeptieren.
- Solange ich mich nicht selbst akzeptieren kann, solange akzeptiert mich stellvertretend die Gruppe.
- Ich lerne, mich als unvollkommenen Menschen zu akzeptieren, und entdecke, dass mein Selbstwertgefühl steigt, wenn ich dazu in der Lage bin.
- Ich erreiche mehr, wenn ich ganz ich selbst sein kann. Erst bin ich es in der Gruppe, allmählich schleift es sich unbemerkt in den Alltag ein, denn der Praxistransfer ist in den Gruppenprozess eingebaut.

Die Veränderungschancen beruhen:

- auf einem neuen Verständnis von sich selbst. Ich fühle mich für mein Leben verantwortlich.

Wie und wodurch funktioniert eine Selbsthilfegruppe?

- auf einem neuen Verständnis der subjektiven Welt. Ich fühle mich als Teil der Welt.
- auf der Entdeckung neuer Sinneszusammenhänge – Spiritualität.

Es sind die zentralen Botschaften der Gruppenselbsthilfe: Akzeptiere die Grundordnung des Lebens, lerne dein Leben wahrzunehmen und zu gestalten, werde selbstbewusster, entscheidungsfreudiger, handlungsfähiger, fühle dich im Anderssein wohl. Suche einen Sinn in deinem Leben. Für diese Entwicklung bist du allein verantwortlich. Hol dir auch von Fachleuten Hilfe, aber vergiss es nicht, die Verantwortung liegt bei dir.

Abschließend dazu noch etwas Tröstliches, eine heilsame Einsicht gegen Veränderungsängste, diese hochkarätigen Widerständler: Es ist eine Veränderung, und zwar nicht, indem ich etwas von mir »abschaffe«, sondern ich verändere mich, indem ich bereit bin, andere Verhaltensweisen und Sichtweisen anzunehmen. Es ist ein Veränderungsprozess durch Bereicherungen.

Benötigt eine Selbsthilfegruppe ein Programm?

Wenn sie die Grundordnung ehern einhält, braucht sie kein Programm. Allerdings läuft eine Gruppe Gefahr, ohne feste Grundordnung zu einer Kaffeeklatschrunde zu degenerieren, wo nur problemorientiert gejammert wird, statt lösungsorientiert Hoffnung zu verbreiten. Ein hilfreiches Programm beugt diesen Gefahren vor.

Das Zwölf-Schritte-Programm

Für mich ist das Zwölf-Schritte-Programm zusätzlich ein wertvolles Denkgeländer. Es sagt nicht, es muss etwas geschehen, sondern ich muss etwas tun. Die Schritte zeigen uns, dass Abhängigkeit nicht nur ein Problem der Suchtmitteleinnahme ist, sondern auch die Unfähigkeit, sinnvoll leben zu können. Dass es gewaltig wirkt, das beweist, dass in der New Yorker Zentrale 300 unterschiedliche »Zwölf-Schritte-Gruppen« registriert sind, die mit diesem Programm arbeiten (Ess-Störungen, Mobbing-Betroffene, Religions- und Sexsüchtige, Arbeitssüchtige, Spielsüchtige usw. usf.).

Diese Gruppen haben sich das Zwölf-Schritte-Programm zu eigen gemacht und für die jeweiligen Bedürfnisse leicht abgewandelt, die inhaltliche Substanz bleibt erhalten. Die Richtungsangabe des Zwölf-

Schritte-Wegweisers: vom Lebensausweicher zum Lebensannehmer.[5]

Eine klärende Abschweifung
Der Zugang zu dem Zwölf-Schritte-Programm ist nicht nur vom christlichen Glauben her möglich, sondern von vielen Sichtweisen. Selbst der Existenzialismus Sartrescher Prägung zeigt einen Weg dorthin. Ich habe mich gewundert, dass ich von Anfang an bereit war, mich auf das Zwölf-Schritte-Programm einzulassen. Die Worte klangen mir fremd, die Inhalte nicht.[6] Grundlagen des Existenzialismus sind:
  Ich werde ungefragt ins Leben geworfen, zur Freiheit verurteilt...
  Daß ich bin, kommt also früher als *was* ich bin. Die Existenz geht dem Wesen voraus.
  Existieren heißt, sich sein eigenes Dasein zu erschaffen.
  Der Mensch muss sich erst selbst erschaffen. Er muss seine eigene Natur, sein eigenes Wesen erschaffen, da es ihm nicht von vornherein gegeben ist.
  Wir selber erschaffen *das*, *was* wir sind.
  Und wenn der Mensch erst einmal in die Welt geworfen ist, dann ist er für alles verantwortlich, was er tut.
  Solange ich trank, war ich verantwortungsunfähig. Rechtfertigungsversuche für mein Trinkverhalten sind lebensgefährlich. Sie lenken von der Erkenntnis ab, dass der Kern der Genesung in mir selbst liegt. Ich bin dafür verantwortlich, ich darf mich auf nichts anderes herausreden. Ich übernehme ohne Einschränkung die Verantwortung für meine Fehlentwicklung.
  Sartre weist darauf hin, »dass der Mensch niemals seine Verantwortung für das, was er tut, leugnen kann.

---

  [5] Ausführlich siehe: Heckel, Jürgen: sich das Leben nehmen. Alkoholismus aus der Sicht eines Alkoholikers, 5. Aufl. München 2010, und Frei sprechen lernen. Ein Leitfaden zur Selbsthilfe, 4. Aufl. München 2006.
  [6] Viele Jahre war ich ein leidenschaftlicher Anhänger des atheistischen Existenzialisten Jean Paul Sartre. Heute fühle ich mich als Agnostiker, der sich zum Zweifel bekennt und sich der Gewissheit verweigert. Ich orientiere mich an dem berühmten Wissenschaftler Erwin Chargaff: »Ich bin kein religionsbesessener Mensch, aber ich finde den Atheismus blöd. Man sollte besser das Maul halten. Es gehört zum Wesen Gottes, dass er nicht beschrieben werden kann.« Diese Einstellung habe ich mir in den Gruppen »angesessen«.

Wie und wodurch funktioniert eine Selbsthilfegruppe?

Die Freiheit des Menschen befiehlt uns, etwas aus uns zu machen, eine authentische oder echte Existenz zu führen...
Wir sind wie Schauspieler, die ohne einstudierte Rolle, ohne Rollenheft und ohne Souffleuse, die uns ins Ohr flüstert, was wir zu tun haben, auf eine Bühne gestellt werden. Wir müssen selbst entscheiden, wie wir leben wollen.«

Meine Souffleuse war der Alkohol. Heute ist es das Zwölf-Schritte-Programm.

Meine Aufgabe ist: Nüchtern bleiben als Voraussetzung, sich dieser Aufgabe stellen zu können.

Ich möchte nicht verschweigen: Sartre bestand darauf, dass es keine ewigen Werte oder Normen gibt, nach denen wir uns richten könnten. Das bezweifle ich.

Ich habe immer schon für das Absurde Theater geschwärmt. Wenn ich es richtig verstehe, dann soll durch Absurdes Theater das Publikum ermuntert werden, über die Möglichkeit eines echteren und eigentlicheren Daseins nachzudenken. Mein »absurdes Theater« sind die unterschiedlichen Auslegungen der zwölf Schritte in den Gruppen, die mir Sinn und Werte vermitteln.

Was leisten Selbsthilfegruppen, was professionelle Hilfe nicht leisten kann? Wo liegen grundsätzliche Unterschiede?

- Der Aufbau eines neuen Lebens mit klarer Wert-, Sinn- und Zielrichtung ist ein Lebenswerk, eine lebenslange Aufgabe. Es geht doch nicht nur darum, trocken zu werden, das allein funktioniert sowieso nicht. Ich als Alki kann nicht ständig allein mit drückenden Problemen und Charakterfehlern leben. Mich davon zu befreien, ist eine lebenslange Aufgabe. Bisheriges Leben nur minus Alkohol ist gleich programmierter Rückfall.
- Das kontinuierliche Gruppengespräch über viele Jahre verbreitet ansteckende Gesundheit. Die Krankheit und die damit verbundenen Widersprüche und Verwirrungen, die vom Alkoholiker verinnerlicht werden, werden in den Gruppen in einem sehr viel größeren sozialen Kontext wahrgenommen als in der Therapie. Die Kybernetik erkennt, dass zwei oder mehr Personen – irgendeine Gruppe von Personen – zusammen ein solches System des Denkens und Handelns bilden können. Ich halte es durchaus für möglich, dass der

Schwerpunkt unserer Krankheit in solch einem System liegt. Nicht nur der Alkoholiker ist krank, sondern auch die Beziehung, in der er lebt. Ich vermute, dass gerade in diesem »Da-Zwischen« viele wichtige Informationen, wenn nicht sogar die bedeutsamsten Informationen über den Alkoholismus stecken, und ich bin überzeugt davon, dass das ganze Umfeld, das sich in Verbindung mit dem Alkoholismus entwickelt, für den Genesungsweg *bedeutsamer* ist als die spezielle Sucht selbst. Entscheidend ist das krank machende Feld, in dem er sich befindet.

Meine persönliche Einschätzung nach über 20-jähriger intensiver Auseinandersetzung: Alkoholismus manifestiert sich vor allem sozial, geistig, seelisch und spirituell. Alkoholismus ist ein deutliches Signal für einen Mangel in mir, Alkoholismus ist eine Krankheit, die aus menschlichen Defiziten entsteht. Alkoholismus ist deshalb sehr viel mehr als eine Krankheit im üblichen Sinn.

Alkoholismus ist das Ergebnis einer unzureichenden Vermittlung von Lebenserfahrung, eine Nichtgestaltung des Lebens. Wissenschaftler tun sich schwer, biografische, soziale und spirituelle Gesichtspunkte in ein Krankheitsbild einzubeziehen.

Ich glaube an folgende Grundsätze, wobei ich ganz bewusst die Worte »ich glaube« benutze: Anfang und Ende einer Sucht bleiben wohl für alle Zeiten außerhalb der Grenzen menschlicher Erfahrung. Wir Menschen erleben mehr, als wir begreifen.

Mein Fazit: Alkoholismus ist bislang im Rahmen naturwissenschaftlicher Beschreibungssysteme nicht darstellbar. Vielleicht ist der Alkoholismus in all seinen Dimensionen sogar am besten in den Begriffen des Theaters zu verstehen, als ein tödlich endendes Drama, das sich in der Handlung entfaltet: Einstieg, Abstieg, Tod oder Ausstieg. Mir ist keine wissenschaftliche Analyse bekannt, die jedem Aspekt der menschlichen Entwicklung besser gerecht würde.

- Es ist keine asymmetrische Lehrer-Schüler-Beziehung, sondern eine echte Ich-Du-Beziehung. Therapie ist eine künstliche Beziehung gegen Geld. Diese Feststellung enthält auch nicht den Hauch eines Argumentes gegen Therapie, aber diese Tatsache anzusprechen gehört zur Ehrlichkeit, weil es Grenzen aufzeigt. Ich glaube, dass man dem Kern des Menschen nicht therapeutisch begegnet, sondern im Dialog, so wie Martin Buber ihn verstanden hat, in der existenziellen, gleichberechtigten Begegnung von Mensch zu Mensch, in einer wirklichen »Ich-und-Du-Beziehung«.

Wie und wodurch funktioniert eine Selbsthilfegruppe? 219

- Es steht die Einmaligkeit des Menschen im Mittelpunkt aller Hilfsansätze.
  Selbsthilfe hat ein grundsätzlich anderes Ziel als Problemberatung. Sie zielt auf die größere Unabhängigkeit des Individuums ab und macht den Weg frei für lebenslanges Wachstum. Wenn mir ständig jemand bei der Lösung meiner Probleme hilft, besteht die Gefahr, dass ich keine Problemlösungskompetenzen entwickle.
  Ich habe im Laufe der Jahre in den Gruppen Menschen reifen sehen, wie ich es nie für möglich gehalten habe. Mit der Zeit werden sie immer nüchterner und stellen sich nicht nur den Realitäten des Lebens, sie meistern ihr Leben. Und wenn ich mir die äußerst schwierige Ausgangslage vor Augen halte, dann erlaube ich mir folgende Beurteilung – in einer bewundernswerten Form.
- Die AA haben eine eigene Sprache hervorgebracht, die auf Außenstehende häufig befremdlich wirkt. Sie reden in den Gruppen über Schmerz, Leid und Tod und verwandeln durch die Art, wie sie davon sprechen, Hoffnungslosigkeit in Hoffnung. Wehleidigkeit und Selbstmitleid kommen gar nicht erst auf.
  Die wissenschaftliche Sprache ist objektiv, definierend, analytisch. Die AA-Sprache eröffnet Chancen, Sucht in seiner Ganzheit zu erfassen. Beide Ausdrucksformen haben ihre prinzipielle Bedeutung. Keine kann die andere ersetzen. Vielmehr ergänzen sie sich auf eine äußerst fruchtbare Weise.
- Therapie mit Klienten im nassen Zustand halte ich für sinnlos, aber ein Meeting kann schon helfen...
  Dort finde ich Therapeuten in der ursprünglichen, griechischen Bedeutung des Wortes: Jemand, der ein Freund ist, ein Getreuer, ein erfahrener Kamerad, der versteht, wie ich empfinde, der weiß, wo es mir wehtut, der mir uneigennützig sowohl Zu- als auch Widerspruch gibt.
- Es ist sehr bedauerlich, aber Alkis hören (fast) nur auf Alkis...
  In der Gruppe weiß jeder, worüber gesprochen wird, alle haben es erfahren, alle sind betroffen. Es ist nicht die erlernte Kompetenz der Fachleute, sondern die erlittene Kompetenz der Betroffenen, die den Abwehrpanzer von Alkoholikern durchbricht. Kein Alkoholiker lässt sich gern von jemandem etwas sagen, der nicht durch die Suchthölle gegangen ist.
- Plutarch sagte: Es ist schlimm, erst dann zu merken, dass man keine Freunde hat, wenn man Freunde nötig hat.

Das Wissen, welche Eigenschaften ich für den Veränderungsprozess benötige, hatte ich von meinen Therapeuten: Zähigkeit, Geduld, Flexibilität, Frustrationstoleranz, vor allem aber auch die Empfehlung: Such dir einen völlig neuen Freundeskreis. So schnell wie möglich, am besten noch heute. Wenn das Haus brennt, musst du dich ja auch beeilen, dass du rauskommst, selbst dann, wenn du noch keine andere Bleibe hast.

Urplötzlich hatte ich meinen gewohnten Freundeskreis aufzugeben, doch ein neuer war weit und breit nicht in Sicht. Ich fand ihn in der Gruppe.

- Mir werden durch diverse Beiträge im Meeting immer wieder Fragen gestellt, die ich mir selbst auch nach Jahrzehnten nicht zu stellen traue. Das öffnet Türen bei mir, die immer noch verriegelt sind.
- Nützliches Frühwarnsystem für die Gefahren eines Rückfalls:
  Es ist auffällig, wie viele nach über 20 Jahren wieder rückfällig werden. Das ist einer der vielen Gründe, weshalb ich auch nach 26-jähriger Trockenheit immer noch in Gruppen gehe. Gerade wenn ich das Gefühl habe, weit weg vom Alkohol zu sein, ist er besonders nah. Mein Kopf ist durchaus noch tauglich, als Frühwarnsystem für Rückfallgefahren taugt er nichts. Dafür benötige ich die Gruppe.
- Der Praxistransfer des Erlernten ist in den Gruppenprozess selbst eingebaut.
- Die ständige Begegnung mit nassen Alkoholikern ist wichtig. Nasse halten mir einen Spiegel vor.
  Ich erkenne, ob ich mich vorwärts oder zurück entwickle.
- Wo auch immer ich bin, die Freundinnen und Freunde von den AA sind schon da. In 160 Ländern der Erde versammeln sich Freundinnen und Freunde, die ich nur noch nicht kennen gelernt habe. Und über das Internet kann ich von überall her zu jeder Tages- und Nachtzeit Kontakte herbeiführen.

Abschließend erlaube ich mir, ein Gedicht zu zitieren. Auch Poesie dient der Erkenntnis.

Aufhebung

Sein Unglück
ausatmen können
tief ausatmen
so dass man wieder
einatmen kann
Und vielleicht auch sein Unglück
sagen können
in Worten
in wirklichen Worten
die zusammenhängen
und Sinn haben
und die man selbst noch
verstehen kann
und vielleicht sogar
irgendwer sonst versteht
oder verstehen könnte.
Und weinen können
das wäre schon
fast wieder
Glück.

Erich Fried

I Netzwerke

Eva Zinke
Netzwerke betrieblicher Gesundheitsförderung

Zur Strukturierung und zum Aufbau eines betrieblichen Gesundheitsmanagements sind Koordination und Vernetzung zentral. Bei der Vernetzung handelt es sich um Handlungsstrategien der Ottawa-Charta zur Gesundheitsförderung, die auf der Einsicht beruht, dass Gesundheit zu einem Querschnittthema gemacht werden muss und daher die unterschiedlichen Ebenen, Politikbereiche und Beteiligten einbezogen werden müssen. So sind nach 1945 soziale Netzwerke mit unterschiedlichen Schwerpunkten entstanden und werden gefördert, z.B. Selbsthilfegruppen, betriebliche Suchtnetzwerke, Netzwerke der Gesundheitsförderung, die sich regional und überregional austauschen und oft auch über das Internet präsent sind. Das Konzept der Gesundheitsförderung zeigt, dass Organisationen und Menschen nicht einfach von oben herab »managebar« sind. Neben rechtlichen Anforderungen sind auch soziale und kulturelle Faktoren und der Aspekt der Beteiligung zu berücksichtigen.

Der Aufbau einer Kooperation braucht Zeit und ist auf die Motivation aller Beteiligten angewiesen. Dabei muss auch den sozialen Beziehungen genügend Beachtung geschenkt werden, da ohne gegenseitiges Vertrauen keine Kooperation denkbar wäre. Mit der Etablierung eines Betrieblichen Gesundheitsmanagements sind daher entsprechende Rahmenbedingungen in Bezug auf die Koordination der Zusammenarbeit, Kooperation und Vernetzung von ehemals getrennten Handlungsfeldern unerlässlich. Bei der Koordination geht es um Abstimmungsprozesse unterschiedlicher Anforderungen, Sachverhalte, Faktoren, Vorgänge und zuständiger Organisationseinheiten bzw. Institutionen, die bei der Prävention und Rehabilitation eine Rolle spielen. Das betrifft sowohl die innerbetriebliche Organisation als auch die außerbetrieblichen Institutionen. Hier müssen beispielsweise Schnittstellen geklärt, Verantwortliche bzw. Ansprechpartner benannt und die Zugangswege zu Unterstützungsmaßnahmen transparent gemacht werden.

Eine verbesserte Zusammenarbeit im Betrieb bedeutet, dass Synergien genutzt und Entwicklungen eingeleitet werden zur

- Verbesserung der Kommunikation,
- Entwicklung interdisziplinärer Arbeitsweisen,
- Vermeidung von Doppelarbeit,
- Beschleunigung des Aufdeckens von Defiziten,
- Verbesserung der Akzeptanz von Empfehlungen, vorgeschlagenen Maßnahmen, deren Umsetzung und Überprüfung.

Sowohl bei der Beratung als auch bei der Zusammenarbeit ist neben der fachlichen auch die soziale Kompetenz unabdingbar. Fehlende Zusammenarbeit ist das mit Abstand größte Hindernis für das Funktionieren eines integrierten Gesundheitsmanagements. Mitmenschen, die nicht kommunizieren können und zudem nicht mit anderen zusammenarbeiten können oder wollen, sind für die Entwicklung von neuen Lösungsansätzen, die auf eine Integration und Vernetzung bisher unterschiedlicher Ansätze der betrieblichen Prävention, Gesundheitsförderung und Rehabilitation zielen, kontraproduktiv. Betriebliche Leitsätze und Ziele zur Prävention und Gesundheitsförderung können daher noch so gut formuliert sein, wenn sie nicht kommuniziert und gelebt werden. Je arbeitsteiliger und komplexer eine betriebliche Organisation ist, desto größer ist die Notwendigkeit der verantwortungsvollen, zielgerichteten kommunikativen Zusammenarbeit aller Beteiligten.

Betriebliche Zusammenarbeit/ Kooperation	Überbetriebliche Zusammenarbeit/ Kooperation
Verantwortliche/Ansprechpartner	
Arbeitgeber und Betriebsrat	Staatliche Arbeitsschutzbehörden
Schwerbehindertenvertretung	Berufsgenossenschaften
Vorgesetzte und Mitarbeiter	Gesetzliche Krankenkassen
Betriebsarzt und Fachkraft für Arbeitssicherheit	Rentenversicherung (medizinische und berufliche Rehabilitation)
Personalentwicklung	Agentur für Arbeit
Ansprechperson für das Betriebliche Eingliederungsmanagement	Integrationsämter und -fachdienste
	Reha-Kliniken (ambulant und stationär)
Betrieblich Beauftragte, z.B.	Berufsfortbildungswerk
- Gesundheitsbeauftragte	Ärzte
- Gleichstellungsbeauftragte	Psychologen
- Suchtbeauftragte	Supervisoren/Coaches
- Sozialberatung	Anbieter von Gesundheitsleistungen
- Sicherheitsbeauftragte	Beratungsstellen, z.B.
- Ersthelfer	- Suchtberatung
	- Mobbingberatung
	- sozialpsychologische Dienste

Überbetriebliche Netzwerke betrieblicher Gesundheitsförderung

Die Ottawa-Charta verpflichtete die Staaten zur Entwicklung von Strukturen für die Förderung von Kooperation und Netzwerken betrieblicher Gesundheitsförderung. Ausgangspunkt war das 1996 gegründete Europäische Netzwerk für betriebliche Gesundheitsförderung (ENWHP), ein Zusammenschluss von 31 Organisationen aus dem Bereich des Arbeits- und Gesundheitsschutzes sowie Akteuren der öffentlichen Gesundheit, der Gesundheitsförderung und der gesetzlichen Sozialversicherung aus den EU-Mitgliedsstaaten, den Beitrittsländern sowie den Staaten des Europäischen Wirtschaftsraums. Alle Mitglieder sind von den zuständigen nationalen Ministerien bzw. Ministerialbehörden benannt und vertreten als nationale Kontaktstellen das Netzwerk auf nationaler Ebene.

Das Deutsche Netzwerk Betriebliche Gesundheitsförderung (DNBGF) versteht sich als offene und breit angelegte Informations- und Diskussionsplattform. Entsprechend dem Grundanliegen will das Netzwerk gezielt Informationen, Beispiele und Standards der BGF verbreiten und

Abbildung 1: Deutsches Netzwerk für betriebliche Gesundheitsförderung

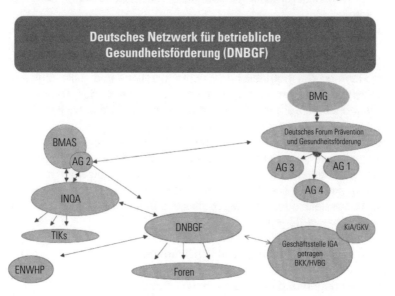

zugleich politisch aufwerten. Es dient zur Kontakt- und Beziehungspflege und fördert den setting- und länderübergreifenden Erfahrungsaustausch. Das Netzwerk gliedert sich in sechs Foren:
- Größere Unternehmen
- Klein- und Mittelbetriebe
- Öffentlicher Dienst
- Gesundheitswesen und Wohlfahrtspflege
- Bildung und Erziehung
- Arbeitsmarktintegration und Gesundheitsförderung

Vom DNBGF wurden Regeln der Zusammenarbeit entwickelt, die die Bereitschaft voraussetzen:
- zur aktiven und offenen Beteiligung an der Diskussion in den Foren (auf Veranstaltungen und im Internet),
- zum Bereitstellen von Informationen über Praxisbeispiele, Methoden betrieblicher Gesundheitsförderung sowie sonstiger nützlicher Informationen,
- zur Mitwirkung an den Foren- und Netzwerkkonferenzen,
- zur aktiven Verbreitung und Umsetzung der betrieblichen Gesundheitsförderung im Sinne der Luxemburg-Deklaration des europäischen Netzwerk für BGF (ENWHP) sowie
- zur Respektierung der gemeinnützigen Zwecksetzungen des Netzwerks.

Neben den institutionellen Netzwerken gibt es eine unübersehbare Anzahl sozialer Netzwerke mit dem Schwerpunkt »Selbsthilfe und Gesundheit«, die meist regional verankert sind. So finden wir auch im Rahmen der betrieblichen Suchtprävention- und -hilfe regionale Netzwerke bzw. Arbeitskreise, die sich zunehmend den Themen der Gesundheitsförderung öffnen. Die Teilnehmer der betrieblichen Sucht-Netzwerke sind betriebliche Suchtbeauftragte, Ansprechpersonen für Suchtfragen, Betriebs- und Personalräte, Schwerbehindertenvertretungen sowie Suchtberater. Schwerpunkte sind die Kontaktpflege sowie der Informations- und Erfahrungsaustausch. Gepflegt werden regionale Netzwerke meist über Institutionen, beispielsweise durch eine Suchtberatungsstelle oder Suchtklinik, da sie über finanzielle und personelle Ressourcen verfügen.

Eine Vernetzung ist sinnvoll, damit
- Ziele gemeinsam besser erreicht werden,
- Ressourcen besser genutzt werden können,
- Erfahrungen und Information ausgetauscht werden können,

- Hilfeangebote und Unterstützung organisiert und transparent durchgeführt werden,
- gemeinsame Interessen kollektiv vertreten werden können,
- Synergien durch eine bessere Arbeitsteilung entstehen.

Soziale Netzwerke zeichnen sich aus durch
- gemeinsame Interessen,
- Personenorientierung (die Person zählt, nicht die Rolle oder die Funktion),
- Freiwilligkeit der Teilnahme,
- Beziehungen, die auf dem Tauschprinzip, auf gegenseitigem Vertrauen beruhen,
- Fehlen eines zentralen Steuerungszentrums: Das Netzwerk lebt von einer Vielzahl von »Knoten«, die die wechselseitige Verknüpfung autonom nutzen,
- Offenheit der Themen,
- gegenseitigen Respekt im Umgang miteinander.

Ein Beispiel für Vernetzung:
BARMER GEK und DHS haben eine umfassende Website zur Suchtproblematik am Arbeitsplatz gestartet: **www.sucht-am-arbeitsplatz.de**
Neben einer breiten Öffentlichkeit soll die Informationsplattform vor allem Führungskräfte, Personalverantwortliche, Arbeitnehmervertreter und Beschäftigte selbst in Unternehmen erreichen.
  Wie wird eine angehende Sucht überhaupt erkannt und mit Betroffenen angemessen umgegangen? Wann, wie und von wem sollten Betroffene angesprochen werden, wie werden klärende und fürsorgliche Gespräche geführt? Und wie beugt man effektiv vor? Kollegen und Vorgesetzte sind bei diesen Fragen oft unsicher oder hilflos. Neben Informationen über präventive Maßnahmen liefert die Internetseite daher Gesprächsleitfäden und stellt Modelle aus der Praxis betrieblicher Suchtprävention und -hilfe vor.
  Gleichzeitig verlinkt www.sucht-am-arbeitsplatz.de auf weitere Beratungsangebote und Ansprechpartner.

Marianne Giesert/Cornelia Danigel/Tobias Reuter
Die Ausbildung zur/zum Betrieblichen Suchtberater/in im Netzwerk beim DGB Bildungswerk Bund

Sei es die Angst vor Arbeitsplatzverlust, der zunehmende Leistungsdruck in der Arbeitswelt oder auch einfach nur Stress im Privat- und Arbeitsleben: Suchtprobleme am Arbeitsplatz häufen sich in den letzten Jahren. Dabei ist eine Suchterkrankung eine anerkannte Krankheit, die behandelt werden kann und muss. Einige Unternehmen setzen beispielsweise auf ein Alkoholverbot und bieten ihren Beschäftigten eine Suchtberatung durch den/die betriebliche Suchtberater/in an. Wichtig ist, klare Regeln zum betrieblichen (Nicht-)Konsum von Suchtmitteln zu treffen, an denen sich alle orientieren können. Dies kann z.B. mit Stufenplänen erfolgen, die in einer Dienst- oder Betriebsvereinbarung festgeschrieben werden. Hier wird reguliert Druck ausgeübt, wenn Beschäftigte Suchtmittel missbrauchen oder süchtig sind. Dabei geht es um eine Kombination von Hilfen zur Heilung und konsequenter Begleitung zum Arbeitsplatzerhalt, aber auch um gezielte Interventionen mit Auflagen – und in letzter Konsequenz der Androhung einer Kündigung.

Um diese wichtige Arbeit im Betrieb zu unterstützen, führt das DGB Bildungswerk eine Ausbildung zum/zur betrieblichen Suchtberater/in durch. Der/die betriebliche Suchtberater/in wird im Rahmen dieser Ausbildung befähigt, für suchtmittelabhängige bzw. gefährdete Menschen beratend tätig zu werden und Strategien und Aktionen für die betriebliche Suchtprävention zu entwickeln und zu gestalten.

Betriebliche Suchtberater/innen sollen in der betrieblichen Suchtarbeit eine entscheidende Rolle im Betrieb erfüllen: Sie nehmen eine Lotsenfunktion ein. Dies bedeutet, dass sie neben der Begleitung der Betroffenen und der verantwortlichen Führungskräfte sämtliche Aktivitäten in der betrieblichen Suchtarbeit einschließlich der betrieblichen Suchtprävention steuern und koordinieren. Optimalerweise bauen sie ein inner- und außerbetriebliches Kooperationsnetz auf und erreichen eine Einbindung des Themas Sucht in das gesamte betriebliche Geschehen. Die Teilnehmenden erarbeiten im Laufe der Ausbildung, wie dies in die betriebliche Realität umzusetzen ist.

Weitere Inhalte sind neben den klassischen Aufgaben in der Suchtberatung betriebliche Suchtpräventionsprogramme, rechtliche Grundlagen, Betriebs- und Dienstvereinbarungen sowie die Einbindung der betrieblichen Suchtarbeit in das betriebliche Gesundheitsmanagement in der Ausbildung.

Hinzu kommen als wichtige und wesentliche Grundlagen die Themen: Suchtformen, Sucht- und Missbrauchsverhalten sowie das Thema Co-Abhängigkeit.

Die Ausbildung ist modular aufgebaut und besteht aus fünf Seminaren (siehe Abbildung 1). In jeder Einheit wird besonderer Wert auf das Thema Reflexion über die eigene Rolle als Berater im Betrieb und Co-Abhängigkeit gelegt. Vorhandene Fälle werden gemeinsam durchgesprochen und Strategien gesucht, um die Arbeit im Betrieb zu verbessern.

Ein weiterer Bestandteil der Ausbildung ist die Durchführung eines einwöchigen Praktikums in einer Klinik bzw. Therapieeinrichtung. In einer abschließenden Supervision werden die eigene Rolle als Berater/in im betrieblichen Netzwerk sowie die Arbeit im Praktikum, aber auch konkrete Fälle und das Selbstbild als Suchtberater/in, noch einmal reflektiert und diskutiert. Das anschließende Abschlusskolloquium ist eine zertifizierte Prüfung. Diese besteht aus einem mündlichen und schriftlichen Teil und wird von mehreren ausgewiesenen Expert/innen aus unterschiedlichen Bereichen abgenommen.

Auch nach der Ausbildung ist eine kontinuierliche Fortbildung in der Fach-, Methoden- und Sozialkompetenz von besonderer Bedeutung. Es müssen bspw. immer neue Facetten von Abhängigkeiten thematisiert werden, da sich das Spektrum von (stoffgebundenen wie stoffungebundenen) Abhängigkeitserkrankungen täglich verändert. Nur so ist eine aktive Gestaltung der betrieblichen Suchtprävention möglich.

Abbildung 1: Aufbau der Ausbildung zur/m Suchtberater/in

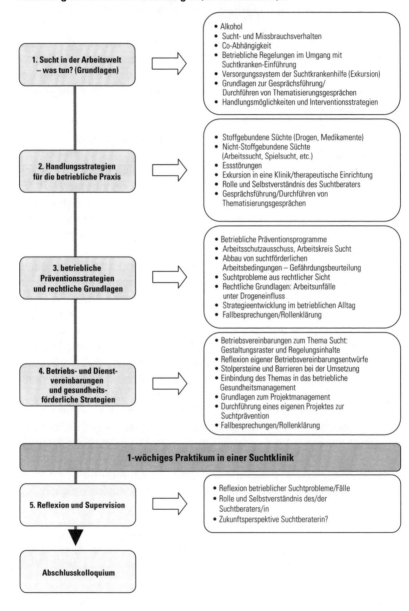

Das Netzwerk der betrieblichen Suchtberater/innen beim DGB Bildungswerk BUND

Den jährlichen Höhepunkt der Aus- und Weiterbildung bilden die »Suchtgespräche« mit einem aktuellen thematischen Schwerpunkt. Gleichzeitig sind diese als Netzwerktreffen (siehe Abbildung 2) eine willkommene Gelegenheit für die TeilnehmerInnen der Ausbildung und andere Interessierte, die neueren Entwicklungen zum Thema Sucht und Abhängigkeit zu reflektieren, zu diskutieren und weitere Möglichkeiten der Supervision zu nutzen.

Ab dem Jahr 2013 wird das Netzwerk weiter ausgebaut:
Aus einer Initiative der zertifizierten Suchtberater/innen des DGB Bildungswerk BUND wird ab 2013 mit dem Netzwerk »*Sucht, Gesundheit und Arbeit*« eine weitere Kommunikationsplattform gegründet. Einmal jährlich sollen dann die Netzwerktage durchgeführt werden, bei denen sich betriebliche Suchtberater/innen, Praktiker und Expert/innen treffen, austauschen und vernetzen können. Ziel der Veranstaltung ist der systematische deutschlandweite Ausbau des bereits bestehenden Netzwerkes für die betriebliche Suchtberatung.

Veranstaltungshinweise

Der nächste Ausbildungsgang startet mit dem Grundlagenseminar
»*Sucht in der Arbeitswelt – was tun?*«
vom 3.3.-8.3.2013 in der Kritischen Akademie Inzell.

Weitere Ausbildungstermine:

Sucht in der Arbeitswelt:
Handlungsstrategien für die betriebliche Praxis (Aufbauseminar)
1.7.–6.7.2012 in der Kritischen Akademie Inzell

Sucht in der Arbeitswelt – betriebliche Präventionsstrategien
und rechtliche Grundlagen
23.9.–28.9.2012 im Tonihof/Eschenlohe

Abbildung 2: Suchtberaternetzwerk in Deutschland 2008–2011

Sucht in der Arbeitswelt: Betriebs-/Dienstvereinbarungen und gesundheitsförderliche Strategien
13.1.–18.1.2013 in der Kritischen Akademie Inzell

Sucht in der Arbeitswelt –
Reflexion und Supervision für die tägliche Praxis
Abschlusskolloquium
14.4.–19.4.2013 im Tonihof/Eschenlohe

Tagung Suchtgespräche

Einmal jährlich finden die Suchtgespräche statt. Diese bieten die Möglichkeit, aktuelle Themen zur Suchtproblematik zu diskutieren und zu reflektieren sowie betriebliche Fragestellungen zu erörtern. Kompetente ReferentInnen berichten über Handlungsmöglichkeiten im Betrieb. Spannende Diskussionen und interessante Arbeitsgruppen geben der eigenen Arbeit neue Impulse.

Weitere Termine und Informationen erhalten Sie unter
www.betriebsratqualifizierung.de
oder bei
Ivana Simunovic, Tel. 0211/4301 235,
E-Mail: ivana.simunovic@dgb-bildungswerk.de

| Die Autorinnen und Autoren

Maike Bellmann, Master of Public Health, ist wissenschaftliche Mitarbeiterin beim Forschungsverbund Public Health Sachsen und Sachsen-Anhalt e.V. an der Technischen Universität Dresden; maike.bellmann@mailbox.tu-dresden.de.

Helmut Bunde, Dipl.-Sozialarbeiter (FH), ist Sozialtherapeut Sucht (psychoanalytisch), Referent für Suchtkranken- und Straffälligenhilfe beim Diakonischen Werk der Ev.-Luth. Landeskirche Sachsens e.V. und Vorsitzender des Vorstandes der Sächsischen Landesstelle gegen die Suchtgefahren e.V.; Helmut.Bunde@diakonie-sachsen.de.

Cornelia Danigel, Dipl. Pädagogin, ist Referentin im Kompetenzzentrum Gesundheit und Arbeit beim DGB Bildungswerk e.V.und bei der IQ Consult gGmbH in Düsseldorf; cornelia.danigel@dgb-bildungswerk.de.

Ursula Dietrich, Dipl. Pflegewirtin (FH), Fachkraft für Arbeitssicherheit, EFQM/TQM-Trainerin, ist wissenschaftliche Mitarbeiterin beim Forschungsverbund Public Health Sachsen und Sachsen-Anhalt e.V. an der Technischen Universität Dresden; DietrichU@gmx.net.

Andreas Eckwolf ist stellvertretender Abteilungsleiter beim Bundesministerium für Arbeit, Soziales und Konsumentenschutz in Wien; andreas.eckwolf@bmask.gv.at.

Marianne Giesert, Dipl. Betriebswirtin, Dipl. Sozialökonomin, Supervisorin, Coach, ist Leiterin des Kompetenzzentrums Gesundheit und Arbeit beim DGB Bildungswerk e.V. und bei der IQ Consult gGmbH in Düsseldorf; Marianne.Giesert@dgb-bildungswerk.de.

Jürgen Heckel war als Diplom-Bibliothekar viele Jahre Leiter der Stadtbücherei Garching. Er ist als Kommunikationstrainer und Experte für Selbsthilfegruppen tätig; juergen.heckel@gmx.de.

Christian Heinzmann ist betrieblicher Suchtberater bei der LANXESS AG in Leverkusen; Christian@cs200.de.

Christiane Hillger, Dr. rer. medic. (Gesundheitswissenschaften/Public Health), ist im Forschungsverbund Public Health Sachsen und Sachsen-Anhalt der Technischen Universität Dresden tätig. Sie betreut und bearbeitet nationale und internationale Projekte mit Public-Health-Schwerpunkt und lehrt »Sozial- und Präventivmedizin« an der TU Dresden; Christiane.Hillger@tu-dresden.de.

Die Autorinnen und Autoren

Reinhard Hoch ist Organisationsberater, Krisenmanager, Suchtberater und Sozialberater im In- und Ausland. Er ist in Organisationen und Unternehmen tätig; hoch.berlin@t-online.de.

Luise Klemens ist Landesbezirksleiterin der Vereinten Dienstleistungsgewerkschaft (ver.di) in Bayern und ist zuständig für den Bereich Personal, die Politikfelder Frauen- und Gleichstellungspolitik, Jugendarbeit, SeniorInnen, Migrationspolitik, Freie und Selbstständige Berufe und Sozial- und Medienpolitik; luise.klemens@verdi.de.

Wolfhard Kothe, Prof. Dr., ist Inhaber der Gründungsprofessur Zivilrecht II an der Juristischen Fakultät der Martin-Luther-Universität Halle-Wittenberg mit den Aufgabengebieten Bürgerliches Recht, Deutsches und Europäisches Arbeits-, Unternehmens- und Sozialrecht; wolfhard.kohte@jura.uni-halle.de.

Martina Kuhnt, Dipl.-Pädagogin mit langjähriger Forschungs- und Beratungstätigkeit bei der Niedersächsischen Landesstelle für Suchtfragen (NLS), Landeskoordinatorin für das Projekt Glücksspielsucht – Prävention und Beratung in Niedersachsen; kuhnt@nls-online.de.

Roland Mader, Prim. Dr., ist Leiter der Abteilung III »Schwerpunktbereich Alkohol und Medikamente« am Anton Proksch-Institut Therapiezentrum für Abhängigkeiten in Wien; musalek@api.or.at.

Michael Musalek, Prim. Univ. Prof. Dr., ist Facharzt für Psychiatrie und Neurologie und Präsident der Österreichischen Gesellschaft für Psychiatrie und Psychotherapie sowie Vorstand des Anton-Proksch-Instituts in Wien; musalek@api.or.at.

Franz Pietsch, Dr. iur., ist Abteilungsleiter und stellvertr. Sektionsleiter in Angelegenheiten der Ombudsstelle für Nichtraucherschutz, Rechts- und Fachangelegenheiten Tabak, Alkohol und substanzungebundene Süchte sowie Intern. Suchtangelegenheiten am Bundesministerium für Gesundheit in Österreich; franz.pietsch@bmg.gv.at.

Tobias Reuter ist Dipl.-Ökonom und Projektmitarbeiter beim DGB Bildungswerk e.V. in Düsseldorf; tobias.reuter@dgb-bildungswerk.de.

Sirko Schamel, Dipl.-Soz.arb./Dipl.-Soz.päd. (FH), ist Mitarbeiter der Fachstelle für Suchtprävention im Direktionsbezirk Dresden bei der Sächsischen Landesstelle gegen die Suchtgefahren e.V.; schamel@suchtpraevention-sachsen.de.

Günter Schumann, Dipl.-Sozialwirt, ist Beauftragter für das Betriebliche Eingliederungsmanagement/Betriebliches Gesundheitsmanagement der Carl von Ossietzky Universität Oldenburg sowie Freiberuflicher Coach und Unternehmensberater mit den Schwerpunkten

Suchtprävention und Gesundheitsmanagement; prosa.schumann@t-online.de.

Martin Siepmann, Prof. Dr., ist Chefarzt an den Evangelischen Fachkliniken Heidehof gGmbH; martin.siepmann@fk-heidehof.de.

Heino Stöver ist Professor an der FH Frankfurt am Main im Fachbereich »Soziale Arbeit und Gesundheit«. Außerdem ist er Geschäftsführender Direktor des Instituts für Suchtforschung der FH Frankfurt; hstoever@fb4.fh-frankfurt.de.

Elisabeth Wienemann, Dr., ist Dozentin am Institut für interdisziplinäre Arbeitswissenschaft an der Leibniz Universität Hannover und berät Unternehmen bei der Entwicklung und Implementierung von betrieblichen Programmen zur Suchtprävention zum BEM und zum Gesundheitsmanagement; elisabeth.wienemann@wa.uni-hannover.de.

Eva Zinke ist Dipl.-Soziologin und seit 1992 beim Vorstand der IG Metall zunächst im Ressort Arbeitsschutz und seit 2004 als Gesundheitsbeauftragte tätig; eva.zinke@igmetall.de.

Arbeitsfähig in die Zukunft.
Wir begleiten Sie!

Wir bieten Ihnen im Bereich „Gesundheit und Arbeit":

- das richtige Handwerkszeug für individuelle Lösungsmöglichkeiten im Betrieb
- Tipps für die aktive Gestaltung von gesundheitsgerechten und sicheren Arbeitbedingungen im Betrieb
- fundierte Kenntnisse der einschlägigen Regelungen und Gesetze.

Kontakt: IQ-Consult gGmbH
Marianne Giesert, Hans-Böckler-Str. 39, 40476 Düsseldorf
Tel: 0211/4301-372, Fax: 0211/4301-398
E-Mail: m.giesert@iq-consult.de, www.iq-consult.de

VSA: Arbeiten & gesund bleiben

Marianne Giesert (Hrsg.)
**Arbeitsfähig
in die Zukunft**
Willkommen im Haus der Arbeitsfähigkeit!
288 Seiten; €16.80
ISBN 978-3-89965-463-9
Die »Arbeitsbewältigungsfähigkeit« ist das wichtigste Potenzial der Beschäftigten im Arbeitsleben. Entscheidend ist, wie weit es gelingt, die Anforderungen der Arbeit den Möglichkeiten und Ressourcen der Menschen entsprechend zu gestalten In diesem Band werden neueste Erkenntnisse zu diesem Thema präsentiert.

Prospekte anfordern!

VSA-Verlag
St. Georgs Kirchhof 6
20099 Hamburg
Tel. 040/28 09 52 77-10
Fax 040/28 09 52 77-50
Mail: info@vsa-verlag.de

Marianne Giesert/
Cornelia Wendt-Danigel
(Hrsg.)
Doping am Arbeitsplatz
Problembewältigung und Leistungssteigerung um jeden Preis?
160 Seiten; € 10.80
ISBN 978-3-89965-420-2
»Doping am Arbeitsplatz« greift um sich und ruft nach Vorbeugungsmaßnahmen. Die AutorInnen präsentieren aktuelle Fakten zu Alkohol- und Nikotinkonsum sowie zum Medikamentenmissbrauch. Darüber hinaus werden Möglichkeiten der Suchtprävention für die betrieblichen Interessenvertretungen vorgestellt.

Marianne Giesert (Hrsg.)
Erfolgreich führen
... mit Vielfältigkeit und Partizipation der Beschäftigten!
256 Seiten I € 14.80
ISBN 978-3-89965-475-2
Die wirtschaftlichen, technologischen, gesellschaftlichen und demografischen Entwicklungen fordern von den Betrieben und ihren Beschäftigten Flexibilität, Effektivität und Effizienz. Diese Entwicklungen können nur mit den Unternehmen und ihren MitarbeiterInnen gemeinsam gemeistert werden. Führungskräften kommt eine besondere Rolle bei der Gestaltung gesundheitsfördernder Arbeitsbedingungen zu. Wie können sie die Arbeitsfähigkeit der Beschäftigten positiv beeinflussen?

www.vsa-verlag.de